县域内义务教育教师资源配置优化研究

贺静霞 著

中国纺织出版社有限公司

图书在版编目（CIP）数据

县域内义务教育教师资源配置优化研究／贺静霞著. -- 北京：中国纺织出版社有限公司，2022.10
　　ISBN 978-7-5180-9927-6

Ⅰ．①县… Ⅱ.①贺… Ⅲ.①县—地方教育—义务教育—师资队伍建设—研究—中国 Ⅳ.①G451.2

中国版本图书馆 CIP 数据核字（2022）第 191799 号

责任编辑：张　宏　　责任校对：高　涵　　责任印制：储志伟

中国纺织出版社有限公司出版发行
地址：北京市朝阳区百子湾东里 A407 号楼　邮政编码：100124
销售电话：010—67004422　传真：010—87155801
http://www.c-textilep.com
中国纺织出版社天猫旗舰店
官方微博 http://weibo.com/2119887771
天津千鹤文化传播有限公司印刷　各地新华书店经销
2022 年 10 月第 1 版第 1 次印刷
开本：710×1000　1/16　印张：15.5
字数：246 千字　定价：98.00 元

凡购本书，如有缺页、倒页、脱页，由本社图书营销中心调换

目 录

第一章 导 论 ·· 1
   第一节 问题提出与研究意义 ··· 1
   第二节 国内外文献综述 ·· 7
   第三节 研究的重点、难点与创新点 ······································ 33

第二章 理论基础与研究设计 ··· 36
   第一节 概念界定 ··· 36
   第二节 研究的理论基础 ·· 43
   第三节 研究设计 ··· 53

第三章 县域内义务教育教师资源配置优化模型构建 ············· 57

第四章 县域内义务教育教师资源配置优化的访谈研究与问卷设计 ······ 83
   第一节 访谈研究目的与样本选择 ······································· 83
   第二节 访谈研究过程 ·· 88
   第三节 访谈研究结论 ·· 96
   第四节 调查问卷设计 ·· 99

第五章 县域内义务教育教师资源配置优化的调查研究 ······· 108
   第一节 调查实施与正式调查问卷的信效度检验 ············· 108
   第二节 12个县（区）义务教育教师资源配置优化现状分析 ······ 115
   第三节 12个县（区）义务教育教师资源配置优化的差异性
           分析 ··· 128

第六章 县域内义务教育教师资源配置优化存在的问题及原因分析 …… 150

第一节 12个县（区）义务教育教师资源配置优化存在的问题 …… 150

第二节 12个县（区）义务教育教师资源配置优化问题的原因分析 …………………………………………………………… 165

第七章 县域内义务教育教师资源配置优化的创新策略 …… 174

第一节 以观念创新实现义务教育教师资源配置优化 …… 174

第二节 以制度创新实现义务教育教师资源配置优化 …… 178

第三节 以机制创新实现义务教育教师资源配置优化 …… 186

结束语 …………………………………………………………… 196

参考文献 ………………………………………………………… 198

附录 ……………………………………………………………… 225

附录1 义务教育学校教师资源配置情况调查表（由学校填写）… 225

附录2 县域内义务教育教师资源配置优化调查问卷（预调查）… 226

附录3 县域内义务教育教师资源配置优化调查问卷（正式调查） ……………………………………………………… 229

附录4 政府部门人员访谈提纲 ………………………………… 231

附录5 义务教育学校领导干部访谈提纲 ……………………… 232

附录6 义务教育学校教师访谈提纲 …………………………… 232

附录7 国家义务教育教师资源配置法律和政策文本 ………… 233

附录8 各省、自治区、直辖市、义务教育教师资源配置政策文本 ……………………………………………………… 235

附录9 各市、县（区）义务教育教师资源配置政策文本 …… 238

第一章 导 论

党的十九大报告指出经济社会的快速发展促使我国社会主要矛盾发生深刻的转变，虽然我国社会生产等诸多方面已进入世界前列，但是发展不均衡、不充分的问题更加突出。经济、社会领域发展的不均衡、不充分进而对我国教育事业的发展产生深远影响，突出表现为校际、城乡、区域教育差距的不断扩大，优质校与薄弱校、城市与农村、东中西地区在教育资源供给与需求方面的差异性愈发显著。

第一节　问题提出与研究意义

"百年大计，教育为本；教育大计，教师为本。"教师承担着立德树人的重要使命，是各级各类教育发展的首要资源。在城乡一体化、义务教育均衡发展的背景下，合理配置县域内义务教育教师资源，优化教师队伍的学历、年龄、性别结构，提升教师专业素养与育人水平，促进县（区）内优质教师资源的交流共享，提升政府公共教育服务水平，具有重要的理论价值与现实意义。

（一）问题提出

中国特色社会主义已经进入新时代，人民对优质公平教育的诉求不断高涨，这是社会主要矛盾的转变在教育领域中的映射。在此背景下如何加快推进县域内义务教育均衡发展、如何优化县域内义务教育教师资源配置、如何更好地满足人民的教育诉求就成为值得关注与研究的重点问题。

1. 新型城镇化背景下义务教育优质均衡发展的必然要求

随着我国经济社会的发展与城镇化进程的加快，义务教育作为国家保障的公益性教育事业，处于优先发展的战略地位。2022年是"十四五"规划的开端之年，《中华人民共和国国民经济和社会发展第十四个五年规划和2035年远景目标纲要》（以下简称《纲要》）明确了"十四五"时期教育高质量发展的战略导向，提出建设高质量教育体系的战略任务。在基础教育领域，要推进基本公共教育服务均等化，推动义务教育优质均衡发展和城乡一体化；要加强乡村教师队伍建设，提高乡村教师素质能力。

早在2005年《教育部关于进一步推进义务教育均衡发展的若干意见》中指出截止到20世纪末，我国已基本实现了普及九年义务教育的宏伟目标，但与此同时我国仍处于社会主义建设的初级阶段，城乡二元结构矛盾突出，因此要统筹县域内义务教育教师资源配置、加强县域内义务教育教师队伍建设，以实现义务教育优质均衡发展。在《国家中长期教育改革和发展规划纲要（2010—2020）》（以下简称《纲要》）中也明确提出"要推动义务教育均衡发展"，逐步缩小校与校之间，城镇和农村之间，东部、中部、西部片区之间的教育差距。实行县（区）域内教师、校长交流制度，建立城乡一体化义务教育发展机制，在教师配置等方面向农村倾斜。为深入贯彻落实《纲要》的有关内容，随后《国务院关于深入推进义务教育均衡发展的意见》从9个方面系统地阐释了推动义务教育均衡发展的战略性建议，其中"合理配置教师资源"成为推动义务教育均衡发展的重要环节。此后，《国务院关于统筹推进县域内城乡义务教育一体化改革发展的若干意见》（2016）中指出，为促进义务教育事业持续健康发展，加快缩小县域内城乡教育差距，基本措施之一就是要统筹城乡教师资源配置，如"建立城乡义务教育学校教职工编制统筹配置机制和跨区域调整机制，实行教职工编制城乡、区域统筹和动态管理"等。2017年《中共中央、国务院关于深化教育体制机制改革的意见》中指出，要完善义务教育均衡优质发展的体制机制，如统一城乡教师编制标准，加强义务教育教师资源的统筹安排，实现县（区）内优质教师资源共享等。2018年《中共中央、国务院关于全面深化新时代教师队伍建设改革的意见》中提到"优化义务教育教师资源配置。实行义务教育教师'县管校聘'。深入推进县域内义务教育学校教师、校长交流轮岗，实行教师聘期制、校长任期制管理，推动城镇优秀教师、校长向乡村学校、薄弱学校流动。"由此为进一步推动县域内义务教育教师资源交流轮岗与教师资源的配置优化创造了良好的政策环境。

通过国家发布的一系列有关义务教育均衡发展的政策文件可知，经济社会的发展及社会主要矛盾的变化，使人们对美好而优质教育的需求更为强烈，对社会教育公平感的现状更为敏锐。因而，国家采取一系列措施积极推进义务教育优质均衡发展。其中，合理配置教师资源、优化义务教育教师资源配置成为实现义务教育优质均衡发展的重要手段。

2. 县域内义务教育教师资源配置面临的现实困境

与人们需求的无限性相比,优质教育资源的稀缺特性,要求人们对有限的、相对稀缺的资源进行合理配置,以便实现资源的有效利用。义务教育中的教师资源因校际、城乡和地区差异在师资数量配置、师资结构配置和师资质量配置等方面呈现不均衡的特点,具体表现为以下四点。

第一,县域内义务教育教师资源配置呈现明显的区域、校际差异。在城乡二元结构的长期统摄下,县域内义务教育也呈现显著的二元结构特征,教师资源配置的不均衡进一步加剧"农村弱""城镇挤"这一现状,引发区域内教育不公。如一项对湖南省不同地区乡村小学教师资源配置的调查表明,乡村教师数量配置不均衡,主要表现为长沙市城乡班师比差距最大为0.24%;湘西地区城乡班师比差距均较大,湘西自治州乡村学校班师比高于城镇0.29%。❶ 该调查表明,同一省份不同地区之间、同一地区不同学校之间,义务教育教师资源配置存在较大差异,不仅是湖南省,笔者调研的山西省、湖北省和安徽省12个县(区)也存在相同的问题。

第二,县域内义务教育教师资源配置在结构上有待完善。县域内义务教育教师资源配置在性别、年龄、学历等方面存在较大差异,县域内义务教育学校教师普遍存在年龄老化、男女教师比例失衡、教师整体学历水平有待提升等问题。如一项针对湖南省乡村小学教师的调查表明,乡村教师学历配置不均衡,长株潭地区拥有本科及以上学历的教师占40%以上,但乡村地区拥有本科及以上学历的教师仅占10%左右;乡村教师年龄结构配置不均衡,长沙市39岁以下的城镇教师占59.67%,而乡村地区39岁以下教师仅占6.3%。❷ 还有研究者调查了河南省、陕西省、四川省、甘肃省、宁夏回族自治区五省(区)的23个乡镇108所小学的教师资源配置情况,在学历结构上,小规模学校高中及以下学历教师所占比例为44.2%,远高于大规模学校的14.0%;本科及以上学历的比例仅为24.2%,远低于大规模学校的53.4%;在年龄结构上,小规模学校40岁以下教师比例为22.6%,远低于大

---

❶ 陈岳堂,赵婷婷,杨敏. 乡村小学教师资源配置的现实困境与优化策略:以湖南省为例[J]. 教育研究与实验,2018(3):61-65.

❷ 陈岳堂,赵婷婷,杨敏. 乡村小学教师资源配置的现实困境与优化策略:以湖南省为例[J]. 教育研究与实验,2018(3):61-65.

规模学校的64.3%；50岁以上教师比例高达50.5%，远远超过大规模学校的13.1%。❶由此可知，县域内义务教育教师资源配置问题不仅突出表现在农村小规模学校与城镇大规模学校师资配置数量上的差异，更突出表现为教师年龄结构、学历结构等质量方面的问题。

第三，县域内义务教育教师资源配置数量问题突出，超编与缺编现象共存。相关研究表明，城市中小学教师资源整体上不存在编制紧缺现象，而超编现象普遍出现在县镇和农村，且农村教师超编率（56.3%）远远高于城镇（21.08%），除此之外，中小学教师编制管理呈现出地区范围内整体编制紧张的特点，农村地区中小学教师资源虽然整体超编严重，但教学任务繁重，导致代课教师数居高不下占全省代课教师总数的47%。❷一项针对农村教师编制结构的研究表明：农村教师的地理分布与农村学校的实际需求不相符，由此导致分布结构矛盾突出；农村教师学科配比、年龄结构、性别比例和专业背景与实际需求并不匹配，导致农村教师供给结构矛盾突出。此外，地方教育行政部门没有根据农村学校的需要设置相应数量的专业化编制和机动编制，由此导致农村教师资源功能结构矛盾。❸由此可知，中小学教师编制供给与现实教育教学需求之间难以弥合的矛盾成为制约教师资源配置的一大藩篱。

第四，县域内义务教育教师资源的补充配置缺乏相应的保障措施。为进一步解决农村地区教师资源短缺，推进义务教育均衡发展，国家出台部属师范大学师范生公费教育政策、国培计划、特岗计划、县域内义务教育校长教师交流轮岗等政策补充农村教师资源。然而，在实践中，由于政策执行的保障措施不健全，导致政策执行效果欠佳，政策初衷与预期难以落地。以我国师范生免费教育政策（2018年调整为师范生公费教育政策）为例，有研究对免费师范生就业政策实施10周年的情况进行了追踪调查，结果显示：在政策执行效果上，免费师范生就业总体状况良好，但在其就业区域和就业学校方面突出反映了教师资源配置不均衡的问题，如大多数免费师范生的就业区域为城市（近3年达82%以上），而签约到乡镇及以下区域不足32%，且签约

---

❶ 赵丹，陈遇春，赵阔. 优质均衡视角下乡村小规模学校教育质量困境与对策［J］. 华中师范大学学报（人文社会科学版），2019（3）：157-167.

❷ 万文涛，柴蒙. 中小学教师编制管理的问题调查及路径探析［J］. 教学与管理，2017（3）：17-20.

❸ 刘善槐. 我国农村教师编制结构优化研究［J］. 教育研究，2016（4）：81-88.

比例逐年下降；从签约的学校来看，大多为省市级示范或重点学校，或县级以上重点学校。❶ 另一项对地方免费师范生政策的分析与现状调查表明，有12.9%的学生不愿意到县或县以下的学校任教，15.4%的学生有违约的想法。❷ 由此可知，有关教师资源的补充政策彰显了国家在教师资源配置方面追求公平的价值取向，旨在运用强制性政策手段给予农村地区"差异性"政策关怀，但由于政策本身吸引力不足、政策执行保证措施缺位，导致教师资源的补充配置效果不佳。

概言之，我国义务教育教师资源配置中存在的各种问题，亟须我们加以关注并有针对性地解决。只有进一步优化义务教育教师资源配置，实现县域内义务教育教师资源优质均衡配置目标，才能逐步推动义务教育优质均衡发展。

3. 办好人民满意教育的现实需求

在全面深化改革开放、推进社会主义现代化、促进人的全面发展的新的历史条件下，党、国家和人民都对教育提出了新要求。办好人民满意的教育必须把握新形势、新任务与新要求，着力解决教育不公平问题，重点关注贫困地区、农村地区教育发展，深入推进县域内、校际间、学校内教育优质均衡发展。教育发展的第一资源是教师资源，在实现人民满意教育的过程中发挥着重要作用。《中共中央、国务院关于全面深化新时代教师队伍建设改革的意见》（2018）中分阶段提出教师队伍建设目标：其一，经过5年左右的时间，教师资源数量、结构、质量等要能满足各级各类教育发展的基本需要；其二，到2035年，要以教师管理体制机制的科学高效实现我国教师队伍治理体系和治理能力现代化。

办好人民满意的教育，一方面，要着力解决县域内义务教育教师资源配置不公平的问题。2008年秋我国义务教育已经进入后免费时代，义务教育在全国已基本实现普及化。然而，由于东、中、西地区经济发展之间的差异，导致我国义务教育资源特别是教师资源呈现明显的阶梯分布，中、西部地区在教师总量配置、优秀教师分布、年轻教师配置等方面与东部地区存在显著差异，且这种差异随着经济社会发展持续扩大，由此加剧了强校越强弱

---

❶ 商应美. 免费师范生就业政策实施10周年追踪研究 [J]. 教育研究, 2017 (12): 141-146.
❷ 王智超, 杨颖秀. 地方免费师范生：政策分析及现状调查 [J]. 教育研究, 2018 (5): 76-82.

校越弱的"马太效应"。因此,要办好人民满意的教育,不仅要在全国范围内、在最大程度上实现义务教育教师资源的均衡配置,而且要着力解决县域内义务教育教师资源优质均衡配置问题,提升边远贫困地区学生教育质量,让其获得"好老师"、享受"好教育"。

另一方面,提升政府公共服务水平有利于促进义务教育教师资源优质均衡配置,进而更好地满足人民群众对优质教育的需求,办人民满意的教育。政府是义务教育公共服务的提供者,肩负着实现人民共同教育利益的重任。随着我国社会主要矛盾的转变,优质公平的教育资源作为人们美好生活需求的重要组成部分却尚未得到满足。要办好人民满意的教育,就要进一步提升政府统筹教师资源配置的能力,由教师资源配置不公平引发的择校问题、学区房问题、私立学校变态发展等问题破坏了我国义务教育生态,助长了应试教育的不良风气,扭曲了学生家长的求学心理,阻断了贫苦学生"知识改变命运"的向上通道。政府作为义务教育的主导者、提供者及教育资源分配者,要在新环境、新要求下提升公共服务水平,联合不同主体推动义务教育教师资源优质均衡配置、保障县域内义务教育均衡发展,并充分发挥其在义务教育中的政策主导优势,出台相关政策着力解决现行义务教育教师资源配置中存在的问题,为教师资源优质均衡配置创造有利条件。

(二)研究意义

1. 理论意义

结合已有研究与有待完善之处,本研究尝试以中部地区县域内义务教育教师资源配置优化情况为研究对象,以理论研究、质性研究与量化研究相结合的方式对中部地区县域内义务教育教师资源配置优化现状展开系统性研究。在公共物品理论、机制设计理论的指导下,运用内容分析法构建了县域内义务教育教师资源配置优化模型,提出了县域内义务教育教师资源配置优化模型的运行机制。研究以县域内义务教育教师资源配置优化模型的内、外部构成要素为依据,结合文献与访谈研究编制了调查问卷,对中部三省十二个县(市、区)义务教育教师资源配置优化现状展开调查,发现其存在的问题、寻找其影响因素,并分析问题背后的深层原因、探寻县域内义务教育教师资源配置优化的创新策略。这些研究不仅在内容上丰富了现有义务教育教师资源配置的有关内容,同时也从不同理论视角解决县域内义务教育教师资源配置优化中存在的问题。

此外，通过运用公共物品理论与机制设计理论阐释县域内义务教育教师的资源配置优化现象、解决县域内义务教育教师资源配置优化中存在的问题，为后续研究者提供了从提升政府公共教育服务、改进机制设计的角度研究县域内义务教育教师资源配置优化的多元化视角。

2. 实践意义

第一，针对县域内义务教育教师资源配置长期以来存在的重点、难点问题及其内、外部制约因素进行专门的研究与探讨，着力解决我国义务教育发展中教师资源配置的不均衡、不充分、不公平问题。通过系统研究中部三省县域内义务教育教师资源配置的具体做法与成功经验，尝试解决我国县域内义务教育教师资源配置的难点问题，努力探寻县域内义务教育教师资源配置优化的机制创新策略与创新实践，为我国县域内义务教育教师资源优质均衡配置贡献力量。

第二，为推动县域内教育一体化及义务教育均衡发展提供"县域智慧"与"县域方案"。本研究鼓励各县域开展"县（区）管校聘（用）"改革，倡导不同地区根据学校实际情况采取差异化配置标准，提倡创新义务教育教师编制管理机制，要求完善县域内义务教育教师流动与轮岗制度等，这些举措有利于推进教育行政体制改革，有利于促进县（区）义务教育教师资源的配置优化，进而为实现县域义务教育优质均衡发展及我国教育现代化2035年的奋斗目标贡献"县域智慧"与"县域方案"。

第二节 国内外文献综述

以关键词"教育资源配置""教师资源配置""义务教育教师资源配置"为主题在 CNKI、Taylor&Francis、WOS 核心库中进行精确检索，经过筛选、剔除重复记录，共得到中文相关有效记录 374 条、外文相关有效记录 199 条。为了较为直观、系统地了解国内外在"教育资源配置"方面的有关研究，研究者运用 Citespace、Histcite 等文献计量软件对已有记录进行可视化分析。

图 1-1 为 1996—2020 年我国有关"教育资源配置""教师资源配置""义务教育教师资源配置"的研究情况，通过关键词聚类可以看到义务教育、教育资源、资源配置、教育公平、教育资源、均衡发展、县域、基础教育、师资配

置、均衡配置等是这一研究领域的高频关键词，进一步对施引文献所用的短语进行突发性检测（Burst Detection），我们可以看到"教师资源""教育技术""资源配置"（图1-2）这三个高频关键词的频次值在短期内发生较大的变化。

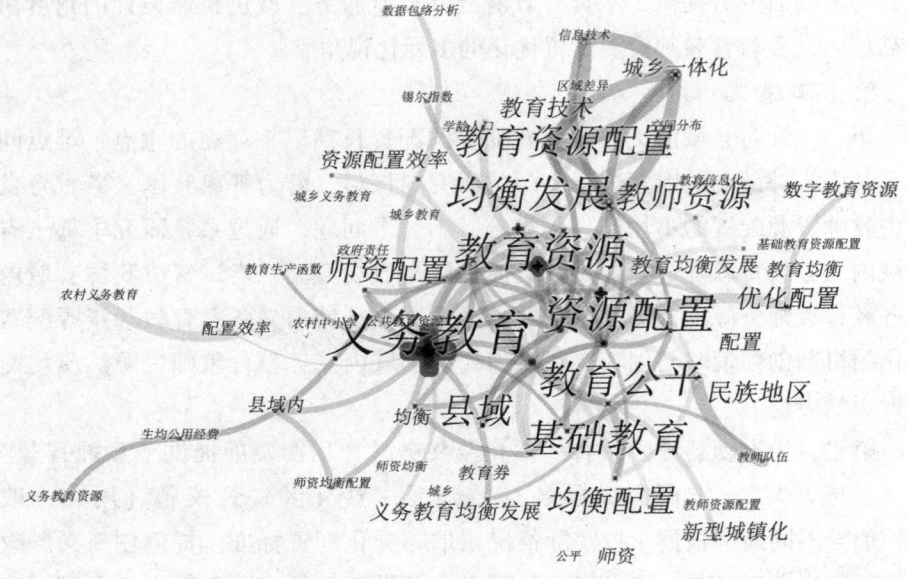

图1-1 国内有关研究关键词聚类图

图1-2 国内有关研究关键词突现分析图

此外，笔者对作者和机构进行了分析，通过分析得知：在研究者方面，国内学者对这方面的研究还较为分散，每个研究者之间没有较大的关联性和合作关系；在研究机构方面，如图1-3所示，浙江师范大学、西华师范大学、东北师范大学、华东师范大学、西南大学的研究发文量在全国位居前五位，其中浙江师范大学发文量5篇、西华师范大学和东北师范大学发文量均为4篇、华东师范大学和西南大学发文量均为3篇，总体而言，各单位发文量并不是很多。

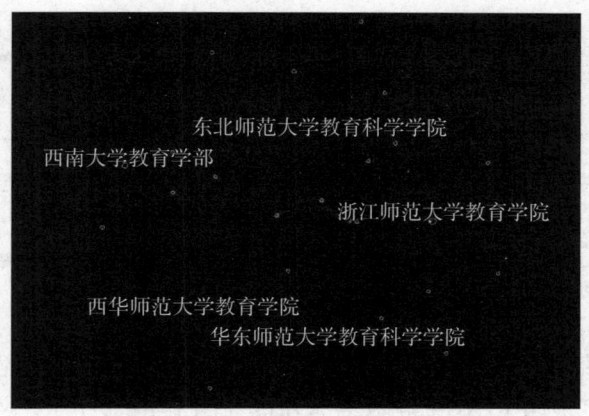

图 1-3　国内有关研究机构聚类图

此外，笔者从关键词、突发检测、研究者、研究机构四个方面对国外有关文献进行分析、处理，通过图 1-4 可以看出围绕"教育资源配置"这一主题进行关键词聚类得到效率、教育财政、学生成就、公立学校、高等教育、教师、人力资源、质量、问责、教育政策等高频关键词，进一步对高频关键词进行突发性检测（Burst Detection）可以看出"资源配置""模式""教育经济""教育财政""效率"和"成就"在一段持续的时间内表现突出，表明国外学者对其进行持续、深入的探索与关注（图 1-5）。

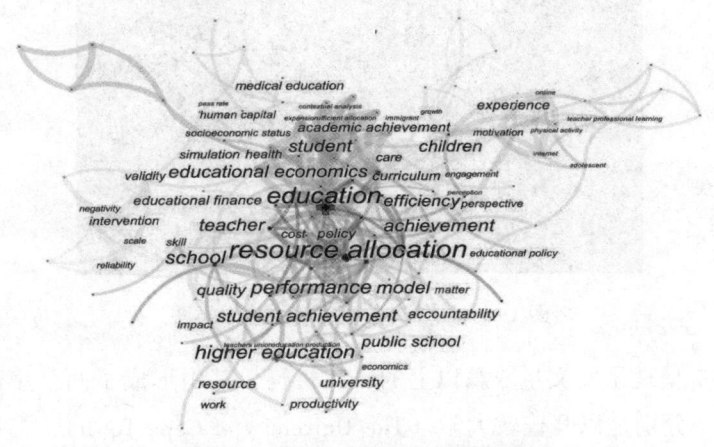

图 1-4　国外有关研究关键词聚类图

keywords	Years	Strength	Begin	End	1996–2018
resource allocation	1996年	14.5451	1999年	2012年	
model	1996年	3.5112	1999年	2008年	
educational economics	1996年	8.0724	2000年	2009年	
educational finance	1996年	3.3212	2001年	2011年	
efficiency	1996年	4.1781	2001年	2009年	
achievement	1996年	3.6152	2009年	2013年	

图 1-5　国外有关研究关键词突现分析图

与国内研究者不同，国外在"教育资源配置""教师资源配置"方面的相关研究已初步形成两个小规模的作者合作群（图 1-6，以塔巴（Thabane L）和卡瑟德（Kathard H）等人的作者合作群 1，和以柯万（Kirwan M）、本尼（Bennie A）、朗斯代尔（Lonsdale C）、克利夫（Cliff D.P）等人构成的作者合作群 2。由此可知，国外学者在这方面的研究已有相对稳定的研究团队和有影响力的学者，除了两个小规模的作者合作群外，也有一些较为影响力的研究者，如卡斯丽（Kassile T）、蒙克（Monk D.H）、胡塞恩（Hussain S）等人。

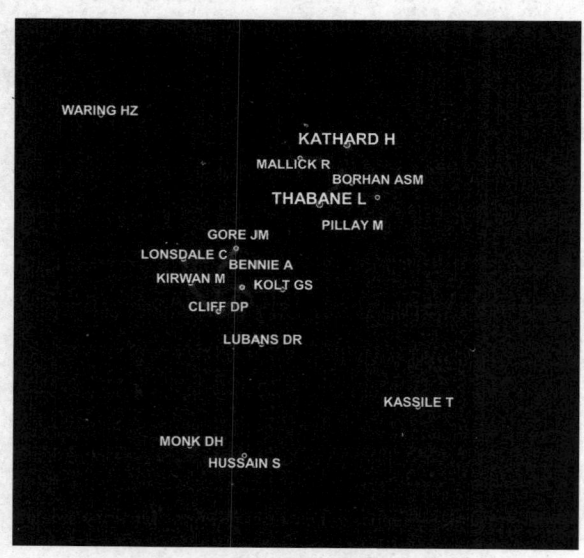

图 1-6　国外有关研究者合作聚类图

图 1-7 呈现了发文量 3 篇以上的研究机构，其中形成了两个小规模的研究机构群，分别是以开普敦大学（The University of Cape Town）、马里兰大学

(University of Maryland)、麦克马斯特大学（McMaster University）的研究机构群1和以西悉尼大学（The University of Western Sydney）、迪肯大学（Deakin University）构成的研究机构群2。此外，宾夕法尼亚州立大学（Penn State University）的研究成果也较为显著。

从高频关键词、研究者、研究机构等方面对已有研究进行系统梳理，有助于我们了解已有研究的全貌，为了进一步深入了解已有研究成果，笔者结合上述分析与具体文献内容，将已有研究分为以下六大领域：第一，有关义务教育教师资源配置现状与问题的研究；第二，有关义务教育教师资源配置不均衡原因及解决对策的研究；第三，关于义务教育教师资源配置有关政策的研究；第四，关于义务教育教师资源配置与教师流动的研究；第五，关于义务教育教师资源配置中的政府行为研究；第六，关于义务教育教师资源配置指标、模型的研究。

图1-7　国外有关研究机构聚类图

（一）关于义务教育教师资源配置现状与问题的研究

关于这方面的研究大体可以分为两个方面：一方面是有关于贫困地区、农村地区或少数民族地区教师资源配置问题的研究。已有学者将贫困地区或农村地区中小学发展困境与教师资源配置相结合，他们指出中小学校规模、学校所处区位、政策差异等会导致不同地区教师资源配置的差异与不均衡现象。例如，有学者指出，农村小规模学校师资建设的困境与"小"和"农村"的劣势相嵌有关，因而小规模学校的师资建设在数量上不足、质量不高、结构不均衡、吸引力缺乏等现实问题；❶ 也有研究者通过调查西北四县农村小规模和县镇大规模学校，得出两种类型的学校在教师数量配置、年龄结构、专业匹配程度、培训机会、教师流失率、教学质量等多方面显著性差异。❷ 上述研究体现出学校规模对教师资源配置产生的影响。有学者用大量数据论证了湖南省长株潭（3+5）城市群、湘南地区、湘西地区农村小学教师资源配置在数量、学历、结构三方面存在不均衡现象；❸ 有学者指出西部农村义务教育师资问题仍然是制约西部农村义务均衡教育发展的"瓶颈"之一，如生师比、专任教师学历合格率低于国家均值，教师学科结构欠合理，体、音、美、信息技术等学科教师严重不足，区域和校际间教师配置不均衡等。❹ 还有研究者运用对比方法研究了湖北省与浙江省农村基础教育教师资源配置方面存在的差异，如浙江省小学专任教师的职称、学历和晋升职称、提高学历的速度都高于湖北小学专任教师。❺ 这些研究均体现出学校所处区位与经济发展水平的差异会导致教师资源资源配置不均衡的问题。

关于民族地区教师资源配置的研究，主要以贵州、广西、云南、甘肃省等少数民族地区为主，通过省际数据比较、调查与访谈等方法揭示少数民族地区教师资源配置与教育发展情况。例如，有学者以2003年和2013年的省际数据为例比较了10年不同民族地区教师资源配置的差异，研究发现民族地区教师资源配置在小学层面存在鲜明的城乡差距，贵州、广西、云南的教师

---

❶ 赵忠平，秦玉友. 农村小规模学校的师资建设困境与治理思路 [J]. 教师教育研究，2015（6）：34-38.

❷ 赵丹. 教育均衡视角下农村教师资源配置的现实困境及改革对策——小规模和大规模学校的对比研究 [J]. 华中师范大学学报（人文社会科学版），2016（5）：33-38.

❸ 陈岳堂，等. 乡村小学教师资源配置的现实困境与优化策略：以湖南省为例 [J]. 教育研究与实验，2018（3）：61-65.

❹ 慕彦瑾，段晓芳. 后免费时代西部农村中小学教师资源配置及使用困境：基于西部农村87所学校的调查 [J]. 农村经济，2016（2）：112-117.

❺ 邓银城. 湖北与浙江在农村基础教育资源差距上的比较与分析 [J]. 教育与经济，2010（4）：36-39.

资源配置差异显著等；❶ 有研究者通过相关事实数据的统计分析，指出贵州省黔东南州少数民族地区存在专任教师缺编和师生比失衡、教学规模过大且办学条件落后等问题，❷ 这些问题阻碍了贵州民族地区基础教育的发展。

另一方面是对某省市或城乡义务教育教师资源配置现状进行调查研究。这些调查研究为我们揭示了教师资源配置存在较大的省际与省内差异，不同省（市）教师资源配置在教师数量、结构、职称、专任教师培训等方面均体现出显著的城乡差异。如有研究者以东、中、西部8省17个区（市、县）为研究对象，通过调查研究发现：虽然我国义务教育城乡均衡发展已经取得了一定的成就，在高级职称、专任教师培训、公用经费等指标上实现了一定程度上的城乡均衡，但在教师编制、中坚教师、绩效工资、计算机配置等维度仍存在显著的城乡差异。❸ 江苏省义务教育阶段教师资源配置存在数量明显不足的问题，初中和小学的心理健康与卫生保健人员最为缺乏，其次就是专任教师和教辅人员。❹ 武汉市中心城市和城郊农村中小学校的教师配置在年龄结构、学历结构、专任教师高级职称分布、优质教师配置四个方面存在显著差异。❺ 宁夏市农村学校教师资源配置表现出"显性"超编与"隐性"缺编、"显性"缺编与"隐性"缺编共存的局面；高学历、高职称教师比例低，低学历、低职称教师比例大的特征；性别结构优于城市，年龄结构劣于城市，学科的结构性短缺更为突出等问题。❻ 有学者比较了湖北、甘肃、北京小学教师队伍状况，研究认为三地小学教师在女性教师比例，师校比、师班比，学历、职称方面，生师比，教职工在城市、县镇、农村间的分布，代

---

❶ 马骍. 民族地区教师资源配置的城乡考察：基于2003年和2013年省际数据的比较分析 [J]. 西南民族大学学报（人文社科版），2017（9）：220-225.

❷ 杨军昌，周惠群. 贵州民族地区基础教育资源配置的问题与优化分析：以黔东南苗族侗族自治州为例 [J]. 贵州民族研究，2018（9）：241-246.

❸ 凡勇昆，邬志辉. 我国城乡义务教育资源均衡发展研究报告：基于东、中、西部8省17个区（市、县）的实地调查分析 [J]. 教育研究，2014（11）：32-44.

❹ 王俊，宗晓华. 江苏省义务教育阶段师资配置状况调查报告 [J]. 全球教育展望，2014（5）：53-63.

❺ 周冬祥. 二元结构型城市教师资源配置的现状分析与对策研究：以武汉市中小学教师资源配置分析为例 [J]. 教育与经济，2008（3）：33-36.

❻ 马青，焦岩岩. 省域城乡师资失衡：实践表征、政策归因、改进策略：以宁夏为例 [J]. 教育发展研究，2012（12）：11-15.

课教师方面都存在明显的差异。❶ 还有学者的研究表明县域之间的教师资源配置差异在初步缩小，并指出城市化、经济发展、交通改善等因素，均会对教师资源配置造成一定影响。❷

此外，也有学者对我国区域内义务教育教师资源配置整体现状进行了研究。这些研究通过生师比、班师比、学历达标率、教师资源配置均衡程度等指标对我国义务教育教师资源配置情况展开研究。如有研究指出，我国区域内义务教育教师资源配置在数量和质量方面都不均衡；❸ 从师班比和校均班级数量这两个指标来看我国城乡义务教育师资配置均衡化水平仍然不高，城乡师资配置受师资配置政策的直接影响，师班比重点校取向、师班比向城取向、师生比向城取向、师生比城乡统一取向的师资配置政策也对师资配置产生重大影响。❹ 有学者通过实证分析，明确指出城乡小学之间县镇和城市的师班比大大高于农村，在优质教师配置问题上呈现城市高于县镇、县镇高于农村的状态。❺ 有学者对中小学优质教师资源区域均衡性进行了专门研究，优质教师资源的区域非均衡状况主要体现为高学历教师的区域非均衡，东部和东北地区相对占有更多优质教师资源，优质教师资源在不同学段的配置也体现出差异性等。❻ 有学者指出，近十年我国东中西部地区小学师资数量均减少，但师资结构变化不同，区域之间师资质量、教师待遇差异显著；❼ 还有研究者指出中部地区初中阶段信息技术教师资源配置的城乡差距突出，区域教育信息化发展差距与地区经济发展不平衡不充分有着高度关联性等问题。❽ 也有学者通过比较我国各省区市在2003—2006年普通小学生师

---

❶ 沈有禄. 教师资源配置不均衡的实证研究：湖北、甘肃、北京小学教师队伍状况比较研究 [J]. 教育科学，2007（1）：55-59.
❷ 洪熊，曾菊新. 教育公平视角下基础教育师资均衡配置问题研究：以江西省为例 [J]. 江西社会科学，2013（3）：238-242.
❸ 关松林. 区域内义务教育师资均衡配置：问题与破解 [J]. 教育研究，2013（12）：46-51.
❹ 秦玉友. 城乡义务教育师资配置均衡化：巩固成就与跨越陷阱 [J]. 教育与经济，2016（6）：30-35.
❺ 董世华，付义朝. 我国中小学教师资源配置失衡的实证分析及对策 [J]. 现代教育管理，2010（8）：95-98.
❻ 谢蓉. 中小学优质教师资源区域均衡性研究 [J]. 教育科学，2012（4）：47-52.
❼ 童星. 近十年我国小学师资队伍发展状况的区域对比研究 [J]. 上海教育科研，2016（1）：5-9.
❽ 陈纯槿，郅庭瑾. 我国基础教育信息化均衡发展态势与走向 [J]. 教育研究，2018（8）：129-140.

比、专任教师中学历达标率、专科及以上学历教师比例、小学一级及以上职称教师比例、小学高级及以上职称教师比例，得出各地区在生师比上呈增大趋势，学历达标率呈减小趋势，专科及以上学历教师比例、小学一级以上职称教师比例、小学高级及以上职称教师比例呈逐年减小趋势。❶

国外有学者对可能影响体育教学人员配置的因素进行了研究，研究者在640所美国公立小学的全国代表性样本中进行了评估，研究认为体育人员配置数量、年度体育设备预算、继续教育、额外的财政支持等都有可能影响体育教师资源。❷ 有学者研究了学校资源分配与学生学业表现之间的关系，研究认为，拥有较多现场教师和经验丰富的教师以及合格校长的学校，学生的学业成绩表现更好；教师的承诺对学生的学业发展也很重要。❸ 国外还有学者研究了学校系统如何重新分配教师资源来支持教育改革，研究以波士顿公立学校作为研究对象，提出教学资源的专业化和分散化降低了大多数学生的个人关注度，并限制了学校应对学生需求的灵活性，进而制定了三项措施、确定了四种实践，这些指标可用于释放教育资源，提供教师重新定位的机会。❹

（二）关于义务教育教师资源配置不均衡原因及解决对策的研究

关于义务教育教师资源配置不均衡的原因及对策研究也较为充分，已有研究将义务教育教师资源配置不均衡的原因归纳为以下三点。

第一，区域、城乡经济社会发展的差异以及由此衍生出的不同文化与社会资本会导致教师资源配置不均衡。例如，城乡二元结构导致城乡教师资源配置不均问题较为突出，究其原因主要是经济资本、文化资本和社会资本之间的差距。长期的城乡二元制度形成了我国特有的户籍管理制度，"农村教育"和"城市教育"两个不平等的管理结构随之产生；城市教师与农村教师

---

❶ 沈有禄，谯欣怡. 全国分地区普通小学教师资源配置差异分析［J］. 教育与经济，2010（2）：57-63.

❷ Turner L, et al. Stretched too thin? The relationship between insufficient resource allocation and physical education instructional time and assessment practices［J］. Teaching and Teacher Education，2017（68）：210-219.

❸ Abayasekara A，N. Arunatilake. School-level resource allocation and education outcomes in Sri Lanka. International Journal of Educational Development，2018（61）：127-141.

❹ Miles K H. Freeing resources for improving schools: A case study of teacher allocation in Boston public schools［J］. Educational Evaluation and Policy Analysis，1995（4）：476-493.

具有的文化资本不同，导致农村教师对城市不适应等方面的原因。❶ 城乡不同的经济发展水平使得教师任用制度、教师资格制度、教师培训、教师待遇以及教师岗位流动政策存在明显差异，由此导致乡村学校教师资源配置不均衡。❷ 还有学者提出长期以来存在的重点学校制度、传统的教育评估制度和自上而下的教育公共品供需决策制度。❸ 此外，社会保障制度等也会对教师资源的合理配置产生一定影响。❹

第二，教师管理制度、教育政策、职业满意度等因素的共同影响。有学者认为，我国教师资源配置不合理的原因在于经济结构因素、教师管理制度因素及教育政策因素，进而从教师制度管理层面和教育政策引导层面提出优化当前教师资源配置的解决办法。❺ 有学者认为影响教师资源均衡配置的因素主要有教师待遇差异、配置政策问题、配置制度的阻隔、配置方式的掣肘，还与教师管理矛盾、文化观念等因素密切相关。❻ 还有学者认为，造成我国基础教育阶段城乡教师资源差距的原因主要是由城乡教师职业收入、职业满意度与职业发展前景不同等方面原因造成的。❼

第三，与教师生存发展相关的保障机制不健全，如社会保障制度的缺失。有学者认为造成义务教育师资配置严重不均衡的重要原因之一是公平健全的教师社会保障制度的缺失，我国城乡间、地区间、学校间教师社会保障制度不完善，由此导致不同区域中小学教师享受的福利待遇不同，因而不利于教师队伍的稳定与教师资源的合理配置，因此提出要建立公平的教师社会保障

---

❶ 靳俊友，陈芳. 河南省义务教育阶段教师资源配置制度现状研究［J］. 中国教育学刊，2018（S1）：37-40.
❷ 陈岳堂，赵婷婷，杨敏. 乡村小学教师资源配置的现实困境与优化策略：以湖南省为例［J］. 教育研究与实验，2018（3）：61-65.
❸ 刘哈兰. 试析义务教育区域均衡化发展中的制度排斥与消解［J］. 教育探索，2012（5）：20-22.
❹ 孟辉. 论社会保障制度对教师资源合理配置的影响［J］. 社会科学辑刊，2007（6）：67-71.
❺ 成俊华，王爱玲. 我国教师资源配置研究的现状及反思［J］. 教育理论与实践，2018（14）：36-39.
❻ 杜永红，张艳. 县域内义务教育师资均衡配置的阻碍因素分析［J］. 湖南科技大学学报（社会科学版），2012（4）：111-114.
❼ 蔡明兰，高政. 基础教育阶段城乡教师资源差距之审视［J］. 中国教育学刊，2010（7）：5-8.

制度。❶

已有学者对义务教育教师资源配置中存在的种种问题,提出了诸多有针对性的政策建议。

其一,针对城乡教师资源配置不均衡的问题,已有研究分别从差异化配套政策、公平与效率的配置原则、建立教师权益的表达制度、提升农村中小学教师待遇、强化培训与深化人事制度改革等方面提出解决对策。如有学者指出,要实现城乡义务师资配置均衡发展,就要超越城乡师资配置的师生比均衡陷阱,探索积极差异的城乡义务教育师资配置政策,建构教学工作量均等的小学师资配置政策与专业对口的初中师资配置政策、构建城乡义务教育师资配置均衡化的配套政策、增加农村学校教师岗位吸引力等。❷ 城乡教师资源配置要坚持公平与效率并重原则,提高农村中小学教师劳动力价格,引导城市教师合理"倒流",落实中小学教师"契约人"身份,促进城乡教师合理流动。❸ 要建立农村教师特殊津贴制度、实行义务教育阶段教师身份的公务员化、强化农村教师培训机制、深化农村中小学人事分配制度改革等。❹ 有研究者认为,明确资金投入是促进义务教育教师资源均衡配置的重要前提,标准化学校建设是加快区域内义务教育师资均衡配置的关键环节,定向培养是实现区域内义务教育师资均衡配置的有效途径,资源共享是实现区域内义务教育师资均衡配置的长效机制,特殊政策是实现区域内义务教育师资均衡配置的制度保证。❺ 针对省域城乡师资配置失衡的现状,有学者提出要建立"省级统筹"分类实施的城乡师资均衡推进政策,建立以教师需求为导向、城乡一体化的教师发展政策,建立保障教师利益表达权的教育基层民主制度,建立教育投入向教师倾斜的激励政策。❻

---

❶ 孟辉. 论社会保障制度对教师资源合理配置的影响 [J]. 社会科学辑刊, 2007 (6): 67-71.
❷ 秦玉友. 城乡义务教育师资配置均衡化: 巩固成就与跨越陷阱 [J]. 教育与经济, 2016 (6): 30-35.
❸ 张翔. 城乡统筹背景下中小学教师资源配置及其改革 [J]. 现代教育管理, 2016 (11): 93-97.
❹ 王鹏炜, 司晓宏. 城乡教育一体化进程中的教师资源配置研究: 以陕西省为例 [J]. 陕西师范大学学报(哲学社会科学版), 2011 (1): 156-161.
❺ 关松林. 区域内义务教育师资均衡配置: 问题与破解 [J]. 教育研究, 2013 (12): 46-51.
❻ 马青, 焦岩. 省域城乡师资失衡: 实践表征、政策归因、改进策略: 以宁夏为例 [J]. 教育发展研究, 2012 (12): 11-15.

其二，针对民族地区和农村小规模学校教师资源配置问题，已有研究从政策扶持、教师资源配置标准、教师培养与素质提升等方面提出解决对策。例如，有学者提出在少数民族地区，需要实施差别化的教育扶持政策，落实和优化中小学教职工编制标准，引进与在职培训相结合以提升教师资源质量等措施。❶ 针对农村小规模学校师资配置情况，研究者提出要从编制改革的角度解决师资数量短缺困境，从引导性政策设计的角度缓解师资质量较低的困境，从多学科教师培养及高专业性学科教师走教的角度解决师资专业的结构性困境，❷ 还要创新农村教师供给形式、进一步完善教师招聘、调配和激励政策，探索农村教师素质提升的创新机制等。❸

其三，通过制度创新解决教师资源配置存在的问题，如教师定期轮换交流、教师"无校籍"管理制度等。有学者认为，要通过实行教师的定期轮换交流来化解教师资源配置问题，当前在建立教师流动制度的过程中，急需建立有利于教师流动的社会基础、正式制度、社会制度，确立政府主导的教师定期流动制度、建立教师定期流动制度的实施程序、完善参与流动教师的任期考核机制。❹ 有学者从构建义务教育师资"无校籍"管理制度来实现师资配置"无差异"，通过借鉴日本的经验及我国部分城市已经开展的"无校籍"管理制度尝试证明"无校籍"在我国具有可行性，但仍需进行一系列相关制度的配套改革。❺

其四，利用信息技术手段实现教师资源的均衡配置。有学者提出以信息技术促进教师资源配置城乡一体化，DELIGHT 5.0 远程交互式教学平台为实现异地网络互动教学提供了可能，通过网络平台实现城乡一体化讲授型、探究讨论式课堂教学，可以加强城乡之间的沟通与交流，实现城乡优势互

---

❶ 马骅. 民族地区教师资源配置的城乡考察：基于 2003 年和 2013 年省际数据的比较分析 [J]. 西南民族大学学报（人文社科版），2017 (9)：220-225.
❷ 赵忠平，秦玉友. 农村小规模学校的师资建设困境与治理思路 [J]. 教师教育研究，2015 (6)：34-38.
❸ 赵丹. 教育均衡视角下农村教师资源配置的现实困境及改革对策：小规模和大规模学校的对比研究 [J]. 华中师范大学学报（人文社会科学版），2016 (5)：156-163.
❹ 李贤智. 教育公平视野下教师资源配置的反思与建设 [J]. 湖南师范大学教育科学学报，2011 (3)：32-35.
❺ 李子芬. 义务教育师资"无校籍"管理制度构建 [J]. 中国教育学刊，2012 (4)：15-18.

补，缩小城乡教育差距。❶ 有研究者提出以信息技术促进教师资源配置城乡一体化的整体方案构想，即城市（或乡下）教师在对本校学生实施面对面教学的同时，可以通过网络对乡下（或城市）学生实施非面对面的网络教学，从而实现网络时代的教师资源配置城乡一体化均衡发展。❷ 还有研究者提出，要把大数据应用到教师队伍治理体系中，充分利用大数据的分析、可视化、监测和预测等功能，实现教师队伍的精准治理。❸

其五，从细化中小学教职工配置、教师培养规模、积极心理资本等角度提出解决对策。有学者针对专任教师、非教学人员、校长与中层干部的配置提出建议，如小学教师在性别比例和职称比例上应适当考虑平衡；对于课时系数比较高的学科，要增加1倍数量的教师；要配置综合实践活动课程、地方与校本课程专任教师；在非教学人员的配置中，心理健康和卫生保健人员亟待补充；在校长与中层干部的配置中，任副校长或中层干部的人员尽量不兼班主任工作；校长、副校长、中层干部的比例应控制在1∶3∶9等。❹ 针对我国小学近十年师资队伍发展状况，研究者提出要加强中西部免费师范生的招生规模，推进地方院校免费师范生培养；扩大高学历小学专业招生规模，加强中西部在职教师的培训力度；东部与中西部区域采用不同的小学教育投资与负担模式。❺ 还有研究者从积极心理资本角度对西部农村教师资源的稳定进行了研究，研究提出从提升教师自我发展的内在驱动力、给予教师持续发展的希望、乐观和培养教师的心理韧性等方面来稳定西部农村教师资源。❻

国外学者认为，造成教育资源或教师资源配置不均的原因之一就是城乡

---

❶ 熊才平，吴瑞华. 以信息技术促进教师资源配置城乡一体化[J]. 教育研究，2007（3）：83-86.
❷ 熊才平，方奇敏. 信息化环境下的教师资源配置城乡一体化：理论与构想[J]. 电化教育研究，2007（4）：11-13.
❸ 崔延强，权培培，吴叶林. 基于大数据的教师队伍精准治理实现路径研究[J]. 国家教育行政学院学报，2018（4）：9-15.
❹ 王俊，宗晓华. 江苏省义务教育阶段师资配置状况调查报告[J]. 全球教育展望，2014（5）：53-63.
❺ 童星. 近十年我国小学师资队伍发展状况的区域对比研究[J]. 上海教育科研，2016（1）：5-9.
❻ 关荐，王平. 积极心理资本：西部农村教师资源稳定的本源[J]. 北方民族大学学报（哲学社会科学版），2015（1）：93-95.

教育发展差距。有学者认为"城市偏见"是城乡发展乃至一国经济发展中固有的价值观念，他对"城市偏见"的原因和表现进行了研究，并指出"城市偏见"这一观念将成为不发达国家教育发展的最大障碍。❶ 俄亥俄环境教育基金组织在一份审查有关经济合作与发展组织成员国农村学校教育的调查报告中，将农村教育比喻为"丑小鸭"，调查报告中提到农村学校的各种教育条件与社区相比存在很大差距，但人力和财政资源对农村教育的分配在逐渐增加。❷ 还有学者指出，城市教育制度中有最好的教学实践和管理，农村留守人员被认为是"落后的人"，农村教育被认为是"落后的教育"。❸ 许多国家仍然存在城乡教育投入不均等、教师质量与学生学习质量不均衡的问题。❹ 由此可知，由于地区差异、国情不同导致城乡教育发展差异在各国表现出不同的形态。

国外学者提出了"城乡合作伙伴发展范式"（rural-urban partnership development paradigm），提倡将城市中心与农村经济增长区结合，保证两地均衡、互惠发展，这包括教育领域的合作，鼓励农村的参与、城乡均衡发展的政策机制、教育与当地农业发展和市场需求紧密结合等。❺ 有学者从经济全球化背景对教师资源配置进行研究，研究指出，国有教师资源合理配置以教育市场买卖双方关系为经济前提，国有教师资源合理配置以劳动力资源的流动性为先决条件，教学公司是国有教师资源合理配置的有效方式之一。❻ 有学者从人力资本、市场经济、教育投资与回报及就业的角度探究了教育政策在人员流动、教师流动过程中的直接和间接影响，并为改革教育政策提出建

---

❶ Bezemer D, Headey D. Agriculture, development, and urban bias [J]. World development, 2008 (8): 1342-1364.
❷ Sher J P. Education's Ugly Duckling: Rural Schools in Urban Nations [J]. Phi Delta Kappan, 1983 (4): 257-62.
❸ Gibbs R M, Swaim P L, Teixeira R. Rural Education and Training in the New Economy: The Myth of the Rural Skills Gap [M]. Ames: The Iowa State University Press, 1998.
❹ International Research & Training Centre for Rural Education. Education for rural transformation: towards a policy framework [R]. https://unesdoc.unesco.org/ark:/48223/pf0000135913.
❺ Epstein T S. Development—There is another way: A rural—urban partnership development paradigm [J]. World Development, 2001 (8): 1443-1454.
❻ 李剑, 肖甦. 试论经济全球化背景下的教师资源配置 [J]. 教育与经济, 2000 (3): 45-48.

议。❶ 还有学者以 56 个国家的大规模实证调查为基础，研究了国与国之间城乡教育绩效的差异和不均衡发展的影响因素，研究认为劳动力市场运行机制、人力资本投入机制、信誉体系、基础设施配置机制、制度保障体系等因素对城乡间教育绩效的影响较为显著，进而针对这些要素提出了促进城乡教育均衡发展的对策建议。❷❸ 还有研究者以两个非洲撒哈利地区的农村女教师为研究对象，采用叙述研究法、民族志研究法研究他们的培训和个人发展需求，以此倡导农村教师教育政策的改革和推进，以便更好地促进城乡师资差异的改善。❹

（三）关于义务教育教师资源配置有关政策的研究

在已有研究中，有关义务教育教师资源配置政策的研究主要可以分为两个方面：

第一，有关义务教育教师资源均衡配置的政策研究。一方面，有学者对教师资源配置政策的文本内容、落实情况与政策演变进行了研究。例如，有学者对义务教育教师资源均衡配置政策的内涵与特征进行了专门研究，研究指出教师资源配置政策是冲突的教育利益价值观念以及教育规范的集中体现，是政府教育机构有必要采取政策措施加以解决的教育问题，它具有主观性、关联性、历史性、教育性四个方面的特征。❺ 农村小规模学校教师资源配置政策存在三点值得反思的地方，因而指出要合理定位农村小规模学校的发展定位；以班师比和课程结构作为小规模学校师资配置的基础性指标；构建"自上而下"与"本土培育"的师资补充模式；制定更有效力的教师培训

---

❶ Chotisukan S. The role of education in rural—urban migrant: A case study in Chiangmal, Thailand [D]. Hilo: University od Hawaii, 1994.

❷ Ulubasoglu M A, Cardak B A. Urbanization and education [M]. New Delhi: Discovery Publishing House, 2006.

❸ Ulubasoglu M A, Cardak B A. International comparisons of rural—urban educational attainment: Data and determinants [J]. European Economic Review, 2006 (51): 1828-1857.

❹ Buckler A. Reconsidering the evidence base, considering the rural: Aiming for a better understanding of the education and training needs of Sub-Sahara African teachers [J]. International Journal of Educational Development, 2014 (3): 1-7.

❺ 赖秀龙，杨杏利. 论义务教育师资均衡配置政策问题的内涵与特征 [J]. 教育理论与实践，2012 (35): 18-20.

政策等。❶ 有研究者对我国中小学教师配置标准政策变迁的制度逻辑进行了研究，研究指出在城乡二元发展到城乡一体化发展宏观背景下，教师配置编制标准也由城乡差别走向城乡统一，逐渐突出公平取向，与此同时师资配置标准政策变迁表现出较强的路径依赖、历经渐进式和决裂式等特点。❷ 还有研究者将教师资源配置政策与教师资源配置目标相结合，提出一个区域的师资配置大致要经历数量满足、质量提升、个性化配置为主导任务的三个师资配置目标，因而在师资配置政策上首先要保证师资质量公平的国家战略抉择，其次要制止区域师资失衡的地区政策导向，最后要追求特色发展的学校发展规划。❸ 在教师资源配置政策的落实方面，有学者运用政策研究的方法对湖南省泸溪县《乡村教师支持计划（2015—2020 年）》的落实情况进行了研究，研究指出尽管教师支持计划取得了突出成效，但乡村教师队伍建设仍面临诸多困境，如乡村教师引进补充很难、结构不尽合理、职业发展通道狭窄、资源配置较为僵化、教师培训不太解渴、工作压力偏大、单向流动依然严峻等问题。❹

另一方面，提出教师资源城乡一体化或均衡发展的政策建议。例如，有研究者构建了城乡义务教育一体化师资配置政策体系，如从数量和质量两方面构建师资编制标准；依据城乡学校同等地位，并向"弱势学校"倾斜的原则构建师资配置政策体系；以公平优先结合资源配置效益构建师资配置政策体系；以政府为主导、市场为辅助手段构建师资配置政策体系等。❺ 有研究者针对我国县域内城乡义务教育教师资源配置差异提出了政策建议，如新聘任教师继续向农村学校倾斜，政府适当调整教师编制，多途径改善教师薪酬待遇，为农村教师提供更多优质教育培训等。❻ 还有学者从基础教育师资配

---

❶ 雷万鹏，张雪艳. 农村小规模学校师资配置政策研究 [J]. 教育研究与实验，2012（6）：8-12.

❷ 李新翠. 我国中小学教师配置标准政策变迁的制度逻辑 [J]. 教育研究，2015（10）：72-77.

❸ 于海英，秦玉友. 师资配置目标与我国师资配置政策的多层设计 [J]. 现代教育管理，2014（9）：78-81.

❹ 王炳明. 乡村教师队伍建设的政策分析：基于湖南省泸溪县落实《乡村教师支持计划》的案例研究 [J]. 中国教育学刊，2017（2）：35-40.

❺ 吴孝. 试论城乡义务教育一体化师资配置政策路径 [J]. 教育评论，2016（1）：120-123.

❻ 安雪慧. 县域内城乡义务教育教师资源配置差异和政策建议 [J]. 教育发展研究，2013（8）：50-56.

置"发展式均衡"提出如下政策建议：加大扶持农村学校和薄弱学校教师发展的政策倾斜、立足于本校提高教师队伍的专业化素质、增强教师对区域和学校文化的认同等政策建议。❶

第二，对有关教师资源配置具体政策的评估、政策执行以及政策工具的研究。有学者对我国义务教育师资城乡均衡配置政策进行了评估，研究从增量配置、存量调整、质量提升三方面选取数量、质量指标对政策进行评估，研究指出城乡教师数量差距改善微弱、结构差距依然明显，质量差距呈现恶化态势，政策执行失真问题较为严重。❷ 有学者对县域义务教育师资均衡配置政策执行现状与存在的问题进行了研究，研究指出县域义务教育师资均衡配置执行效果一般；县域师资配置不均衡；义务教育师资均衡配置政策执行受到教育行政部门人事管理权限有限、政策工具使用单一和非正式制度规约等方面阻碍。❸ 有研究者对我国师资配置的政策工具进行了专门研究，研究指出我国促进义务教育师资均衡的政策工具包括权威型工具、能力型工具、激励型工具、系统变革型工具、劝诫型工具等，政府在应用政策工具时，一定程度上存在着权威型工具缺乏灵活性，激励型工具激励条件不足，能力型工具实效性不强，系统性工具缺乏顶层设计，劝诫性工具影响力薄弱等问题。❹ 也有研究者认为，义务教育师资均衡配置的政策工具包括命令、激励、能力建设、权威重组以及劝告五种不同类型，在选择政策工具时要使政策工具与政策目标相适切、与政策环境相适应，并注意政策工具之间的相互协调一致。❺

（四）关于义务教育教师资源配置与教师流动的研究

研究教师资源配置问题一定会涉及教师数量配置方面的有关内容，而教师流动从某一侧面反映了某区域内教师数量配置问题，因而有必要对教师流动的研究进行梳理与分析。通过文献梳理可以将其大致分为两方面：一是对教师流动的研究，二是对教师补充机制的研究，相对于后者，前者的研究略为丰富。

---

❶ 胡友志. 发展式均衡：区域基础教育师资均衡化的新路向：基于基础教育优质均衡发展的政策变革 [J]. 教育科学研究, 2012（8）：11-14.
❷ 薛二勇, 李廷洲. 义务教育师资城乡均衡配置政策评估 [J]. 教育研究, 2015（8）：65-73.
❸ 佛朝晖. 县域义务教育师资均衡配置政策执行现状、问题及建议：基于县市教育局长的调查分析 [J]. 教育发展研究, 2011（11）：13-18.
❹ 李桂荣, 姚松. 义务教育师资均衡配置的政策工具：分型检视与改进建议 [J]. 河南大学学报（社会科学版）, 2016（1）：114-122.
❺ 赖秀龙. 义务教育师资均衡配置的政策工具分析 [J]. 教育发展研究, 2010（23）：42-47.

第一，关于教师流动的研究。在这类研究中，有对教师流动影响因素的研究，也有对如何促进教师流动对策建议的研究。如有学者对影响义务教育教师流动的非正式制度进行了研究，研究认为我国义务教育教师流动突出地表现为职业内单向流动、职业外流失严重、流动杂乱无序且纠纷增多等不合理态势。因此，研究从非正式制度促进义务教育教师流动提出几点思考，以期通过正式制度与非正式制度两种路径促进教师合理流动。❶ 同时，该学者还从人力资本产权视角对义务教育教师流动问题进行了分析，研究认为，所有权错置导致教师管理条块分割、剩余索取权谬误导致教师收益权失真而流动失衡、剩余控制权配置不当导致教师流动权残缺等问题，因而，从界定教师法律身份；改革教师聘任制度；统一教师人力资本收益标准；建立教师定期流动制度；补偿教师流动成本等方面提出改进建议。❷

有研究者认为，教师流动是均衡教师资源的有力方式，能够有效地解决城乡之间师资配置不均衡问题，通过研究山东省部分市地三种教师流动方式，提出进一步促进教师合理流动的建议。❸ 有学者通过梳理我国义务教育教师交流政策的演变和积极影响，分析了刚性教师交流制度实施存在的政策执行不力和失效问题，提出从长远来看，要从法律上确立教师公务员身份；从近期来看，需要建立柔性的教师交流制度。❹ 还有学者认为，要构建完善的城乡教师定期交流制度，我国须从国情出发对教师流动程序、对象、地区、期限以及身份管理、绩效考评和激励机制等方面进行系统考证，如要尊重教师和各地区的实际情况；确立教师公务员身份、对流动教师进行"无校籍"管理；对教师流动期限做出科学的规定等。❺

国外学者研究教师流动主要聚焦以下三点：教师流动与学生特性的关系、教师流动与学校专任教师质量之间的关系以及教师流动与差异化工资待遇的

---

❶ 夏茂林，王宁宁. 义务教育教师流动问题的非正式制度探析 [J]. 教师教育研究，2015（1）：23-26.
❷ 夏茂林. 人力资本产权视角下义务教育教师流动问题思考 [J]. 教育与经济，2014（3）：37-43.
❸ 张雷，李华臣. 城乡义务教育教师流动模式探析：以山东省部分市地为例 [J] 当代教育科学，2011（7）：33-36.
❹ 田汉族. 刚性教师交流制的实践困境与法律思考 [J]. 教师教育研究，2011（1）：44-48.
❺ 冯文全，夏茂林. 从师资均衡配置看城乡教师流动机制构建 [J]. 中国教育学刊，2010（2）：18-21.

问题。国外有学者针对公立学校教师流动这一现象进行了专门的研究,研究认为教师退出教师劳动力市场或公立学校很大程度上与学生特性紧密相关,如种族与成就,虽然工资因素曾在补偿差异原则中起一定的调节作用。❶有学者通过研究美国圣地亚哥学校系统的数据,得出以下结论:

第一,由于教师的薪酬并不是按照工作任务的难度有差别地划分,因而教育系统内教师的流动在很大程度上被与金钱无关的因素所主导,如学生(家庭)的经济社会地位,因而,很多新教师被分配到学生(家庭)经济社会地位较低的学校;

第二,在那些学生(家庭)经济社会地位较高的学校,教师拥有丰富的经验与教学水平,而且教师特性与学生成就之间会产生正向的相互影响。❷有学者探究了教师质量与教师流动之间的关系,研究表明那些在学校中领先的、高水平教师与落后的、垫底的教师群体比那些表现平平的教师群体具有更大的流动性。此外,若同伴的工作分享更有经验、更具前瞻性、更能提高专业技能,区域内的教师流动就会减弱。❸有研究者提出,针对学区内、校际间教师资源分配严重不均衡、流动不合理等问题,应运用差异化工资政策来消解,当资历较高的教师决定离开工作岗位时他(们)考虑更多的不是薪水,而是种族和学生的经济社会地位等因素,因而较大的薪水差异才能保证不同资历教师之间的公平竞争。❹

第三,有关教师补充机制的研究虽然不是很丰富,但现有研究成果能丰富教师资源配置的研究视角。有学者通过介绍美国"为美国而教"项目的教师补充机制的优势与特点,尝试为我国基础教育师资均衡配置寻找新的路径,如要扩大教师来源渠道,加大农村教师的补充力度;增加精英性与竞争性选拔标准;发挥民间教育公益组织的积极作用;更新教师提升方式,创新

---

❶ Hanushek E A, Kain J F, Rivkin S G. Why public schools lose teachers [J]. Journal of Human Resources, 2004, 39 (2): 326-354.
❷ Greenberg D, Mccall J. Teacher Mobility and Allocation [J]. Journal of Human Resource, 1974, 9 (4): 480-502.
❸ Feng, Li, Sass, Tim R. Teacher Quality and Teacher Mobility [J]. Education Finance and Policy, 2017, 12 (3): 396-418.
❹ Clotfelter, Charles T, Ladd, Helen F. et al. Teacher Mobility, School Segregation, and Pay-based Polices to level the Playing Field [J]. Education Finance and Policy, 2011, 6 (3): 399-438.

教师补充机制的持续发展方式等。❶ 有学者指出"特岗计划"和公费师范生计划为农村义务教育教师资源的补充注入新的活力，这两个计划体现出国家运用行政力量调配农村义务教育教师资源，为城乡义务教育均衡发展提供稳定的教师来源。❷ 还有学者探讨了在完成两年"为美国而教"项目后，教师在低收入地区和农村学校高流失率的现状及原因，研究表示毕业生的教育背景、职前准备、对保留工作的影响以及低收入学校不良的工作条件和行政领导均会导致教师资源流失。❸

（五）关于义务教育教师资源配置中的政府行为研究

已有研究从政府在义务教育均衡发展中的行为、政府应具备的责任、法律义务三方面进行了研究。其中，关于政府在义务教育均衡发展中的行为研究，有学者指出县域义务教育均衡发展的推进与政府的作为息息相关，研究对县域义务教育均衡发展及政府行为的相关理论、政府行为的作用机理、内容和行为方式、评价标准、成效与问题等进行了较为系统的梳理与分析。❹

有学者对政府在义务教育教师资源配置中应具备的责任进行了研究，研究指出当前我国县级政府在应为与能为责任之间存在一定的矛盾，如地方管理权限的有限性、政府责任与市场条件之间边界的模糊等问题，要克服这一问题我国应明确政府职责，建立县域教师资源配置机制与督导机制。❺ 有研究对县级教育行政部门均衡配置师资的法律义务进行了探讨，研究认为在教师聘任制度下，县级教育行政部门履行均衡配置师资职责的关键在于合理划分其与学校之间在教师流动方面的权利和义务，县级教育行政部门不该再通过行政手段统一配置师资，而应该完善教师聘任制，依靠市场机制实现县域

---

❶ 景小涛，余龙. 农村义务教育教师补充机制探析："为美国而教"的生命力与启示 [J]. 外国中小学教育，2013（12）：33-38.

❷ 贺静霞，张庆晓. 新中国成立以来义务教育教师资源配置有关政策变迁历程、特征与展望 [J]. 现代教育管理，2020（3）：78-84.

❸ Donaldson, Morgaen L. Johnson, Susan Moore. Teach For America teachers: How long do they teach? Why do they leave [J]. PHI DELTA KAPPAN, 2011, 93 (2): 47-51.

❹ 杨令平. 西北地区县域义务教育均衡发展进程中的政府行为研究 [D]. 西安：陕西师范大学，2012.

❺ 杨挺，马永军. 县域义务教育师资均衡配置中的政府责任 [J]. 中国教育学刊，2011（3）：13-15.

内师资的均衡。❶

还有研究者提出《教师法》对于教师作为"履行教育教学职责专业人员"的法律地位和以此为基点设计的教师资格制度、职务制度、聘任制度,不能从根本上遏制当前义务教育教师非均衡发展的态势,因此提出唯有将义务教育教师定位为国家公务员,确立政府与教师的行政法律关系,各级政府所作的教师均衡配置的行政行为才有法律依据。❷

国外学者从政府职能的履行、教育权力下放、教师权利保障等方面进行了研究。如有学者对教师工会的议价能力与学校资源分配进行了研究,在33个要求集体谈判的州,教师的起薪和津贴会随着地区的扩大而增加,师生比会随着地区的扩大而下降;在5个反对集体谈判的州,地区规模对教师的起薪也有较大的正面影响,但对师生比的负向影响则较弱,该研究表明更强大的工会可以通过与学校讨价还价的形式提升教师薪资。❸ 有学者指出,政府的失败在非洲很普遍,如教师资源的短缺、公共资金的流失,研究者认为造成政府失职的根本原因在于通过加强政治激励来改善政府职能,由此导致社会参与过多干预国家政务,进一步弱化政府职能,因而,国家应该建立有效的机制规范民间社会干预机制。❹ 有学者对斯里兰卡学校教育权力下放至当地教育局之前与之后的情况进行了比较研究,研究表明权力的下放使省或区教育局拥有更大的决策权力,在教师招募、教师培训、学校物质建设等方面更为自主,同时也有利于学生学习成绩的提高。❺ 还有学者对班加尔马辛市(Banjarmasin)52所公立小学的教师需求、教师分配与教师成就进行了混合研究,研究表明:班加尔马辛市(Banjarmasin)小学的教师需求数量为2640人,具有公务员身份的教师人数为1742人(65.98%),短缺数为898人

---

❶ 蔡金花,胡劲松. 论县级教育行政部门均衡配置师资的法律义务 [J]. 教育理论与实践,2008(5):3-4.
❷ 陈鹏. 义务教育教师均衡配置的法理探源与法律重构 [J]. 陕西师范大学学报(哲学社会科学版),2010(1):160-164.
❸ Brunner Eric J, Squires Tim. The bargaining power of teachers' unions and the allocation of school resource [J]. Journal of Urban Economic, 2013, 76(2):15-27.
❹ Devarajan, Shantayanan, Khemani, Stuti, et al. Can Civil Society Overcome Government Failure in Africa [J]. Word Bank Research Observer, 2014, 29(1):20-47.
❺ Herath, Tikiri Nimal. An assessment of decentralized government school education in Sri Lanka [J]. Kedi Journal of Educational Policy, 2008, 5(1):19-48.

（34.02%）；政府预算有限，无法改善教师的福利等问题，因而政府应努力改善教师的生活境遇、提升教师福利，清退不合格的在岗教师，改变工资分配的限制政策等。❶

（六）关于义务教育教师资源配置指标、模型的研究

关于义务教育教师资源配置指标、模型的研究主要包括以下三个方面。

第一，有关义务教育资源配置指标的研究，这类研究将义务教育教师资源配置指标作为研究的一部分。

其一，有关义务教育均衡发展指标或监测指标中的教师资源配置问题。有研究者从教育均衡发展的理论出发，尝试构建适应我国国情的义务教育均衡发展指数，其中与教师资源配置有关的子测量要素为第二层次"教育资源配置均衡指数"中的 I_{210} 教师获得最后的学历合格率、I_{211} 教师合格以上学历率，第三层次"教育质量均衡指数"中的 I_{34} 教师合格率城乡差异。❷ 有学者构建了县域义务教育均衡发展的指标体系，在城乡均衡度的子级指标中包含教师队伍的学历达标率、小学教师中专科生比例、初中教师中本科生比例、校长队伍学历水平和接受任职资格培训等表示教师资源配置的指标，其中教师队伍状况在 B_2 中所占权重为 30%（教师队伍学历状况占 10%，待遇状况占 20%），当 B_2 大于或等于 85% 为城乡相对均衡发展的义务教育。❸

还有学者构建了我国县域义务教育均衡发展监测指标体系，其中教师均衡度包括 6 个一级指标、20 个二级指标和 26 个三级指标，具体而言，6 个一级指标包括师资总量、师资质量、专业发展、稳定状况、教师负担、教师工作满意度，一级指标下又细分若干二级指标，如师资质量又包括学历结构、职称结构、年龄结构、性别结构、学科结构等。❹ 还有研究者构建了义务教育校际均衡发展评价指标体系，在义务教育资源配置均衡子领域中把中小学人力资源投入差异作为一级指标，具体包含生师比差异、专职教师的学历结

---

❶ Atmono, Dwi; Rahmattullah, Muhammad etc. The Need Analysis of Primary School Teacher in Banjarmasin [C]. Indonesia: University Negeri Padang, 2018: 398-403.
❷ 翟博. 教育均衡发展：理论、指标及测算方法 [J]. 教育研究, 2006 (3): 16-28.
❸ 于发友, 等. 县域义务教育均衡发展的指标体系和标准建构 [J]. 教育研究, 2011 (4): 50-54.
❹ 董世华, 范先佐. 我国县域义务教育均衡发展监测指标体系的建构：基于教育学理论的视角 [J]. 教育研究, 2011 (9): 25-29.

构差异、专职教师的职称结构差异、专职教师的年龄结构差异、专职教师的教龄结构差异等二级指标。❶

其二，义务教育资源配置指标中有关教师资源配置指标的研究。有学者以"财政中立"和"差异原则"作为分析框架构建了义务教育资源配置的标准，并将"差异原则"作为义务教育学校教师资源配置标准，提出普通小学专任教师配置新标准、义务教育学校专任教师和教职工配置标准，最后提出实施义务教育教师配置新标准的建议。❷ 还有学者认为，教师资源配置应包含4个指标层：学校间中级及以上教师比例差异、学校间骨干教师占教师总数比例差异、学校间百名学生中提高学历教师数的比例差异、学校间结构性缺编教师比例差异。❸ 国家教育督导团发布的2005年教育督导报告，在描述义务教育公共资源配置的六大指标中，小学教师资源配置的指标是教师学历合格率、高级教师的比例，初中教师资源配置的指标是教师学历合格率、一级以上教师比例。❹ 有研究以安徽省的义务教育实践为基础，设计了义务教育均衡发展指标体系框架，该研究的监测指标体系包括A_1义务教育机会均衡指数（30%）、A_2教育资源配置均衡指数（40%）、A_3教育质量与成就均衡指数（30%）三个一级指标，在A_2教育资源配置均衡指数中B_{11}生师比达标率（10%）、B_{12}生师比城乡差异（10%）、B_{13}教师学历达标率（10%）和B_{14}教师学历达标率城乡差异都是衡量教师资源配置的重要指标参数。❺

第二，义务教育资源配置相关模型的研究。已有研究以推进义务教育资源均衡配置为出发点，尝试构建义务教育资源均衡配置模型。有研究者通过构建DEACCR&BCC模型，对2013年我国农村地区的义务教育资源配置效率进行了分析，研究发现高学历教师对于教育资源配置效率有显著影响，但又因为农村教师待遇低、教学环境差、相关保障政策缺失，导致农村教师流失较为严重，因此，研究提出要着力改善农村教育环境，制定相关鼓励机制，吸引高学

---

❶ 王善迈，等．义务教育县域内校际均衡发展评价指标体系 [J]．教育研究，2013（2）：65-69．
❷ 张传萍．义务教育资源配置标准研究 [M]．武汉：武汉大学出版社，2013：158-162．
❸ 李玲，等．城乡教育一体化：理论、指标与测算 [J]．教育研究，2012（2）：41-48．
❹ 国家教育督导团．义务教育均衡发展：公共教育资源配置状况 [J]．教育发展研究，2006（5A）：1-8．
❺ 朱家存，等．区域义务教育均衡发展监测指标体系研究 [J]．教育研究，2010（11）：12-17．

历教师到农村地区任教。❶ 还有研究者以重庆市为例，构建了教育资源配置均衡发展测评体系，该体系为 $Y = 0.28A_1 + 0.41A_2 + 0.31A_3$，其中 A_1 是办学条件指标、A_2 是教育经费指标、A_3 是教师质量，接着基于数据构建了义务教育资源配置指标体系（见表1-1），并提出了三级指标的具体算法。❷

表1-1 义务教育资源配置指标体系

一级指标	二级指标	三级指标
A_1 办学条件	B_1 学校布局	B_1 运动场面积达标校数
		B_2 音体美卫劳科六大功能室配齐率
		B_3 多媒体教室生均面积
	B_2 设备设施	B_4 校园网建成率
		B_5 生均教学及辅助用房面积
		B_6 生均拥有计算机台数
A_2 教育经费	B_3 经费投入	B_7 生均预算内公用经费分配
		B_8 生均预算内事业经费
	B_4 经费使用	B_9 教师继续教育经费
		B_{10} 生均新增教育经费分配
A_3 教师质量	B_5 教师结构	B_{11} 中高级职称以上教师占比
		B_{12} 比规定学历提高的教师占比
	B_6 交流发展	B_{13} 城乡教师年交流次数
		B_{14} 教师参加市级以上专业发展培训数占比

国外关于"教育均衡"评估指标体系的研究对我国评估城乡教育均衡发展程度或一体化程度有一定的启示。如美国圣母大学拉丁美洲研究中心构建了"拉丁美洲学生教育均衡指标体系"，专门用于量化与评估美国各大洲内拉丁美裔学生与非拉丁美裔学生学习成绩差异、学习资源差异、学习环境差异的程度。❸ 有学者以加州大学、南加州大学和加州州立大学等为研究对

---

❶ 杨倩茹，胡志强. 基于DEA模型的我国农村义务教育资源配置效率研究［J］. 现代教育管理，2016（11）：15-21.

❷ 朱亚丽. 义务教育资源配置均衡发展测评模型的构建研究［D］. 重庆：西南大学，2015：67-68.

❸ 李玲，等. 构建城乡一体化的教育体制机制研究［M］. 北京：经济社会科学出版社，2015：17.

象，用实地调查的手段构建了由高等教育入学率、巩固率、精英毕业生比重、高等教育学校行政体制 4 个一级指标、12 个二级指标组成的公立高等教育结果公平指标体系，并编制了公立高等学校教育结果公平的指数。❶还有研究者提出了评估教育资源分配效率的 LEA 体系，研究者将该体系看成一个通过操纵投入产生产出的"公司"，该体系可以推断出 LEA 对各种输出的边际效益。❷

第三，对义务教育教师资源配置标准的研究，这类研究只研究教师资源配置标准问题。有研究者提出，要以"班师比"和"分类班额"为依据，设计新的普通小学教师资源配置标准和体系，从而以保障农村普通小学教学的正常运转。❸

还有学者从以下四个问题出发进行研究：教育资源在社会资源中所占比例、现有资源应该如何分配给各种类型的教育、应该选择何种教育技术、在教育系统内使用劳动力的最佳水平和构成是什么？尝试构建教育资源分配体系。❹

上述学者的研究无论是从人、财、物构建评价指标，还是从资源配置均衡与教育质量均衡方面构建指标，教师资源配置都是义务教育均衡发展的关键指标，且大多数研究以师生比、专任教师学历合格率、高级职称教师占比等子指标作为衡量标准，为我们构建县域内义务教育教师资源配置优化依据提供了重要参考。

（七）国内外文献研究述评

整体而言，有关县域内义务教育教师资源配置优化的已有研究成果可以分为上述六大类，与其他研究相比，有关义务教育教师资源配置现状、问题、原因及解决对策的研究成果在数量与内容方面较为丰富。已有研究成果在研究方法、研究内容及研究对象方面呈现不同的趋势与特点。

---

❶ Guha Khasnobis B, James K S. Urbanization and the South Asian Enigma: A case study of India [J]. World Institute for Development Economics Research Working Paper, 2010 (4): 1-15.

❷ David P. Aspects of Resource Allocation by Local Education Authorities [J]. Social and Economic Administration, 1976 (4): 106-122.

❸ 张传萍. 普通小学教师资源配置标准研究：以湖北省为例 [J]. 教育与经济, 2011 (1): 10-15.

❹ Samuel B. The Efficient Allocation of Resources in Education [J]. The Quarterly Journal of Economics, 1967 (2): 189-219.

第一，研究方法上，思辨研究与实证研究均有，现有国内研究缺乏全国范围或东、中、西部片区系统的实证调查。从相关文献来看，研究者们大多是以理论思辨的方式进行，缺乏相应的实证分析。也有部分学者通过实地调研、统计分析、体系或指标体系构建等方法对我国某县（市）的义务教育教师资源配置情况进行分析与探讨，但这部分研究在数量、内容等方面有待进一步丰富。国外学者的研究在方法上较为注重质性研究与量化研究相结合，通过客观的数据与鲜活的案例来说明研究问题，因而他们的研究更为具体与微观，通常是以某地教育的调查研究或项目试验作为一个缩影来透视教育资源分配问题。总体而言，已有研究为后续研究者在这一领域进行深入研究奠定了方法论基础，在实证操作上提供了思路、指引了方向。因而，在今后的研究中需要更加注重理论研究与实证研究的有机统一。

第二，在研究内容上，有关义务教育资源配置的研究视角多样、内容丰富，有关县域内义务教育教师资源配置的研究就略显不足，没有较为系统、完整的研究。在已有研究中普遍存在以下问题：其一，关于义务教育资源配置或教师资源配置的研究理论较为单一，多为教育公平理论、教育均衡发展理论，且有些研究并没有很好地将理论与问题结合起来，导致研究不深入、缺乏创新。其二，有些实证研究选取样本量小、代表性不强，所得出的有关义务教育资源配置不均衡或义务教育教师配置不均衡的结论大体一致，提出的对策或政策建议没有突破现有整个教育体制、机制的框架或范围，没有很强的针对性与适用性。其三，部分学者在义务教育资源均衡、公平配置指标或指标监测模型方面进行了有益的探索，但在已有研究中至少存在10种不同的衡量指标，各种不同指标都有其建立的理论基础与依据。但由于这些不同指标在指导原则、使用方法、衡量标准等方面存在差异，进而导致其指导实践功能被削弱。因此，有必要对已有的指标体系进行评价或归类，使其真正发挥指导实践的作用。

第三，在调查对象的选取上，现有研究多以国内某一省、市或县为调查对象，调查对象范围略窄、覆盖面不够宽广。纵观已有研究，研究者大多选取某省、市、县（区）范围内义务教育教师资源进行调查研究，这些研究为我们揭示了中、西部某省市或地区、少数民族地区教师资源配置现状及存在的问题，具有很强的现实意义。但同时，我们也应该意识到这些调查对象范围略窄、覆盖面不够宽广，由于我国特殊的国情和城乡二元结构，导致我国义务教育在校际间、城乡间、区域间存在较为显著的差异，不同县域内义务教育教师资源配置现状、问题、做法也不甚相同。因而，为了更为全面地了解我国县域内义务教育教师资源配置现状及问题，在今后的研究中要适当扩大调查对象的范围，力争覆盖更多、更广的区域。

第三节　研究的重点、难点与创新点

（一）研究重点

1. 县域内义务教育教师资源配置优化的理论分析

县域内义务教育教师资源配置优化的理论分析是本论文研究的重点之一，具体包括：梳理与分析县域内义务教育教师资源配置的已有研究、界定县域内义务教育教师资源配置优化有关的重要概念，如教师资源、教师资源配置、教师资源配置优化等，明晰研究对象所包含的范围与意义，分析研究的理论基础，进而形成县域内义务教育教师资源配置优化的理论分析框架。通过理论分析，为本研究的推进奠定坚实的理论基础。

2. 县域内义务教育教师资源配置优化模型的构建

本研究尝试以国家义务教育教师资源配置有关法律法规、政策文本与各省义务教育教师资源配置政策文本为主要内容，运用内容分析法提取县域内义务教育教师资源配置优化关键要素，并依据公共物品理论与机制设计理论构建县域内义务教育教师资源配置优化"GSST"模型，并对模型的构成要素、内涵特征与运行机制展开阐释。

3. 县域内义务教育教师资源配置现状、问题、原因及影响因素分析

以构建的县域内义务教育教师资源配置优化"GSST"模型为指导，结合已有文献与访谈研究进行问卷设计并开展调查研究。客观地分析山西省、安徽省、湖北省三省12个县（区）义务教育教师资源配置现状、存在的问题、原因及影响因素，同样是本研究的一大重点。研究通过问卷调查、访谈研究从不同侧面深入考察12个县（区）义务教育教师资源配置优化现状，在此基础上，深入剖析我国县域内义务教育教师资源配置中存在的问题及其原因。

(二) 研究难点

1. 县域内义务教育教师资源配置优化模型的构建

县域内义务教育教师资源配置优化模型应该依据什么构建、选取哪些关键指标、如何运行等都是本研究的一大难点。这要求研究者不仅要从理论层面，也要从实践层面充分认识县域内义务教育教师资源配置优化所包含的要素、环节、条件与保障措施等。

2. 县域内义务教育教师资源配置数据的获取

研究选择我国中部地区3个省的12个县（区），对其义务教育教师资源配置优化情况进行调查研究。因此，如何制定有信度、效度的调查问卷和访谈提纲，全面、深入地了解12个（县）区义务教育教师资源配置优化情况是本研究的一大难点。同时，受研究者个人能力所限，在访谈过程中是否能获取政府工作人员、教育行政部门有关人员、学校领导和教师对县域内义务教育教师资源配置优化的真实想法也存在一定的困难。

(三) 研究的创新点

1. 构建了我国县域内义务教育教师资源配置优化模型

县域内义务教育教师资源配置优化模型，即"GSST"模型，内部由优化目标、主体权责、实现条件与改进措施四大关键要素构成，外部由政府、学校、社会、教师四类主体组成。为了实现县域内义务教育教师资源优质均衡配置的目标，依据机制设计理论，提出了县域内义务教育教师资源配置优化"GSST"模型的六大运行机制，即管理协调机制、监督激励机制、信息共享机制、参与合作机制、改革推进机制与权利保障机制。

2. 从公共物品这一新视角重新审视我国县域内义务教育教师资源配置优化各主体的职责

义务教育教师资源属于义务教育资源的一种，具有义务教育资源的基本属性，其供给方式可以为政府供给或联合供给。为了实现优质均衡的配置目标、满足人民对公平而优质义务教育资源的诉求，政府不仅应该提升自身公共教育服务水平，而且应充分激发社会、学校、教师等主体在县域内义务教育教师资源配置优化中的参与性与积极性，为社会性组织和学校等主体配置义务教育教师资源创造有利条件，以共同实现义务教育教师资源供给的多样化和高质量。

3. 提出我国县域内义务教育教师资源配置优化的创新策略

根据县域内义务教育教师资源配置优化模型及其运行机制，在深入调查分析山西省、安徽省、湖北省三省12个县（区）义务教育教师资源配置优化中存在的问题及其原因的基础上，论文从观念创新、制度创新与机制创新三个方面提出具体的优化策略。县域内义务教育教师资源配置优化需要以人为本理念、共享理念与生态发展理念的引领，需要通过教师资源配置相关制度的健全、完善与创新实现教师资源配置优化，需要以动力机制、协同联动机制、质量提升机制、共享机制与督查跟踪机制推动教师资源的配置优化。

第二章 理论基础与研究设计

本章首先对县域、教师资源、教师资源配置优化等核心概念进行界定,其次阐释了本研究的两大理论基础公共物品理论与机制设计理论,在此基础上进一步明确了本研究的研究问题与研究思路,最后提出本研究所选择的研究方法以及所运用的数据统计与处理工具。

第一节 概念界定

概念是反映对象特有属性的思维形式,标志着人类认识过程从感性阶段上升到理性阶段。要科学、合理地剖析所要研究的问题,首先要对研究问题所涉及的核心概念进行梳理与界定,在此基础上,才能准确地把握研究问题的核心,进而展开深入有序的探究。

(一)县域

县,地方行政区划名。始于春秋时期,秦统一六国后,确立了郡县制,县隶属于郡。隋唐以后隶属于府或州(郡)或军或监或路或厅,辛亥革命后直隶于省、特别区,今直隶于省、自治区、直辖市,或隶于自治州、省辖市。❶ 时至今日,我国的县已成为连接城市与乡村的有机体,在城镇化进程中发挥着重要的作用。根据民政部最新《中华人民共和国行政区划统计表》,截止到2018年12月31日,全国共有县级行政区划数2851个,其中市辖区970个,县级市375个,县1335个,自治县117个,旗49个,自治旗3个,特区1个,林区1个。❷ 由此可知,县级行政区划单位包含市辖区、县级市、县、自治县、旗、自治旗、特区和林区七种,本研究中的县,即一般

---

❶ 夏征农,陈至立. 辞海(第六版)[M]. 上海:上海辞书出版社,2009:2487.
❷ 中华人民共和国民政部. 中国人民共和国行政区划统计[EB/OL]. http://xzqh.mca.gov.cn/statistics/2018.html.(2018-12-31)[2019-05-16].

意义上的县，文中调研区域涉及市辖区、县级市和县等基本单位。

县域以县级行政区划为地理空间，是国家行政管理的基本单位之一，因其所在地理位置、生态环境、经济发展状况不同而使自身带有较强的地域特色。同时，县域还具备区域界线明确、独立性和能动性这两个特征。❶

本研究中所使用的县域，在地理空间上以县级行政区划为单位，在调控主体上以县级政权为基层行政区划，主要包含市辖区下的中心城区和远城区，县级市所在的区、县、村或街道。该行政区划具有完备的政治经济、科技文化、教育与卫生医疗等事业，在经济发展、社会环境、人文历史、地形地貌、治理能力等方面独具特色。受地理环境、人口与经济发展等因素的影响，同一县域内区、县、村、街道的教育资源与教师资源配置情况各异，如何进一步解决县域内、校际间、学校内部教师资源分配不均衡的问题，如何培养扎根深、情怀浓的乡村教师，如何进一步提升县域内义务教育质量、深入推进县域内义务教育一体化，就成为新形势下县级政府及教育行政部门要着重解决的问题。

(二) 教师资源

资源是"生产资料或生活资料等的来源。"❷ 资源主要包括自然、经济和人力资源三种，其中自然资源是天然形成的，经济资源是生产过程中所使用的投入，人力资源主要是指发展经济和社会事业所需要的具有必要劳动能力的人口。在经济学中，自然资源被称作狭义资源；经济资源或生产要素资源被称作广义资源。王善迈教授认为，"资源是人类社会赖以生存和发展的基础，人类的经济活动、政治活动、军事活动、教育活动等均需在耗费一定种类和数量资源的基础上进行"❸。

在了解教师资源之前，我们首先要明晰其上位概念教育资源的具体含义。顾明远先生在《教育大辞典》中指出教育资源有两层含义：第一种含义是教育资源又可以称作"教育经济条件"，是指教育过程所占用、使用、消耗的人力、物力和财力资源，即教育人力资源、物力资源和财力资源的总和。❹

---

❶ 杨公安. 县域内义务教育资源配置低效率问题研究 [D]. 重庆：西南大学，2012：21.
❷ 夏征农，陈至立. 辞海（第六版）[M]. 上海：上海辞书出版社，2009：3053.
❸ 王善迈主编. 教育经济学简明教程 [M]. 北京：高等教育出版社，2000：121.
❹ 顾明远. 教育大辞典 [M]. 上海：上海教育出版社，1997：1896.

其中，人力资源包括教育者人力资源和受教育者人力资源，物力资源包括学校中的固定资产、材料和低值易耗品，财力资源为人力、物力的货币形式，包括人员消费部分和公用消费部分，是开展各项教育事业与工作的物质基础。第二种含义是教育的历史经验或有关教育信息资料。本研究中所使用的教育资源主要指第一层含义。除此之外，王善迈教授指出，"教育资源就是通过社会总资源的配置由教育领域所取得的一定份额的资源，它是教育活动赖以生存和发展的基础。"❶ 范先佐教授认为"投入教育过程的通常是人力、物力和财力，它们的总和，即教育资源"❷。还有学者从更为广阔的视角对教育资源进行阐释，如台湾学者胡梦鲸提出教育资源是学生所能享受到的教育经费、活动空间、教学设备、师资及其教学活动方案等。❸ 李祖超认为"教育资源是指社会经济资源中输入教育过程的人力、物力、财力、信息和时间资源的总称。"❹ 王嵘将教育资源定义为"具有教育意义或能够保证教育实践进行的各种条件，它包括人、财物等物质因素，以及保证这些因素发挥作用的政策、制度、环境等条件。"❺ 康宁认为教育资源除了包含人力、物力和财力资源之外，还包括制度资源、时空资源和信息资源。❻

由此可知，虽然众多学者对教育资源的概念做出了不同的阐释，究其本质而言，教育资源是进行教育活动所需的各种资料的来源，这些人力、物力、财力资源是保证教育教学活动有序开展的基本条件。而教育过程中的人力资源主要包括教学人员、行政人员、工勤人员等。❼ 与物力资源与财力资源不同，人力资源具有以下三个特性：其一，能动性，人的劳动心理对其能量的发挥具有十分鲜明的影响。其二，动态性，人力资源的深度和广度可以不断地扩充。其三，社会性，人是处于各种各样社会关系中的。

通过上述有关概念的梳理，本研究中教师资源主要是指义务教育阶段在

---

❶ 王善迈. 教育经济学简明教程［M］. 北京：高等教育出版社，2000：121.
❷ 范先佐. 教育经济学新编［M］. 北京：人民教育出版社，2010：316.
❸ 胡梦鲸. 台湾地区城乡国民小学教育资源分配之比较［J］. 国立中正大学学报（社会科学分册），1995（6）.
❹ 李祖超. 我国教育资源短缺简析［J］. 高等教育研究，1997（6）：37-38.
❺ 王嵘. 贫困地区教育资源的开发利用［M］. 教育研究，2001（9）：39-44.
❻ 康宁. 中国经济转型中高等教育资源配置的制度创新［M］. 北京：教育科学出版社，2005：18.
❼ 范先佐. 教育经济学新编［M］. 北京：人民教育出版社，2010：318.

城镇或农村公办学校中从事教学与管理工作的专门人员,这些人员具备从事教学、管理工作的基本条件和资格,具有智力劳动能力和体力劳动能力,承担着教育教学、促进学生身心发展、参与民主管理、提高自身思想政治觉悟和业务水平的主要职责。本研究之所以将教师资源限定在城镇或农村的公办学校,主要由于通过文献研究与实地调查,与城镇或县城中的民办学校教师资源配置相比,这些地区义务教育阶段的公办学校教师资源配置问题更为突出。教师资源的质量与数量直接影响教育的规模和质量,教师作为从事学校教学(管理)工作的人员,属于教学(管理)人员,是教育资源中最基本的人力资源。因而,教师资源同样具有能动性、动态性和社会性,教师资源的能动性主要表现在教师能根据学生身心发展需求、教育教学及管理需要创造性地开展教学或管理工作;教师资源的动态性一方面表现在教师通过接受专门的教育培训使其专业知识得以拓展、专业技能得以提升;另一方面则表现为教师资源在不同地域、校际之间的流动;教师资源的社会性主要表现为教师同时作为社会人,有基本的生活、娱乐、社交的需求与权利,也具备对组织运行发展有利的基本特性,如利他性、协作性、自主性等特性。

(三) 教育资源配置优化

配置是指既定的资源被用于生产与消费的情况。在微观经济学中,资源的一种配置被描述为每个消费者所消费商品 x_i,和每个厂商所生产商品 y_j 的一个组合,即 (x_i, y_j) $(i=1, 2, \cdots, n; j=1, 2, \cdots, m)$。当一种配置使消费者的效用之和达到最大化时,则称这种配置是最有效的配置或帕累托最优;否则就称这种配置是低效率或无效率。❶

《辞海》中资源配置是指"一国的资源在各种用途上和在各部门、各地区即再生产各个环节上的分布与安排"❷。由于资源具有稀缺性,因而在生产、生活各个领域资源都应该有效配置,计划和市场是配置资源的两种手段。优化资源配置是一国经济快速、协调发展的基本条件,其基本要求是:资源不仅要用在社会生产和建设最需要的地方,还要用于经济效益最高的领域,同时还要使资源在地区间及地区内合理配置。❸ 资源配置在《现代经济

---

❶ 胡代光,高鸿业. 西方经济学大辞典 [M]. 北京:经济科学出版社,2000:100.
❷ 夏征农,陈至立. 辞海(第六版)[M]. 上海:上海辞书出版社,2009:3053.
❸ 夏征农,陈至立. 辞海(第六版)[M]. 上海:上海辞书出版社,2009:3053.

词典》中的解释为"资源在不同用途或不同使用者之间进行分配。资源配置的任务就是在资源的多种用途中选择最有效的用途"❶。《经济工作实用词解》中对资源配置的解释为"国民经济各部门、各地区、各企业之间有效配置经济资源、形成合理的生产力布局，促进社会生产力发展的过程"❷。资源配置要达到两个目的：一是社会供给能适应社会需求，且两者之间比例合适；二是将资源从效率低的生产单位流向效率高的生产单位，提高资源配置的效益。在经济学领域将资源配置分为两个层次：一是资源以何种方式配置到组织，政府和市场是两种基本的资源配置规则；二是组织内部如何进行配置，权力是基本的配置机制。❸新制度经济学认为资源配置的实质就是经济效率问题，新的制度必然要促进经济效率的提高。❹王善迈教授认为，资源配置主要是指"在社会总资源既定的条件下，通过一定的方式使有限的资源在经济和社会各部门之间进行合理的分配，从而使社会资源得到最有效的配置和使用。"❺同时资源配置包含以下四个基本核心问题，一是生产什么，生产多少的问题；二是产品如何生产的问题；三是产品为谁生产的问题；四是谁做出经济决策，以什么方式做出决策的问题。❻

综上所述，资源配置主要是指涉及生产、生活等领域的物力资源、财力资源和人力资源在不同部门、组织或生产环节上的分配与使用，资源配置合理与否、有效与否、公平与否、高效与否与资源配置方式有直接关系。王善迈教授指出，"资源配置方式回答以什么方式将社会资源分配到国民经济各个组成部分中去，保证经济正常运行和社会资源得到最有效的配置和使用，以满足人们各种不同的需要。"❼即资源配置方式需要解决的问题是采取什么方式去分配资源才能达到资源分配的合理与有效。从理论上来说，资源配置基本方式有计划与市场两种基本类型，但是在现实生活中只有以两者为

---

❶ 刘树成. 现代经济词典 [M]. 江苏：凤凰出版社, 2005：1292.
❷ 刘明勇. 经济工作实用词解 [M]. 北京：经济管理出版社, 2008：398.
❸ 刘亚荣. 从双轨到和谐：中国高等教育资源配置机制的转轨 [M]. 杭州：浙江大学出版社, 2010：2.
❹ 康宁. 中国高等教育资源配置转型程度指标体系研究 [M]. 北京：教育科学出版社, 2010：56.
❺ 王善迈. 教育经济学简明教程 [M]. 北京：高等教育出版社, 2000：122.
❻ 王善迈. 教育经济学简明教程 [M]. 北京：高等教育出版社, 2000：31.
❼ 王善迈. 教育投入与产出研究 [M]. 河北：河北教育出版社, 1996：282.

主的资源配置方式，并没有纯粹的计划方式或市场方式。因而，资源配置方式会对资源配置的有效性产生影响，采取什么样的配置方式分配稀缺资源，如何进一步优化资源配置就成为学者们研究的重点。《辞海》中对资源有效配置的解释为"用尽可能少的资源投入得到尽可能多的产出"。❶ 范先佐教授认为，资源配置的最优状态是"对于某种资源配置，如果不存在其他可行的配置，使得该组织中的所有个人至少和他们在初始时情况一样良好，而且至少有一个人的情况比初始时更好，那么这个资源配置就是最优的"❷。由此可知，资源配置的目标就是充分利用有限的资源为人们提供最大的满足或福利，资源配置的最优状态是在不降低或不损害其他人效用水平或福利的前提下，通过重新分配既定的产品和资源，使一些人的处境有所改善、效用有所提高，并最终实现帕累托最优状态。

同样，教育资源配置的概念与资源配置概念有异曲同工之妙。《教育大辞典》中对教育资源配置做出如下解释"教育资源配置又可称作教育资源结构，指投入教育领域的人力、物力、财力资源的各种比例关系。包括教育人力资源结构、物力资源结构、财力资源结构及人力、物力资源之间以及它们与在校学生的构成关系"❸。一些学者对教育资源配置的概念进行了有益的探索，如王善迈教授指出"教育资源配置所要解决的问题是如何从有限的社会总资源中取得一定数量的教育资源，以及以怎样的方式在教育系统内部各组成部分之间进行分配"。❹ 同时，王教授还指出教育资源配置主要包括配置的基本原则、配置的方式、配置的主体和客体、教育资源配置的制度与政策、教育资源配置效果与评价这五部分内容。❺ 范先佐教授认为，"教育资源配置主要指在教育资源数量一定的情况下，如何将有限的人力、物力、财力等在教育系统内部各组成部分，或在不同子系统之间进行分配，以期投入教育的资源得到充分有效的使用，求得教育持续、协调、健康发展。"❻ 还有研究者指出，教育资源配置是指在教育资源稀缺的条件下生产什么样的教育产品以

---

❶ 夏征农，陈至立.辞海（第六版）[M].上海：上海辞书出版社，2009：3053.
❷ 范先佐.教育经济学新编[M].北京：人民教育出版社，2010：311.
❸ 顾明远.教育大辞典[M].上海：上海教育出版社，1997：1896.
❹ 王善迈.教育经济学简明教程[M].北京：高等教育出版社，2000：122.
❺ 王善迈.经济变革与教育发展：教育资源配置研究[M].北京：北京师范大学出版社，2014：4.
❻ 范先佐.教育资源的合理配置与教育体制改革的关系[J].教育与经济，1997：7-15.

及怎样生产教育产品的问题。❶ 简言之，教育资源配置主要是指教育所需的有限的人力、物力、财力资源在不同地域、不同类型学校及学校内部的分配与安排，这种安排体现了人力、财力、物力资源在教育系统内部的构成关系，是学校各项工作得以开展的基本前提，也是既定的教育资源得以生产与利用的有效手段。

教育资源配置优化的本质是追求资源配置效率的最大化，即教育资源配置要形成一定的优势结构。❷ 这种优势结构主要表现为在有限的教育资源下使教育规模与教育质量获得较大发展，如果配置不合理就不能使教育规模得以扩大、教育质量得到提高。❸ 顾明远先生认为"用于发展教育的人力、物力、财力资源在实现最大可能教育目标下的最佳配置"❹ 就是教育资源分配最优化。

因而，本研究认为，教育资源配置优化主要指在不降低或不损害组织中个人享受教育资源的前提下，通过进一步优化教育领域中的人力、财力、物力资源的构成关系，使得部分教育者与受教育者的效用水平有所提高。这种配置优化在配置目标上，主张县域内义务教育教师资源配置应以优质均衡为目标；在配置主体上，主张以政府为主导，社会、学校等多元主体积极参与；在配置的实现条件方面更加注重中小学教职工编制标准的个性化、注重学校需求与教师数量的有机结合，更加注重小规模学校实际教育需求，更加注重管理体制的适切性；在改进措施方面，更加注重教师资源、物力资源、财力资源的使用效率，降低信息的获取与传递成本。如在提升县域内义务教育教师资源利用率方面，可以通过提升教师专业素养、保障其基本生活条件，推行校长教师交流轮岗等措施来实现县域内义务教育教师资源的优质均衡配置。

（四）教师资源配置优化

本研究中教师资源配置优化主要是指在县域内，义务教育教师资源供给数量、质量、结构一定的情况下，在不损害现有教师应享有的权利与所应履行义务的前提下，通过优化校际间、学校内义务教育教师资源配置的构成、

---

❶ 王红. 论教育资源配置方式的基本内涵及决定因素 [J]. 教育与经济, 1999: 15-16.
❷ 王善迈. 教育经济学简明教程 [M]. 北京: 高等教育出版社, 2002: 172.
❸ 范先佐. 教育经济学新编 [M]. 北京: 人民教育出版社, 2010: 313.
❹ 顾明远. 教育大辞典 [M]. 上海: 上海教育出版社, 1997: 1897.

比例与分配关系，达到提升县域内义务教育教师资源使用效率、实现县（区）义务教育教师资源优质均衡配置的目的。也就是说，为了实现县域内小学与初中教师资源的优质均衡配置，配置主体应根据教师资源配置优化的目标，通过设计一套激励相容机制，激发社会、学校等主体在县域内义务教育教师资源配置优化中的主动性、积极性与参与性，以此重新进行计划、分配、利用其所拥有的教师资源，补充其所需的教师资源并吸引和培养潜在的教师资源，实现县域内经济发达地区与欠发达地区、城镇与农村义务教育学校教师资源在数量、质量、结构方面的优质均衡。

第二节 研究的理论基础

本研究以公共物品理论与机制设计理论作为研究的理论基础，其中公共物品理论为研究者明确义务教育教师资源的基本属性、优化政府公共服务职能提供较为全面的视角；机制设计理论为本研究在既定经济社会环境下设计一种激励相容的义务教育教师资源配置优化机制提供具体操作路径。这两个理论基础既具有各自的独立性，也具有内在的一致性，共同为本研究提供理论分析依据。

（一）公共物品理论

1. 公共物品理论的主要内容

公共物品理论是政治经济学研究的范畴之一，是探究政府与其他供给主体在公共物品供给中角色、职能、权责的重要理论。政府合法性来源的重要依据之一是服务于公民需求。[1] 也就是说，为公民提供基本的公共物品与服务成为政府的一种职能，为公民提供公共物品与服务反映了政府责任与公民权利之间的一种公共关系——政府有责任满足公民生存与发展方面的基本需求。[2] 与此同时，根据公共物品的不同属性，除政府之外的市场、社会、个人等也应该参与到公共物品的供给中来，以更好地满足公民的生活与发展诉求。

托马斯·霍布斯（Thomas Hobbes）关于国家本质的探讨是公共物品思想

---

[1] 陈振明，等. 公共服务导论 [M]. 北京：北京大学出版社，2011：38.
[2] 赵黎青. 什么是公共服务 [N]. 学习时报，2004：11-22.

最早的理论发端，霍布斯提出社会成员需要通过权力让渡形成一个足以保全大家的集权型权力——"利维坦"，通过"利维坦"为社会成员提供安全保障等公共物品。亚当·斯密（Adam Smith）认为，政府必须为公民提供最低限度的公共服务，而供给公共服务所需的资金应通过税收的方式来筹集。潘塔莱奥尼（Pantaleoni）指出公共物品的供给要考虑两个均衡，一是国家提供公共物品的边际正效用与每个公民在财政捐税时产生的边际负效用的均衡，二是国家资源在公共物品供给与私人产品供给之间的均衡。❶

有关公共物品概念的界定，林达尔（Lindahl）在1919年《公平税收》的论文中指出每个人都有权利以自己的想法为公共物品赋予合理价格，也可以按照自己定价的结果购买公共物品。❷ 保罗·萨缪尔森（Paul A. Samuelson）于1954年发表了《公共支出的纯粹理性》一文，将公共物品界定为：任何一个人消费某种产品不能影响或减少其他人消费这个产品。❸ 萨缪尔森在《经济学》中对公共物品的定义为"不论个人是否愿意购买，但都能使整个社会每一成员获益的物品"❹。萨缪尔森指出，由于市场失灵的存在需要政府提供公共物品与服务来调节经济。因而，政府提供公共物品与公共服务具有提高市场效率、实现社会平等和稳定经济三个重要作用。❺ 曼瑟尔·奥尔森（Mancur Lloyd Olson, Jr）和约瑟夫·斯蒂格里茨（Joseph Eugene Stiglitz）均从非排他性角度定义了公共物品，后者指出增加一个人的消费并不会导致成本的增长，而排除任何一个人的分享或消费则会花费巨大成本的物品就是公共物品。❻ 理查德·阿贝尔·马斯格雷夫（Richard Abel Musgrave）认为纯粹的公共物品在生产或供给上具有不可分割性。詹姆斯·布坎南（James M. Buchanan, Jr.）将经济物品分为两类：一类是纯私人物品，另一类是俱乐部物品，不同于其他经济学家，布坎南从公共物品的提供方式界定了公共物品

---

❶ 巩宜萱. 数据驱动的公共物品供给创新研究［D］. 哈尔滨：哈尔滨工业大学，2020：13.
❷ Keithl Dougherty. Public Goods Theory From Eighteenth Century Political Philosophy to Twentieth Century Economics［J］. Public Choice, 2003（117）：239-253.
❸ Samuelson P A. The pure theory of public expenditure［J］. Review of Economics and Statistics, 1954（36）：387-390.
❹ 萨缪尔森. 经济学（第18版）［M］. 萧琛，译. 北京：人民邮电出版社，2008：321.
❺ 唐铁汉，李军鹏. 公共服务的理论演变与发展过程［J］. 新视野，2005（6）：38-40.
❻ Stiglitz J E. The Theory of Local Public Goods Twenty-five Years After Tie bout：A Perspective［J］. NBER Working Paper Series, 1982.

的概念，"人们观察到有些物品和服务是通过市场制度实现需求与供给的，而另一些物品与服务则通过政治制度实现需求与供给，前者被称为私人物品，后者则称为公共物品。"❶ 由此可知，公共物品是与私人物品相对应的概念，具有与私人物品不同的属性与供给方式。公共产品意味着资源的集体运用，它的成本应由集体成员共同负担，其收益也应由集体成员共同分享。❷

随着研究向纵深发展，公共物品的非排他性、非竞争性这两大特性成为后续研究的切入点，公共物品因非排他性和非竞争性可以分为以下两种：第一，同时具有非排他性和非竞争性的物品称为纯公共物品，这是狭义的公共物品。如义务教育、公共卫生、国防、外交等。第二，只具有非排他性或非竞争性的物品被称为广义的公共物品，主要包括俱乐部物品、自然垄断物品、共有资源以及狭义的公共物品等。❸ 如一种物品具有非竞争性，但同时又具有排他性，这种公共物品被布坎南称作俱乐部物品，又称作排他性公共物品，如付费影视会员，它一方面具有非竞争性，即一个人的消费并不影响另一个人的消费；另一方面又具有排他性，即它只针对付费者开放。有些物品具有非排他性，但在它达到某一使用水平之后则会具有竞争性，这种公共物品称为拥挤性的公共物品。如拥挤的街道、桥梁，任何人都可以使用街道或桥梁，但一个人使用之后就减少了另一个人可以利用的空间。

此外，公共物品并不限于航标灯、公路等物质产品，公共卫生与安全、法律和政策、生态保护、气象预报、社会保障与失业保险等由政府提供的非物质产品和服务也是公共物品。❹ 由此可知，公共物品并不是指"物品"本身，它是指具有共同消费性质的服务，这种服务的表现形式可能是物质产品，也可能是非物质产品，还可能是一种服务。

有关公共物品的供给方式有以下四种：第一，公共物品由政府供给。公共物品所具有的非竞争性、非排他性这两个特性，以及市场失灵的存在，决定了公共物品应该由政府提供。❺ 任何人不管他付费与否都可以从公共物品

---

❶ 布坎南. 公共物品的需求与供给 [M]. 上海：上海人民出版社，2009：1.
❷ 布坎南. 公共财政 [M]. 北京：中国财政经济出版社，1991：17.
❸ 沈满洪，谢慧. 公共物品问题及其解决思路：公共物品理论文献综述 [J]. 浙江大学学报（人文社会科学版），2009（6）：133-144.
❹ 方福前. 公共选择理论 [M]. 北京：中国人民大学出版社，2000：32.
❺ 詹姆斯·M. 布坎南，理查德·A. 马斯格雷夫. 公共财政与公共选择：两种截然对立的国家观 [M]. 类承曜，译. 北京：中国财政经济出版社，2000：1.

中受益，一个人的消费也不会减少其他人的消费。因而，只有政府提供公共物品才能在一定程度上保证公共物品的利用效率与供给数量。第二，公共物品由私人提供。公共物品的私人供给实质在于交易机制，即由所有参与交易的人所达成的集体决策规则决定了共享和共同消费物品的数量。❶ 第三，公共物品的自愿供给。公共物品的自愿供给是自主组织与自主治理的过程，杨（Young）认为个人会为自愿组织进行捐赠，❷ 福尔金格（Falkinger）等人也指出现实生活中不乏自愿合作提供公共物品的情形❸。第四，公共物品的联合供给。布坎南提出公共物品的供给主要有两条途径：一是当双方交易规模较小时，通过一般的交易过程实现帕累托最优；二是当交易规模较大时，通过政治过程的运转来达到最优。❹ 因此，布坎南提出的俱乐部物品理论主导性的供给方式是联合供给和私人供给。表 2-1 为三种有代表性的广义公共物品的供给方式。❺

表 2-1 公共物品分类与供给方式

广义公共物品	代表人物	供给方式
纯公共物品	萨缪尔森	政府供给，联合供给
俱乐部物品	布坎南	联合供给，私人供给
公共池塘资源	奥斯特罗姆	政府供给，联合供给，自愿供给

不同的供给机制决定了公共物品不同的供给方式。在以政府为主的供给方式中，公共物品的供给机制主要是政府供给机制，政府供给机制以公平为目标、以税收和公共收费为主要筹资手段，是一种利用公共资源提供公共服务的供给方式。❻ 在以市场为主的供给方式中，其实现机制主要是市场供给机制。市场供给机制的存在很大一部分是由于政府供给存在效率低下或失灵

---

❶ 沈满洪，谢慧．公共物品问题及其解决思路：公共物品理论文献综述 [J]．浙江大学学报（人文社会科学版），2009（6）：133-144．
❷ Young D J. Voluntary Purchase of Public Goods [J]. Public Choice, 1982, 38 (1): 73-85.
❸ Falkinger J, Fehr E, Gächter S, et al. A Simple Mechanism for the Efficient Provision of Public Goods: Experimental Evidence [J]. The American Economic Review, 2000, 90 (1): 247-264.
❹ Buchanan J M. Joint Supply, Externality and Optimality [J]. Economic, 1996 (132): 404-415.
❺ 沈满洪，谢慧．公共物品问题及其解决思路：公共物品理论文献综述 [J]．浙江大学学报（人文社会科学版），2009（6）：133-144．
❻ 程万高．基于公共物品理论的政府信息资源增值服务供给机制研究 [D]．武汉：武汉大学博士学位论文，2010：56．

的问题，市场供给机制遵循供求规律与价格变动规律，主要是根据市场对某一公共物品的需求，提供一定的公共物品并获得利润的供给方式。以非营利组织供给为主的供给方式，其实现机制主要是公益供给机制。非营利组织相比于政府供给、市场供给拥有无可比拟的优越性，它并没有政府科层制、官僚制导致的效率低下问题，也没有市场机制供给过分追求利润最大化的动机，因而，公益供给机制在公民需求与服务提供方面比政府和市场供给机制略有优势。在现实生活中，并不完全存在某一种单一的公共物品供给机制，每一种供给机制的作用范围与特点都是各不相同的，只有将三种供给机制有机结合，才能实现公共物品的有效供给，进而更好地实现公共利益。

遵循公共物品的定义与逻辑，萨缪尔森将政府的公共服务职能界定为"政府要在高效、高水平地提供公共产品和公共服务时，满足公众的公共需求、提高社会资源配置效率"❶。由此可知，提供公共服务既是政府的一种职能也是政府的一种责任，如公民的受教育权是国家必须予以保障或满足的权利，这是政府提供教育服务的责任，政府为实现公民的受教育权而举办的各级各类教育是政府公共服务职能的直接表现。由于公民受教育需求的异质性与多样性，政府办学并不能完全满足公民的现实需求，因而政府可以通过宏观控制和委托代理等手段授权给其他主体，使市场和社会等多元主体参与办学，进而更好地实现公民对多样化、高质量教育的需求，使政府充分履行服务职能。

2. 公共物品理论与本研究的相关性

其一，公共物品理论有助于人们了解教育的性质、教师资源的属性，从而为进一步探究合理的义务教育教师资源配置方式奠定坚实基础。理论界对教育性质的界定包括以下三种：一是教育是纯公共物品。持这种观点的学者认为，教育就像国防、灯塔一样，教育的边际成本并不会因为消费人数或规模的增加而增加，一个人的消费并不会排斥其他人消费，因而在消费上具有非竞争性；同时教育可以供许多人同时享用，在享用上具有非排他性。❷ 二是教育是准公共物品。准公共物品只具有纯公共产品的部分特性，一些学者

---

❶ Paul A. Samuelson. The Pure Theory of Public Expenditure [J]. Review of Economics and Statistics, 1954, 36 (4): 387-389.

❷ Barlow, Robin. Efficiency Aspects of Local School Finance [J]. Journal of Political Economy, 1970 (78): 1028-1048.

认为，义务教育具有纯公共物品的属性，它是国家强制实施的、保障全部适龄儿童免费入学的教育，而学前教育、高中教育和本科教育在消费上具有排他性，属于准公共物品。❶ 三是教育是私人物品。私人物品在消费上具有竞争性、在享用上具有排他性，持该种观点的人根据外部性强度将教育划分为具有正外部性的私人物品，教育是用于满足个人需求的，且消费者会根据自身偏好进行选择，因而教育是私人物品。❷ 本研究较为，认同义务教育是纯公共物品的观点，义务教育作为国家强制保障每个适龄儿童入学的免费教育，具有非竞争性与非排他性的特点，应由政府供给或联合供给，而义务教育教师资源属于义务教育资源的一种，同样具有纯公共物品的特性，在理论上其供给者主要为政府。公共物品及其供给方式为后续县域内义务教育教师资源配置优化研究提供了理论支撑。

其二，公共物品理论对于进一步优化政府及其他有关主体在义务教育教师资源配置中的职能与责任提供了有益的思路与实践策略。首先，要正确认识政府的公共服务职能。在县域内义务教育教师资源配置优化过程中，要合理界定政府的服务范围，如制定义务教育教师资源配置目标、方案与规划，为县域内义务教育教师进修与培训提供保障，划清义务教育教师资源配置有关部门权责并加强合作，为教育行政部门和学校赋权等。其次，在实现义务教育优质均衡发展这一目标的过程中，政府要联合一切可以联合的各方力量，由政府、学校和社会共同承担实现县域内义务教育教师资源配置优化的目标与责任。如政府要为学校和社会参与义务教育教师资源配置创造有利条件；政府可以通过教师编制配备与购买工勤相结合的方式让社会参与配置过程等。最后，要处理好义务教育教师资源配置中的优质、公平与效率之间的关系。优质与公平是人民对美好教育的追求，是人民的公共利益与共同诉求，同时也是我国义务教育教师资源管理的价值追求。若要最大限度地实现人民的公共利益，就要妥善处理义务教育教师资源配置中效率与公平的关系，因而要持续深化教育行政体制改革，提升政府部门对公众的回应性，建立政府与公众、社会的沟通机制以提升义务教育教师资源配置政策制定和实施的满意度等。

---

❶ 郑秉文. 公共物品、公共选择中的教育 [J]. 世界经济与政治，2002（12）：73-78.
❷ Barr N. The Economics of Welfare State [M]. Oxford：Oxford University Press，1988：328.

(二)机制设计理论

机制设计理论的奠基人是利奥·赫维茨（Leonid Hurwicz），赫维茨于1960年发表的《资源配置中的最优化与信息效率》一文中首次提出机制设计理论，于1972年提出激励相容概念，1973年提出机制设计理论的初步框架。随后，埃里克·马斯金（Eric S. Maskin）将博弈论引入机制设计理论中，专注于实施理论的研究，提出了"马斯金定理"；罗杰·迈尔森（Roger B. Myerson）将显示原理运用于机制设计理论的执行过程中，降低了机制设计问题的复杂程序，提出任何一种机制的任意均衡结果都可以通过一种激励相容的直接机制实现，只要找到这种直接机制就可以实现"讲真话"的均衡结果。这三位经济学家在创立和发展机制设计理论方面做出了卓越贡献，于2007年共同获得诺贝尔经济学奖。

1. 机制设计理论的核心观点

机制设计理论致力于研究如何在信息不对称、不均衡的条件下，设计一种激励相容机制进而实现资源的有效配置，在这个机制中要用最少的信息资源消耗获取最佳的效益，同时也要调动参与者的最大积极性，使个体利益与集体利益相一致，进而实现整体利益的最大化。其中，信息成本与激励相容是其研究的核心问题。机制设计理论在某种程度上可以视为一种冲突解决方案，它要求设计者首先确定要达成什么样的目标，然后根据给定的条件设计一种能够实现的机制。❶ 该机制实现的关键之一为要设计出能够充分调动各方参与者积极性的激励，使参与者愿意达成机制设计者所设想的结果，进而让利益冲突的各方达成最大公约数的共识。

第一，激励相容。赫维茨指出，机制的实质为一个信息交流系统，在这个系统里所有参与者都在不断地互相传递信息，而这些信息并不一定能真实反映参与者对公共物品的支付意愿，但每个参与者都在尽力谋求自身利益最大化。❷ 因而，在制度或规则的设计者不了解所有参与人基本信息的情况下，制度设计一个尤为重要的原则就是要使参与者显示真实偏好策略成为占

---

❶ 杨卫安，邬志辉. 机制设计理论与城乡教育一体化建设 [J]. 理论与改革，2012（5）：57–59.

❷ Hurwicz L. Optimality and Informational Efficiency in Resource Allocation Processes [A]. In: K. Arrow (eds.), Mathematical Methods in the Social Sciences [C]. Stanford: Stanford University Press, 1960: 12.

优的均衡策略，这就是激励相容的制度设计。也即，制度设计者所制定的机制能够激励每个参与者，在保证各参与者实现个人利益的同时也能实现整体利益，各主体之间是激励相容的良性合作循环。激励相容还要施加一个约束条件，即没有人因参与这个机制而使情况变坏。

第二，显示原理。机制设计理论是一个典型的不完全信息博弈过程，"第一阶段，委托人设计一个'机制'，机制代表了博弈规则，根据这个规则，代理人发出信号，实现的信号决定配置结果。在第二阶段，代理人选择接受还是不接受委托人的机制。在第三阶段，接受机制的代理人根据规则进行博弈。"❶ 要在激励相容的参与约束条件下设计一个最优机制，是一个十分复杂的数学问题。显示原理的发现，则较好地解决了这一问题。美国经济学家吉伯德（Gibbard）于1973年用公式明确表述了显示原理，迈尔森将显示原理应用到许多经济学问题中，于1979年提出了显示性偏好原理。❷ 显示性偏好原理主要是指在不完全信息的博弈背景下，在贝叶斯均衡状态下可以找到一个三阶段的信息诱导机制，使得所有参与者在第二阶段接受该机制，在第三阶段显示其真实偏好。❸ 迈尔森指出："任意一个机制的任何一个均衡结果都能通过一个激励相容的直接机制来实施。"❹ 根据显示原理，在寻找最优机制时人们可以通过直接机制简化问题，极大地减少了机制设计的复杂性。

第三，马斯金定理。马斯金于1977年完成并于1999年发表的论文《纳什均衡和福利最优化》提出并论证了机制设计理论执行的充分和必要条件。马斯金指出，如果一个机制能同时满足"单调性"和"无否决权"这两个条件，那么这种社会机制就是可执行的。单调性主要是指某一种社会方案在一种经济运行环境中是可取的，在另一种社会经济环境中也是选择的最优方案，那么这种方案就应该总是社会选择的结果；且如果同时假定存在纳什均衡，则被执行的社会目标函数一定要满足单调性这一条件，就能实现显示原

---

❶ 张维迎. 博弈论与信息经济学 [M]. 上海：上海人民出版社，1996：275.
❷ 李文俊. 机制设计理论的产生发展与理论现实意义 [J]. 学术界，2017（7）：236-245，328.
❸ 朱·弗登博格，让·梯若尔. 博弈论 [M]. 黄涛，等，译. 中国人民大学出版社，2015：213-224.
❹ 祖强. 机制设计理论与最优资源配置的实现：2007年诺贝尔经济学奖评析 [J]. 世界经济与政治论坛，2008（2）：83-87.

理与社会目标函数之间的激励相容。❶ 马斯金进一步指出，仅仅满足单调性这一个条件并不能完全保证机制是可实施的，还要满足另外一个条件——"无否决权"。无否决权主要是指在大于或等于三人的博弈中，没有任何人具有否决权。❷ 如政府设计税收制度，既不能挫伤人们的工作积极性，同时还要通过税收实现社会公平，改进一部分人的生活水平，那么这种制度就是可实施的。

当前，机制设计理论已经有一个比较成熟的分析设计框架，在评判一种机制设计的优劣时，需要考虑以下三个要素：资源有效配置、信息有效利用、激励相容。❸

2. 机制设计理论与本研究的相关性

第一，机制设计理论为本研究在既定经济与社会环境下，设计出一套使各参与者与整体目标相一致的机制，提供了在信息不完全、个体理性、自由选择与分散决策等条件下的最优机制选择。换言之，机制设计理论能够为县域内义务教育教师资源配置优化提供一种可行的、可实施的操作机制。本研究中县域内义务教育教师资源配置优化"GSST"模型运行机制的提出就运用到机制设计理论的分析框架，也即在评判一种机制设计的优劣时要考虑资源是否得到有效配置、信息是否得到有效利用与各主体之间是否激励相容这三个基本要素。

此外，机制设计理论所提出的激励相容概念，成为解决县域内义务教育教师资源配置优化各主体间信息不对等、激励不相容问题的切入点。纯公共物品因其具有消费上的非竞争性、享用上的非排他性等特性，易导致公共物品的配置存在"搭便车"等行为，其配置效果并不是最优的。在我国县域内义务教育教师资源的供给、管理、使用等方面，政府间、政府与学校、政府与社会、校际间、学校与教师间均存在不同程度的信息不对等、激励不相容等问题。借鉴机制设计理论的研究成果，有利于笔者发现我国县域内义务教育教师资源配置中存在的不足与缺陷，进而通过义务教育教

---

❶ 李文俊. 机制设计理论的产生发展与理论现实意义 [J]. 学术界, 2017 (7): 236-245, 328.
❷ 祖强. 机制设计理论与最优资源配置的实现: 2007 年诺贝尔经济学奖评析 [J]. 世界经济与政治论坛, 2008 (2): 83-87.
❸ 艾里克·拉斯穆森. 博弈与信息: 博弈论概论 [M]. 4 版. 韩松, 等译. 北京: 中国人民大学出版社, 2009: 335-338.

师资源配置优化的机制创新,实现县域内义务教育教师资源优质均衡的配置目标。

第二,机制设计理论倡导的从个体行为的角度优化资源的行动策略,为县域内义务教育教师资源配置优化中教师主体的参与与行动提供了依据。机制设计理论研究表明,不同的参与者在进行博弈的过程中会选择以下三种博弈策略:其一,占优策略。其二,纳什策略。其三,贝叶斯策略。机制设计理论在不同的策略背景下,通过设计不同的激励相容机制,使参与博弈的不同参与者获取最大收益的同时,也实现了整体利益。如萨缪尔森曾指出,在人们对某种公共物品的支付意愿拥有私人信息时,可能会被诱导提供虚假信息以表示对此公共物品不感兴趣,从而减少成本承担,因而公共物品不可能真正实现有效配置。❶ 针对此问题,机制设计理论者提出,在拟线性偏好环境下❷,存在一种机制使每个人"讲真话"是占优策略均衡,其核心思想是通过设计一种税收或补贴方案,使人们决策所带来的外部性内部化。❸ 也就是说,在县域内义务教育教师资源配置优化的过程中,政府、学校与社会可以通过设计激励政策与具体措施,使义务教育学校的教师积极参与到教师资源配置优化的工作中,并使义务教育学校教师个人利益和需要与县域内义务教育教师资源优质均衡配置目标的整体利益相统一。

(三) 两个理论间的关系分析

其一,公共物品理论与机制设计理论的异质性分析。公共物品理论从本质上反映的是政府责任与公民权利之间的关系,它体现了政府公共服务的主要目的是保障并实现公民的基本权利,并努力实现公共利益,保障社会福利。公共物品理论中有关公共物品的界定为本研究厘清义务教育教师资源的物品属性、政府及其他有关配置主体的职能提供了全景视角。有鉴于此,在本研究中,公共物品理论为本研究从理论上合理划分各级政府在义务教育教师资源配置优化中的权责,明确学校、社会、教师在义务教育教师资源配置优化中的角色和作用,确定适切的县域内义务教育教师资源供给方式,达成县域

---

❶ 方燕,张昕竹. 机制设计理论综述 [J]. 当代财经,2012 (7):119-129.

❷ 拟线性偏好:此偏好的效用满足拟线性函数。通常指消费者对一种商品的喜好明显,呈良好性状偏好,即商品越多满足程度越大,而对另一种商品的喜好则不明显。

❸ Clarke E H. Multipart Pricing of Public Goods [J]. Public Choice, 1971, 11 (1):17-33.

内义务教育教师资源优质均衡的目标并实现人民对公平而有质量教育的共同诉求提供整体思路。

机制设计理论将不同机制的一般属性抽象出来，对经济社会活动与制度分析具有普遍指导意义，它强调的是在既定经济社会环境下的最优机制选择。县域内义务教育教师资源的配置优化必然会牵涉政府、社会、学校等不同主体之间的利益调整与分配，也会直接影响校长、教师等参与者的权责与利益，要在可能存在利益冲突的多元主体格局下重新优化配置教师资源，并实现个体利益与整体利益的和谐统一，就要充分利用机制设计理论的研究成果。换言之，要在充分兼容各主体偏好的情况下，设计一个既能保证各参与者的个人利益，也能保障整体利益的激励相容机制，该机制不仅能保证县域内义务教育教师资源配置优化各主体的利益得以实现、县域内义务教育教师资源优质均衡配置目标得以达成，还能使其在信息资源消耗最低的情况下实现长效运转。

其二，公共物品理论与机制设计理论在本研究中的关联性分析。公共物品理论与机制设计理论虽然所要解决的问题与提供的视角略有不同，但两者之间并不是完全割裂的，它们在本研究中具有内在的一致性。从理论的内容来看，公共物品理论倡导建立一种以公共协商对话以及公共利益为基础的公共服务，注重公共利益以及政府责任的复杂性；机制设计理论强调所设计的机制既要满足参与约束，也要满足激励相容，其最终目标是实现社会目标的最大化。这两个理论都注重参与者利益的调整与社会目标的实现，在内容上具有内在一致性。从两者在本研究中的作用来看，公共物品理论为县域内义务教育教师资源配置优化提供了研究问题的完整视角，是本研究的理论核心；机制设计理论从具体操作层面为县域内义务教育教师资源配置优化提供实现路径与具体机制，对实践起着尤为重要的指导性作用。

第三节　研究设计

（一）研究问题

第一，县域内义务教育教师资源配置优化模型的构建。本研究以公共物品理论、机制设计理论为理论基础，运用内容分析方法，从国家及各省有关义务教育教师资源配置法律法规和政策中寻找构建模型的关键要素，通过初始编码、构建类属关系、编码的饱和度与信效度检验等步骤，构建了县域内义务教育教师资源配置优化模型。用该模型来指导调查研究、问题分析并提出创新策略等。

第二，县域内义务教育教师资源配置优化的现状、影响因素与存在问题的分析。本研究通过访谈与问卷调查的方法，运用描述性分析、差异性分析对县域内义务教育教师资源配置现状进行分析，运用多元线性回归分析县域内义务教育教师资源配置优化的影响因素。在此基础上，从优化目标、主体权责、实现条件、改进措施等方面分析了中部三省 12 个县（区）义务教育教师资源配置优化中存在的问题。

第三，县域内义务教育教师资源配置优化创新策略的提出。根据理论研究与调查研究，针对县域内义务教育教师资源配置优化中存在的问题及其原因，以公共物品理论与机制设计理论为理论基础，并结合县域内义务教育教师资源配置优化模型，提出县域内义务教育教师资源配置优化的创新策略。

（二）研究思路

本研究围绕"县域内义务教育教师资源配置优化"展开，遵循"提出问题—分析问题—解决问题"的基本思路，以理论研究、质性研究与量化研究相结合的研究方式，对县域内义务教育教师资源配置优化开展研究。

通过文献研究，系统梳理了与义务教育教师资源配置有关的研究，明确本研究的切入点与核心概念。在此基础上，论文以公共物品理论与机制设计理论为研究的理论基础，运用内容分析方法构建县域内义务教育教师资源配置优化理论模型，分析该模型的构成要素、内涵特征、运行机制等内容。在现状调查与问题分析部分，以县域内义务教育教师资源配置优化理论模型为指导，通过描述性分析、差异性分析、多元线性回归，客观呈现县域内义务教育教师资源配置现状、影响因素、存在的问题等，并系统剖析了造成问题的背后深层次原因。在对策建议部分，根据两大理论基础与理论模型，针对县域内义务教育教师资源配置优化中存在的问题及其原因，提出县域内义务教育教师资源配置优化的创新策略，具体技术路线如图 2-1 所示。

```
                    ┌─────────────────────────────────┐
                    │ 县域内义务教育教师资源配置优化研究 │
                    └─────────────────────────────────┘
                                    ↕
                    ┌──────────────┐         ┌──────────┐
                    │ 确定研究问题 │ ←────── │ 文献研究 │
                    └──────────────┘         └──────────┘
                                             ┌──────────┐
                                    ↕     ←─ │ 理论研究 │
                    ┌──────────────┐         └──────────┘
                    │ 进行研究设计 │ ←────── │ 质性研究 │
                    └──────────────┘         └──────────┘
                                             ┌──────────┐
                                          ←─ │ 量化研究 │
                                             └──────────┘
```

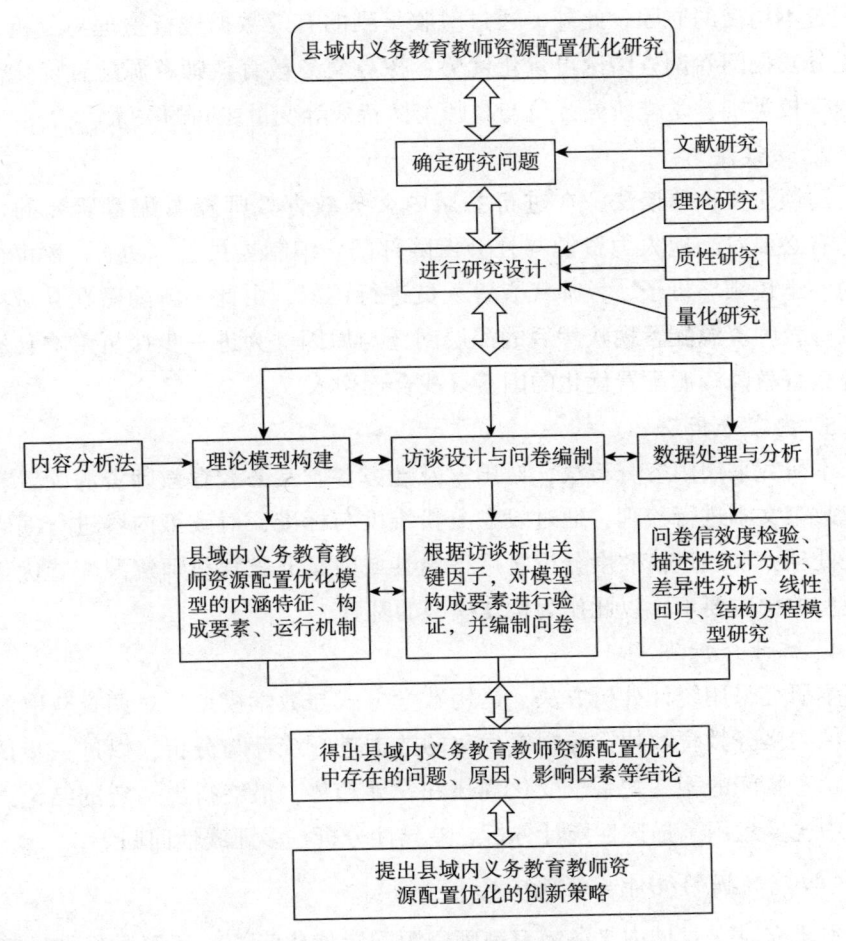

图 2-1 研究的技术路线图

（三）研究方法

本研究主要采用了问卷调查法、访谈法、内容分析法、统计分析法等四种研究方法，以期通过质性和量化相结合的研究方式呈现有效、可靠的研究结果。

1. 问卷调查法

问卷调查是调查研究的一种类型，它是以书面提出问题的方式收集资料的一种方法，其优点是样本量大，结论比较客观，便于统计分析。对县域内义务教育教师资源配置优化进行研究需要大量有关数据来佐证研究论点、呈现县域内义务教育师资配置现状，同时也需要这些数据解释造成义务教育师资配置不均衡的原因。此外，通过对收集到的有效数据进行整理与分析，可以充分发掘问卷调查结论可量化优势，探寻义务教育教师资源配置优化与县域内学校类别、学校所处区位与教师个体特征等变量之间的关系。

2. 访谈法

访谈法又称晤谈法。在进行县域内义务教育教师资源配置研究的过程中，有必要对当地人力资源与社会保障部门、编制委员会（办）、教育行政部门、学校领导班子、教师代表等人员进行访谈，由此了解隐藏在县域内义务教育教师资源配置现状背后的深层问题与原因，为进一步探析影响县域内义务教育教师资源配置优化的因素寻找合理切入点。

3. 内容分析法

本研究采用内容分析法，对国家及地方各省义务教育教师资源配置有关法律政策文本进行梳理，通过设立分析维度与标准，对政策内容进行编码与量化处理，在经过信效度分析之后得出县域内义务教育教师资源配置优化理论模型的构成要素，以此作为构建模型的基础。

4. 统计分析法

本研究采用统计分析方法，运用数学方式与数学模型，对调查获取的有关县域内义务教育教师资源配置优化的数据进行统计与分析，以进一步认识和揭示事物间的相互关系、变化规律和发展趋势，最终得出一定的结论。本研究中主要运用了描述性统计分析、差异性分析、多元线性回归等。

（四）数据的统计与处理工具

本研究对《县域内义务教育教师资源配置优化问卷》所得数据的处理主要运用 SPSS 22.0 统计软件，主要对县域内义务教育教师资源配置现状进行描述性统计、差异性分析，对影响因素进行线性回归分析。

本研究对访谈资料的处理主要运用 Nvivo12.0 软件，采用扎根理论的编码方式对受访者的访谈资料进行系统编码。

本研究运用内容分析法对法律法规政策文本材料进行了分析，在编码的过程中主要使用了 Nvivo12.0 软件，有关政策文本数据的统计使用了 Excel 2016。

在文献资料的查阅与管理上主要运用 Endnote 软件，在文献的可视化分析方面主要运用 Citespace、Histcite 文献计量软件及 Excel 2016。

第三章　县域内义务教育教师资源配置优化模型构建

本研究选取了国家及各省与县域内义务教育教师资源配置有关的法律法规和政策文件进行梳理与分析，运用内容分析法析出县域内义务教育教师资源配置优化模型的关键要素，依据公共物品理论与机制设计理论构建县域内义务教育教师资源配置优化理论模型，分析其构成要素、内涵特征与运行机制。

（一）模型构建方法：内容分析法

内容分析法于20世纪20年代兴起于新闻传播领域，主要是通过统计报纸上某方面新闻报道的篇数、关键词等内容，来反映这一时期的社会舆论状况，并发现社会、历史、文化、政治等方面的变化趋势。美国传播学家伯纳德·贝雷尔森（Bernard Berelson）将内容分析法定义为一种客观地、系统地、定量地描述交流的明显内容的研究方法。❶ 20世纪50年代哈罗德·拉斯韦尔、斯奈比特等人逐步完善了内容分析法，时至今日，内容分析法已经形成一套规范的研究步骤，并广泛应用于图书情报、新闻传播、心理学、社会学等领域。由于内容分析法的非介入性大大降低了主观因素对研究结果的干扰，增强了研究结果的客观性，所以逐步受到众多研究者的青睐。❷ 目前，内容分析法在教育学与公共管理学中的应用主要有：基于网络媒体等公共话语对幼儿园教师形象的分析❸；基于文本内容分析法的我国公共信息资

---

❶ 邱均平，邹菲．关于内容分析法的研究 [J]．中国图书馆学报，2004（2）：12-17．
❷ 霍龙霞，徐国冲．走向合作监管：改革开放以来我国食品安全监管方式的演变逻辑 [J]．公共管理评论，2020（1）：68-91．
❸ 张丽敏，等．公共话语中的幼儿园教师形象：基于网络媒体新闻的内容分析与话语分析 [J]．学前教育研究，2020（3）：16-30．

源开放政策协同分析❶；运用内容分析法研究我国压力型环境治理模式的现状与问题❷；运用内容分析法研究改革开放以来我国食品监管方式的变化❸等。

内容分析法的研究步骤主要包括：第一，明确研究问题与研究对象。第二，抽取文献样本。第三，对文献进行编码与统计，主要包括确定分析单元、制定类目系统、选择编码方式、进行编码、编码的信效度检验。第四，对编码结果进行解释与分析。

(二) 研究问题与样本的选取

1. 研究问题

基于县域内义务教育教师资源优质均衡的配置目标，本研究在运用内容分析法构建县域内义务教育教师资源配置优化模型时，主要涉及以下四个研究问题。

第一，国家和各省出台了哪些有关义务教育教师资源配置的法律法规或政策文件，在这些政策文本或法律法规中，县域内义务教育教师资源配置优化的目标是什么？

第二，县域内义务教育教师资源配置优化的实现需要哪些主体的配合，各主体的权责是如何划分的，它们之间又是如何协调、合作的？

第三，县域内义务教育教师资源配置的依据与标准是什么，这些标准与依据又是通过什么样的配置方式实现教师资源在小学与初中的有效分配的？

第四，在国家和各省出台的法律和政策文本中，采取了哪些方法、手段或具体的改革措施推进义务教育教师资源的优质均衡配置？

2. 样本的选取

为了便捷、全面、快速地获得有关义务教育教师资源配置的法律和政策，研究选择北大法律信息网开发的《北大法宝》(法条联想型数据库) 作为政策来源。该数据库法规内容采用国家权威机构认可的法规文本，收录了

---

❶ 张娜，等. 基于文本内容分析法的我国公共信息资源开放政策协同分析 [J]. 情报理论与实践，2020 (4)：115-122.
❷ 苑春荟，燕阳. 中央环保督察：压力型环境治理模式的自我调适：一项基于内容分析法的案例研究 [J]. 治理研究，2020 (1)：57-68.
❸ 霍龙霞，徐国冲. 走向合作监管：改革开放以来我国食品安全监管方式的演变逻辑——基于438份中央政策文本的内容分析 (1979—2017). 公共管理评论，2020 (1)：68-91.

1949年至今20余万篇法律文件，而且数据库实时更新，政策内容较为科学、可靠。同时，浏览中华人民共和国教育部门户网站、中央政府门户网站及各省政府与教育局等官方网站，查漏补缺。

样本选取的是否科学、可靠直接关系到研究结论的科学性与可推广性，因而，在样本的选取阶段，本研究主要采取"立意抽样"的方式，即研究者需要事先设定研究范围，进而在大量的文本中寻找与本研究主题高度相关的、有效的、逻辑一致的文本材料。❶ 借鉴马修（Matthew）提出的有用的资料应该具备"能够引出重点的新线索，能连结已存在的各元素，能强化主要的趋势，能说明现有的其他资料，能为一个主要主题提供实例或更多的证据"等特征❷，结合法律法规与政策文本不同的效力级别与本研究的主要内容确立了样本选取的标准（详见表3-1）。

表3-1　法律法规及政策文本抽样标准

抽样标准	具体内容
效力级别	（1）国家颁布的与义务教育、义务教育教师资源有关的法律法规 （2）国家颁布的与义务教育、义务教育教师资源有关的政策文件 （3）国家颁布的义务教育教师资源配置方面的标准 （4）各省出台的有关义务教育教师资源配置的法规、政策与标准
标志事件	国家或各省颁布的法律法规政策文本对义务教育教师资源配置产生重要影响。如坚持效率优先、城市优先的配置原则，确立县级教育行政部门的主导作用，统一城乡中小学教师编制标准，实施特岗教师等教师资源补充政策等
实现方式	国家出台的法律法规或政策文件与各省发布的有关政策采取哪些方式与手段推进义务教育教师资源实现优质均衡配置？如推行县域内义务教育校长教师轮岗交流，实施"县管校聘"改革，推进教师管理信息化改革等

第一，根据法律法规或政策文件效力级别，先抽取国家颁布的与义务教育、义务教育教师资源有关的法律法规；再抽取国家颁发的相关政策文件与配置标准，最后抽取各省市的法规、政策与配置标准。第二，注重对义务教育教师资源配置产生重大影响的文本内容。第三，注重不同法律法规或政策文件在推进义务教育教师资源配置时所采用的具体手段或方式，这些方式或

---

❶ Kuzel, A. J. Sampling in Qualitative Inquiry [M]. California: Sage, 1992: 31-44.
❷ 苑春荟，燕阳. 中央环保督察：压力型环境治理模式的自我调适：一项基于内容分析法的案例研究 [J]. 治理研究, 2020 (1): 57-68.

手段将会成为研究者透视我国义务教育教师资源配置实现机理的依据之一。

根据表 3-1 中的抽样标准，在北大法宝中分别输入"教师""教师资源""中小学教师""义务教育教师"等关键词，抽样的时间范畴为中华人民共和国成立以来至今（2020 年 5 月），通过立意抽样及二次筛选，共得到有效政策文本 114 份，其中国家颁布的法律法规与政策文件共计 38 份，各省、自治区、直辖市、市、县（区）相关政策文本 76 份，具体法律法规政策文件可见附录 7、附录 8。

（三）文本材料的编码

文本的编码一般可以采取以下两种方式：其一，根据研究需要，建立分析单元与类目系统，进而在每个类别下进行具体编码；其二，根据扎根理论的研究方法，从下至上逐层进行编码与聚类，最后形成大的类属。本研究将采取第二种编码方式，根据扎根理论的研究方法，从政策文本中选取贴近其表达的概念进行初始编码，再通过聚焦编码形成类属概念，通过轴心编码析出核心要素。编码方式主要选择人工编码，在此过程中运用 Nvivo12.0 软件进行编码，最后对编码的饱和度与信效度进行检验。

1. 初始编码

在初始编码之前，对不同文本内容进行简要的编码处理：国家发布的与义务教育教师资源配置有关的法律法规的代码为：ZFFG01，ZFFG02，⋯，ZFFGn；国家发布的与义务教育教师资源配置相关政策文件的代码为：ZFZC01，ZFZC02，⋯，ZFZCn；各省发布的义务教育教师资源配置相关政策的代码为：SJZC01，SJZC02，⋯，SJZCn。通过对所有政策文本进行初始编码，得到可以概括文本内容的初始编码，在编码过程中将初始编码相同的文本材料合并。表 3-2 所展示的是部分文本材料的编码内容，共得到可以涵盖所有文本材料的 51 个初始编码。

表 3-2　部分编码示例

文本材料	内容	编码
ZFZC01	小学由市、县人民政府统筹设置。市县所办小学的设立、变更、停办，由市、县人民政府教育行政部门决定	小学教育管理体制
ZFZC02	中学由省、市文教厅、局遵照中央和大行政区的规定实行统一的领导	中学教育管理体制

续表

文本材料	内容	编码
ZFZC03	今后必须在又多、又快、又好、又省的方针下，及时地完成培养小学教师和幼儿园教养员的任务。一方面要依靠正规办法，大力发展师范学校和初级师范学校，并且举办师范速成班培养出比较合格的师资；另一方面还可以采取一些非正规的短期训练的措施，以补足当地师资的缺额	小学教师供给方式：师范学校（师范速成班）
ZFZC04	要保证这批中小学校有合格的、数量足够的教师（各个年级都要有骨干教师），这批中小学校实行教育部规定的重点中小学教职工编制；如有特殊需要，经省、市、自治区教育（厅）批准，可以适当放宽编制	教职工编制：向重点学校倾斜
ZFZC05	中小学公办教师的管理、调配工作，应由县以上各级教育行政部门负责。教师的调动，需经县以上教育行政部门同意	县级教育行政部门在教师资源管理与配置中的地位
ZFFG01	贯彻"两条腿走路"的方针，国家应加强师范教育，负责训练合格的教师。中小学教师应主要由国家派遣，由教育行政部门管理，也允许社队、企业自行招聘。招聘的教师要经过考核，取得合格证书才能任教	义务教育教师资源配置主体：政府为主
ZFFG01	促进公平正义，增进人民福祉，以教师均衡配置为目标	目标：促进社会公平
ZFFG02	以造福人民为工作目标，加快推进教育现代化、建设教育强国、办好人民满意的教育。着力提高教育质量，促进教育公平，优化教育结构，为决胜全面建成小康社会、实现新时代中国特色社会主义发展的奋斗目标提供有力支撑	目标：实现共同目标，造福人民
ZFFG02	中小学教师和各级教育事业编制人员的管理、调配、自然减员的补充和高、中等师范院校毕业生的分配，应由县以上教育行政部门负责。要保证师范院校毕业生分配到中小学任教，不得任意截留	县级教育行政部门的职责
ZFFG03	不适当地大量从学校抽调中青年骨干，特别是从中、小学任意抽掉干部和骨干教师到县以下单位的做法，应当坚决制止	教师资源管理：整顿教师队伍
ZFFG03	中小学教师和各级教育事业编制人员的管理、调配由县以上教育行政部门负责。确需从教育系统抽调少量干部或教师到其他战线工作，应同县以上教育行政部门研究确定	教师编制管理单位：县级以上教育行政部门

续表

文本材料	内容	编码
ZFFG04	实行基础教育由地方负责、分级管理的原则，是发展我国教育事业、改革我国教育体制的基础一环	基础教育管理权限划分
ZFFG04	师范院校的毕业生都要分配到学校任教，其他高校的毕业生也应有一部分分配到学校任教	教师资源供给方式：国家分配
ZFZC06	县级政府在组织义务教育的实施方面负有主要责任，包括统筹管理教育经费，调配和管理中小学校长、教师，指导中小学教育教学工作等	县级政府职责
ZFZC07	要严格按照编制标准配备教师，并强化编制管理和人员使用的约束机制，减少机构，压缩非教学人员编制，提高中小学的人员效益	教师编制管理规范化
ZFFG05	地方各级人民政府对教师以及具有中专以上学历的毕业生到少数民族地区和边远贫困地区从事教育教学工作的，应当予以补贴	教师资源补充配置手段：补贴
ZFZC08	城市初中师生比为1∶13.5，农村为1∶18，城市小学师生比为1∶19，农村为1∶23	义务教育教师资源配置标准
ZFZC09	改革学校用人制度，推动教师交流，引导教职工从城镇和超编学校向农村和缺编学校流动	以教师流动促进均衡配置
ZFFG06	"按照总量控制、城乡统筹、结构调整、有增有减的原则"调整和使用本地区中小学教职工编制，且同一县域内中小学教职工编制可以互补余缺，要保证教师资源的合理配置	教师编制使用原则
ZFFG07	要逐步实行城乡统一的中小学教职工编制标准，教师编制应适当向农村偏远地区倾斜	城乡教职工编制的统一
ZFZC10	县级人民政府负责根据国家中小学教职工编制标准和省级人民政府的实施办法，提出农村中小学教职工编制方案，并根据省级人民政府核批的农村中小学教职工编制，核定学校的教职工编制；负责农村中小学校长、教职工的管理	县级政府在农村义务教育教师资源配置中的职能
ZFZC11	加强农村中小学编制管理。要严格执行国家颁布的中小学教职工编制标准，抓紧落实编制核定工作。在核定编制时，应充分考虑农村中小学区域广、生源分散、教学点较多等特点，保证这些地区教学编制的基本需求	农村中小学教师编制管理

续表

文本材料	内容	编码
ZFZC11	地（市）、县教育行政部门要建立区域内城乡"校对校"教师定期交流制度。继续组织实施大学毕业生支援农村教育志愿者计划	农村地区教师资源补充方式
ZFZC12	全面实施"特岗计划"，鼓励引导高校毕业生到农村学校任教；各地要结合本地区实际情况，进一步完善教师补充机制	农村教师资源补充机制之一：特岗计划
ZFZC13	围绕促进教育公平、提高教育质量的要求，加强教师工作薄弱环节，创新教师管理体制机制，以提高师德素养和业务能力为核心，全面加强教师队伍建设，为教育事业改革发展提供有力支撑	促进义务教育优质均衡发展为目标
ZFZC13	加强教师资源配置管理。逐步实行城乡统一的中小学教职工编制标准，对农村边远地区实行倾斜政策	统一中小学教师资源配置标准
ZFZC14	以区域内校长、教师交流的方式，促进县域内义务教育教师资源均衡配置，全面推进"县管校聘"改革，实现义务教育均衡发展	探索农村中小学教师资源补充机制
ZFFG08	统一编制标准，促进城乡中小学教育资源均衡配置。一般性教学辅助和工勤岗位不再纳入编制管理范围，要考虑农村偏远地区教师的实际需求，根据生师比和班师比配置教师	教师编制管理专业化与个性化
ZFFG08	继续深化中小学后勤服务社会化改革，逐步压缩非教学人员编制	社会力量的参与
ZFFG09	创新和规范中小学教师编制配备，加大教职工编制统筹配置和跨区域调整力度，实行以县为主、动态调配的编制管理机制；深入推进县域内义务教育教师、校长交流轮岗，实行学区内走教制度；逐步扩大特岗计划实施规模，优先满足老少边穷地区教师补充需要	县域内义务教育教师资源均衡配置的策略
ZFZC15	推进本土化培养，面向师资补充困难地区逐步扩大乡村教师公费定向培养规模	农村地区教师资源供给：本土化培养
ZFFG10	实现基本公共教育服务均等化，加大教职工统筹配置和跨区调整力度，切实解决教师结构性、阶段性、区域性短缺问题	政府公共教育服务着力解决的问题

续表

文本材料	内容	编码
SJZC01	按照"严控总量、盘活存量、优化结构、增减平衡"的原则统筹中小学教师编制和岗位，全面推行"县管校聘"改革，县级教育行政部门主要负责辖区内义务教育教师资源配置工作，根据本区域实际教学需求调整学校岗位设置和人员聘用方案	县管校聘改革开展的要求
SJZC02	严格落实编制管理专编专用制度；规范教职工编制使用；严禁教师在编不在岗；严格教职工编制管理	编制管理制度化、规范化
SJZC02	积极探索购买服务方式：探索教学需求项目购买服务；探索阶段性教师需求编外聘用方式；购买学位	购买服务
SJZC03	建立完善教师"县管校聘"机制；规范教职工编制管理和使用权限，盘活教师资源	完善教师资源管理机制
SJZC04	通过选派支教教师和培训当地教师，加快"两区"教师队伍建设，提高教师素质，为推动"两区"义务教育均衡发展提供人才支持	教师支教与教师培训
SJZC05	构建省、市、县三级教师队伍管理系统，加快中小学教职工网络信息平台建设，实行教师队伍动态管理。利用信息手段提高管理水平和工作效率，逐步实现教师队伍管理的制度化、规范化和管理手段的现代化	利用信息技术实现教师队伍管理规范化
SJZC06	把乡村教师培训纳入基本公共服务体系，整合县级教师培训资源，建好县级教师发展中心。协同高等学校、远程培训机构、县级教师发展中心和中小学校优质资源，建立乡村教师校长专业发展支持服务体系	乡村教师专业发展体系建立
SJZC07	深化教师岗位管理制度改革。积极推行中小学教师"无校籍管理"，由县级教育行政主管部门在编制内统筹管理，由学校根据需要按期聘用，动态调整，合理流动，促进教师资源均衡配置	深化教师岗位管理制度
SJZC08	改革教育治理体系。加强省级政府统筹，落实"以县为主"的义务教育管理体制，制定县域内城乡义务教育一体化改革发展监测评估标准，健全督导评估机制，切实提高政府教育治理能力	改革教育治理体系，提升政府教育治理能力
SJZC09	完善中小学校按岗聘用制度。进一步落实学校用人自主权，全面落实中小学教师聘用合同管理	学校按岗聘用制度的完善

续表

文本材料	内容	编码
SJZC10	完善"以县为主"的教师管理体制。县（市、区）域内公办学校教职工人事关系收归县管，以推动义务教育教师资源均衡配置	以县为主教师管理体制的完善
SJZC11	临聘教师的管理。各公办中小学校临聘教师使用数须结合本校学生实际人数及在编在岗教师产假、病假、支教等情况按实际需要申报，原则上申请学校的在编在岗教师（去除教师产假、病假、支教等外）同临聘教师的合数，与在校生的比例须控制在我省编制机构规定的师生比之内	合理管理临聘教师
SJZC12	县域内义务教育学校可以根据教师交流轮岗和均衡优化配置需要，结合当地实际，分学段统筹核定岗位总量及结构比例，探索动态调整机制	调整教师岗位设置方案
SJZC13	推行中小学教师"无校籍管理""三统筹、两交流、两统一、一不变"，即统筹教师编制数，统筹教师岗位数，统筹教师职称评聘；校长和教师按规定在区域内交流；统一教师考核标准，统一学校财务核算；学校管理教师的责任不变	教师无校籍管理改革
SJZC14	各市直属学校制定的岗位清单、岗位设置方案、岗位竞聘方案、绩效考核办法、绩效工资分配方案等，须经教职工代表大会审议通过，报市教育局审批，并报市编办、市财政局、市人社局等部门备案后实施	保障教职工的知情权、参与权与监督权（教师是参与者）
SJZC15	在不突破县域内现有在编人员总量及岗位结构比例的前提下，市县机构编制部门、人力资源社会保障部门不再进行县域内中小学校用编及在编教师的人事调动审批，由市县教育行政部门负责组织实施教师交流调配工作，及时向同级机构编制、人力资源社会保障部门备案	政府部门之间的权责调整
SJZC16	"互联网+教育"助力乡村教师队伍建设	教师质量提升：互联网+教育
SJZC17	创新乡村教师培养模式，重点为村小学和教学点培养全科教师	乡村教师培养模式创新：全科教师
SJZC18	发挥中心学校对村小、教学点教师资源的统筹管理职能，大力促进优秀教师向乡村学校流动	学校职能与作用

2. 构建类属关系

初始编码所得到的编码信息需要通过进一步的整理与归纳，得出与本研究核心问题有关的概念类属，即编码的第二个阶段——聚焦编码。聚焦编码意味着使用最主要的和/或出现最频繁的初始代码，这些代码更加具有较强的指向性、选择性和概括性。[1] 如表3-3所示，表格中最右栏为初始编码，通过聚焦编码形成类属概念（中间栏），这些类属概念不仅能充分反映文本内容，而且建立了编码之间的联系。例如，促进义务教育优质均衡发展、实现城乡义务教育一体化等文本内容可以概括为促进义务教育发展这个类属概念，促进公平正义、增进人民福祉可以概括为实现社会公平，实现共同目标、造福人民可以概括为实现公共利益的类属概念。

轴心编码建立了"围绕类属之'轴'的密集关系网络"，回答了"为什么、谁、怎样、结果"等问题，它使得类属的属性和维度具体化了。[2] 表3-3中的左边一栏为通过轴心编码得出的亚类属概念，如将促进义务教育发展、实现社会公平与公共利益类属概念归纳为义务教育教师资源配置优化的目标；将政府职能与权责、学校职能与权责、社会职能与职权归纳为义务教育教师资源配置优化的主体权责等。这些亚类属概念回答了以下四个问题：第一，县域内义务教育教师资源为什么要实现配置优化？第二，县域内义务教育教师资源配置优化需要哪些主体的协同配合？它们之间的权责如何划分？第三，县域内义务教育教师资源配置优化的实现需要哪些基本条件？第四，县域内义务教育教师资源配置优化已经采取了哪些改进措施？这些问题反映了类属、亚类属以及它们之间的联系。

如表3-3所示，本研究将51个初始编码提炼为18个类属概念，并将18个类属概念归纳为五个亚类属，这五个亚类属在一定程度上反映了县域内义务教育教师资源配置的核心问题。

---

[1] 卡麦兹. 构建扎根理论：质性研究实践指南 [M]. 边国英，译. 重庆：重庆大学出版社，2009：73.
[2] 卡麦兹. 构建扎根理论：质性研究实践指南 [M]. 边国英，译. 重庆：重庆大学出版社，2009：76-77.

表 3-3 类属关系的建立

亚类属	类属概念	初始编码
义务教育教师资源配置优化的目标	促进义务教育发展	促进义务教育优质均衡发展；实现城乡义务教育一体化
	实现社会公平	促进公平正义，增进人民福祉
	实现公共利益	实现共同目标，造福人民
义务教育教师资源配置主体权责	政府职能与权责	县级教育行政部门的职能；政府部门之间的权责划分与调整
	学校职能与权责	学校聘用教师的自主权；对教师资源的管理
	社会职能与权责	试点人员编制备案制管理；提供服务购买
县域内义务教育教师资源配置优化的实现条件	基础教育管理体制	小学教育管理体制；中学教育管理体制；基础教育管理权限划分
	教师资源管理体制	以县为主的教师资源管理体制；教师编制管理制度
	义务教育教师资源配置依据	中小学教职工编制标准；国家及各省有关政策；编制+岗位需求
	义务教育教师资源配置方式	师范学校（师范速成班）、国家分配、教师公开招聘
县域内义务教育教师资源配置优化的改进措施	学校用人制度	中小学按岗聘用制度；教师岗位设置的调整；教师资源动态调整机制；合理管理临聘教师
	教师资源补充机制	校长教师轮岗交流；教师（大学生）支教；特岗教师计划；本土化培养
	教职工权益保障	保障教职工的知情权、参与权与监督权；待遇与生活条件
	教师质量提升	完善乡村教师培训体系；培养全科教师；互联网+教育
县域内义务教育教师资源配置优化的重要主体	政府	义务教育教师资源配置主体：政府
	学校	义务教育教师资源的使用单位、教师资源配置优化的主体
	社会	义务教育教师资源配置优化的主体
	教师	配置优化的对象与参与者

3. 编码的饱和度与信效度检验

在首轮编码过程中，编码员首先对 30 份中央文本材料与 60 份省级文本材料进行编码，通过建立的初始编码与类属关系对剩余 13 份（7 份中央文本与6份省级文本）文本材料进行理论饱和度检验。通过检验发现，剩余材料中并没有出现新的初始编码与类属关系，现有编码系统较好地覆盖了所有抽样的文本材料。

为了保证编码的信度，在一位编码员完成首轮编码后，邀请另外一位具有相同专业背景的编码员进行再次编码，通过编码一致性来保证编码的信度。结果表明，在两位编码员完成103份文本材料的初始编码后，103份文本材料的平均编码一致性为85.97%。每一份文本材料编码一致性的算法为：编码一致性＝该文本材料相互统一的编码数／（该文本相互统一的编码数+不同意的编码数），编码一致性≥80%表明编码具有较好的稳定性，编码结果达到可接受的信度水平。

编码的效度检验一般采用内容效度比（CVR）来评定❶，其公式为：$CVR = \dfrac{ne - \dfrac{N}{2}}{N/2}$ $CRV = \dfrac{ne - \dfrac{N}{2}}{N - 2}$，其中 ne 表示编码很好地表示了文本内容的编码者人数，N 表示编码者的总人数，研究邀请两位评判者对103份文本材料的编码内容进行评判，其中47个初始编码的 $CVR = 1$，4个初始编码的 $CVR = 0.66$，由此可知，本研究的编码具有较好的内容效度。

（四）模型构建

1. 模型构成要素

文本材料编码所得出的亚类属、类属概念成为县域内义务教育教师资源配置优化模型构成的核心要素。通过进一步的整理与归纳，本研究将优化目标、主体权责、实现条件与改进措施作为县域内义务教育教师资源配置优化模型的内部核心要素，它们是实现县域内义务教育教师资源配置优化必不可少的四大要素；政府、学校、社会、教师四主体作为模型的外部要素，它们是四大要素的执行者、落实者与改进者。表3-4呈现了县域内义务教育教师资源配置优化模型的核心构成要素以及所依据的理论基础。

在此基础上，本研究构建了四维四位一体的县域内义务教育教师资源配置优化"GSST"模型（见图3-1）。

---

❶ 李本乾. 描述传播内容特征, 检验传播研究假设: 内容分析法简介（下）[J]. 当代传播, 2000（1）: 47-49, 51.

表 3-4 模型构成要素

结构	核心要素	理论基础
内部要素	义务教育教师资源配置优化的目标	公共物品的目标：实现公共利益
	义务教育教师资源配置主体权责	公共物品中多元主体的职能与权责
	义务教育教师资源配置优化的实现条件	资源有效配置、信息有效利用、各主体之间达到激励相容的状态
	县域内义务教育教师资源配置优化的改进措施	公共物品的改进：资源有效配置
外部要素	政府	公共物品中政府的职能是服务与领导
	学校	公共物品中"共同生产"的理念，建立公共机构与其他机构的合作性结构，以满足彼此认同的需求
	社会	
	教师	要对组织中个体成员的价值和利益足够关注；保障教师的合法权益，在实现个体利益的同时实现整体利益

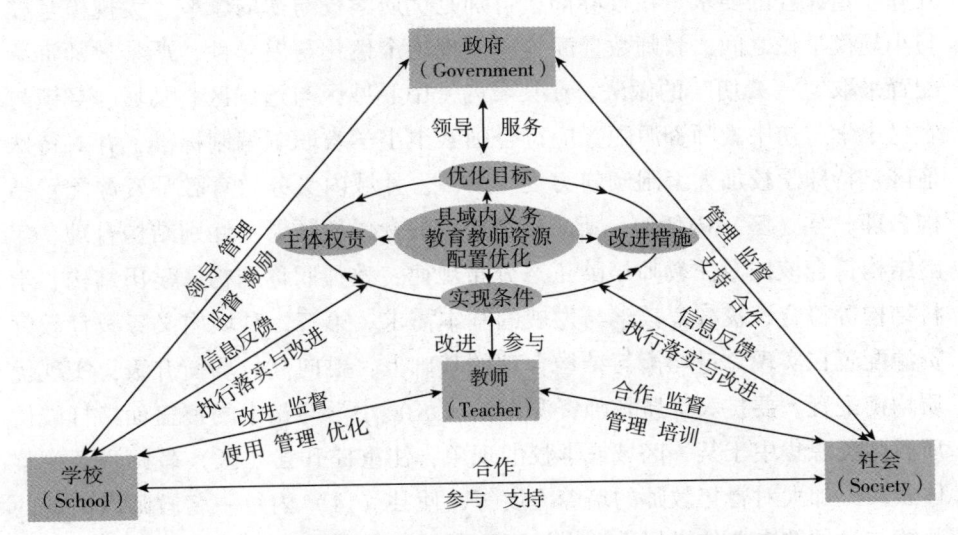

图 3-1 县域内义务教育教师资源配置优化"GSST"模型

2. "GSST"模型的内涵解读

县域内义务教育教师资源配置优化"GSST"模型，由内部结构和外部结构两部分构成，内部结构由县域内义务教育教师资源配置优化目标、主体权责、实现条件与改进措施四大要素组成,这四大要素是县域内义务教育教师资源配置优化不可或缺的关键内容,它们是实现县域内义务教育教师资源配置优化的四个出发点与着力点。外部结构包括政府、学校、社会与教师等县域内义务教育教师资源配置优化过程中的四类重要主体,它们对"GSST"模型内部四大要素进行落实与改进,以解决县域内义务教育教师资源配置中存在的问题。

(1) 内部结构

①优化目标

优化目标为县域内义务教育教师资源配置优化工作指明方向,同时将义务教育教师资源配置优化的各个环节紧密联系起来,在整个配置优化过程中起着统领全局的作用。

县域内义务教育教师资源配置优质均衡目标主要应体现在三个方面:第一,县域内义务教育教师资源配置总量均衡。在县(区)任何一所小学与初中内,专任教师数量不仅要满足该校基本教育教学需求,同时还要符合国家开齐规定课程的要求。在校际间,特别是优质学校与薄弱学校、大规模学校与小规模学校之间,教师数量配置应体现出个性化与差异性,严禁教师资源配置采取"一刀切"的做法。在县域内,中心城区与远城区、县城、乡镇与农村小学与初中教师资源配置应符合国家中小学教职工编制标准,并对特殊地区、特殊学校加大编制倾斜力度。第二,县域内义务教育教师资源配置结构合理。县(区)内任何一所小学与初中的专任教师男女性别结构合理、年龄结构符合该校专任教师年龄正态分布规律,教师职称结构、学历结构、学科结构等符合该校教育教学与发展的基本需求。第三,县域内义务教育教师资源配置在实现总量均衡与结构合理的基础上,要向高位均衡升级,实现优质均衡配置。要扩大优质教师资源在县(区)小学与初中的覆盖面,打破优质教师资源集中于某一区域或学校的现象,注重提升县(区)教师资源的整体素质,加大对青年教师的培养力度等,使县(区)内每一名教师以高尚的师德与过硬的专业技术促进学生健康发展。

②主体权责

县域内义务教育教师资源配置优化涉及不同主体,这些主体履行各自不同的职责与权利,它们对县域内义务教育教师资源配置优化产生的作用也不尽相同。根据公共物品理论对公共物品的划分,义务教育在享用上具有非排他性，在消费上具有非竞争性，属于纯公共产品，是由国家提供并予以保障的公益性事业。萨缪尔森指出，纯公共物品应由政府供给或联合供给，因而，我国县域内义务教育教师资源配置的主体主要是政府，可以实行政府和私人、政府与社会的联合供给方式。公共物品供给的不同状态体现了不同供给主体的利益分配与责任分担，若为政府供给，则政府要承担生产、维护公共产品的成本与责任；若为联合供给，则私人、政府或社会要在合理划分利益分配的基础上，共同承担责任。

具体而言，其一，政府是义务教育教师资源配置优化的重要主体，社会可以在某些情况下，适当参与到县域内义务教育教师资源配置优化过程中，承担其应有的社会责任。如自从国家在2014年《关于统一城乡中小学教职工编制标准的通知》中提出不再将一般性教学辅助和工勤岗位纳入编制管理范畴之后，国家将这部分教职工供给面向社会开放，逐步形成教师资源联合供给的局面。《关于全面深化新时代教师队伍建设改革的意见》（2018）中明确提出要"实行教师编制配备和购买工勤服务相结合，满足教育快速发展需求"，由此可知，国家正逐步将社会力量纳入中小学教师资源配置中来，通过政府与社会联合供给的方式进一步促进县域内义务教育教师资源的配置优化。此外，学校作为县域内义务教育教师资源的主要使用者，其在合理利用现有义务教育教师资源、提升教师资源使用效率上负有主要责任。

其二，县域内义务教育教师资源配置涉及政府多个部门，不同部门之间的权责划分与职能各不相同。涉及教师资源配置的政府部门主要有编制委员会办公室（简称"编办"）、人力资源和社会保障部门、教育行政部门、财政部门等，如编办审核各地区城、镇、农村义务教育学校人员编制和领导职数，人力资源和社会保障部门负责统筹中小学教师的岗位设置，教育行政部门负责本地区教育事业发展计划、教师管理，财政部门管理行政事业单位的财务、教师工资的发放。上述这些政府部门只有在履行好自身权职的基础上，才能更好地实现各部门之间的协调统一与相互配合，进而提升县域内义务教育教师资源利用效率，实现县域内义务教育教师资源优质均衡的配置目标。

其三，县域内义务教育教师资源配置的不同主体通过不同的方式实现其在县域内义务教育教师资源配置优化中的职能和作用。如政府优化县域内义务教育资源主要通过行政力量，如计划引导、政策调节，国家通过指导性计划与义务教育教师资源配置政策明确各主体及各相关部门的工作职责和方向，自上而下地对教师资源进行调整与分配。社会实现其在县域内义务教育教师资源配置优化中的职能，主要通过社会性的公共组织来实现，如社会性的经济组织（市场中介、行业协会）、社会性的社会组织（工会）等。❶社会性的经济组织和社会性的社会组织通过规范市场行为、维护市场秩序、减轻政府负担、缓解政府、企业与个人的矛盾、增进政府与企业、社会成员之间的联系等作用来影响教师资源配置优化。政府、社会以各自的方式对县域内义务教育教师资源配置优化产生影响，这些影响是置身于政府提供义务教育服务背景下"张力"与"整合"的相对统一。

③实现条件

县域内义务教育教师资源配置优化的实现条件，主要是指在既定的经济、社会与体制下县域内义务教育教师资源配置优化需要的管理体制、配置依据与配置方式。

县域内义务教育教师资源配置优化的实现，首先要依托我国的管理体制，即以县为主的教师资源管理体制与教师编制管理制度。以县为主教师资源管理体制格局的形成与我国基础教育管理体制的演变过程基本吻合，我国基础教育管理体制格局的基本形成，确立了我国中小学教师队伍管理的行政主体与教师资源的派遣方式。教师编制管理制度是县级以上教育行政部门管理、分配、调遣教师资源所依据的基本制度，教师编制管理制度不仅规定了县级政府在配置中小学教师资源时所要遵守的基本规则，同时它也包含了具体的工作方式与方法，规定了中小学教职工编制基数与标准、教职工编制核定的行政单位、教职工编制的统筹、使用等的原则与方法。

其次，县域内义务教育教师资源配置优化的实现需要科学的配置依据。在我国，县域内义务教育教师资源配置的依据主要包括：国家和各省颁布的相关法律法规政策、国家或各省市颁布的义务教育教职工编制标准。第一，国家颁布的有关义务教育、义务教育教师资源的法律是县域内义务教育教师资源配置优化的重要依据，如《中华人民共和国义务教育法》（于2018年修正）、《中华人民共和国教师法》（于2009年修正）。第二，国家印发的有关义务教育、义务教育教师资源配置、义务教育教师资源补充配置、教师

---

❶ 曹沛霖. 政府与市场［M］. 杭州：浙江人民出版社，1998：446-450.

队伍建设的相关政策，如《教育部关于进一步做好中小学教师补充工作的通知》（2009.3）、《国务院关于加强教师队伍建设的意见》（2012.8）、《教育部、财政部等部门关于推进县（区）域内义务教育学校校长教师交流轮岗的意见》（2014.8）、《中共中央、国务院关于全面深化新时代教师队伍建设改革的意见》（2018.1）、《中共中央、国务院关于全面深化新时代教师队伍建设改革的意见》（2022.4）等。第三，国家颁发的义务教育教师资源配置标准是县域内义务教育教师资源配置优化的基本依据，在县域内义务教育教师资源配置与配置优化中发挥着重要作用。如《国务院办公厅转发中央编办等关于制定中小学教职工编制意见的通知》（2001.10）、《教育部关于贯彻国务院转发中央编办等关于制定中小学教职工编制意见的通知》（2005.6）、《中央编办、教育部、财政部关于统一城乡中小学教职工编制标准的通知》（2014.11）等。第四，各省发布的义务教育教师资源配置相关政策成为县域内义务教育教师资源配置优化的又一重要依据。如有关义务教育教师资源补充配置政策、有关义务教育教师队伍建设的政策文件等。

最后，县域内义务教育教师资源配置优化的实现需要采取合理的配置方式。配置方式主要是指配置主体采取什么方法与手段配置教师资源、优化教师资源，它反映了不同配置主体在教师资源分配方面的技术与特点。现阶段，我国义务教育教师资源配置的主要方式有：其一，行政规划（计划）。国家通过制定有关基础教育改革与发展的宏观规划（计划）为义务教育及教师资源配置指明工作方向与重点，并对特定时期义务教育教师资源配置的改革重点与发展方向做出部署，导向性强、任务明确、具有权威性、垂直性、强制性等特点，教育行政规划（计划）体现国家意志与治理逻辑，是国家配置教师资源的一种常用手段。其二，财政杠杆，主要包括政府支出、税收、补贴、政府贷款❶等手段。如一部分政府支出用来为所有适龄儿童提供义务教育服务，其中包括支付教师工资，不同地区教师的工资水平会影响教师资源供给与配置；同时政府为长期在生活条件艰苦、环境恶劣地区任教的教师发放额外补助。其三，评估与监督。评估与监督是实现特定目标的方式，评估主要是指在一定时间内对义务教育学校的现状、成就与发展需求做出评价；

---

❶ 维托·坦茨. 政府与市场：变革中的政府职能［M］. 王宇，等，译. 北京：商务印书馆，2014：234-237.

监督则是根据国家义务教育发展的有关规定,对义务教育学校教育教学等工作环节展开督促与管理。如政府通过义务教育质量评估、督导工作,确定某地区义务教育质量及教师资源配置情况,进而提出教师资源配置改进建议。第四,志愿服务,主要包括家庭与社区、志愿组织、非营利性的社会组织或团体等。社会性组织以独立于政府与市场的身份发挥其在县域内义务教育教师资源配置中的独特作用,如一些大学生就业服务中心或人力资源服务机构为潜在教师劳动力资源提供各种各样的岗位信息、招聘信息及相关服务。

④改进措施

县域内义务教育教师资源配置优化的改进措施是县域内公共教育服务改进的具体操作方法,它要求学校、社会、教师等多元主体的积极参与与配合,它将县域内义务教育教师资源配置的出发点与落脚点集中在实现优质均衡义务教育的目标上,是一种参与式的、合作共享式的优化过程。县域内义务教育教师资源的配置优化需要从学校按岗聘用制度、教师资源动态调整机制、教师资源补充机制、教职工权益保障、教师质量提升等方面来改进,而这些制度、机制的完善需要兼顾义务教育教师资源配置主体的利益,要使县域内义务教育教师资源配置的参与者与县域内义务教育教师资源配置优化目标相一致;且政府与学校、政府与社会、社会与学校、学校与教师之间的信息需要充分共享,在信息得到有效运用的前提下,才能更好地实现义务教育教师资源优质均衡的目标。

⑤四大要素之间的关系

县域内义务教育教师资源配置优化的四大要素之间有其内在关联性与一致性,它们之间彼此环环相扣、紧密相依。优化目标在理念与方向上统领县域内义务教育教师资源配置优化的具体工作,并为其明确不同阶段的任务与所要达成的目标。主体权责表明了在县域内义务教育教师资源配置优化的过程中,不同主体所扮演的角色、肩负的责任与行使的权利,而优化目标能在一定程度上促进各主体权责的改进与完善,实现条件包括管理体制、配置依据与配置方式,它们不仅是配置主体在教师资源配置优化过程中所要遵循的制度、运用的方法与依据的标准,而且是县域内义务教育教师资源配置优化目标得以顺利实现的重要保障。改进措施是对县域内义务教育教师资源配置现状的改进与完善,它在优化目标的指导下形成较为系统与全面的具体优化措施,这些措施从改善教师资源配置有关主体权责、健全教师资源配置制度、提升教师质量、促进教师参与等方面进行改进与优化。

（2）外部结构

"GSST"模型外部结构由政府、学校、社会、教师四位主体构成，四个主体之间相互作用、相互影响，并在县域内义务教育教师资源配置优化的过程中发挥各自独特的作用。

第一，政府是县域内义务教育教师资源的主要配置者，在义务教育教师资源配置目标、依据与政策的制定、义务教育教师资源配置有关政府部门之间权责的划分、义务教育教师资源配置职能的履行、义务教育教师资源配置优化的改进等方面承担着复合性责任。若要从根本上改善县域内义务教育教师资源配置中存在的问题，应充分发掘政府在提供公共教育服务中的服务职能，坚决秉持以人民为中心的服务精神，实现公众对优质均衡义务教育的需求，并确保优质均衡的义务教育发展诉求始终处于基础教育公共服务的支配地位。政府要以优质均衡的优化目标为工作目标，创造有利条件，使社会、学校、教师等主体参与到县域内义务教育教师资源配置优化过程中，同时要更加注重对各参与者的引导、激励与监督。在县域内义务教育教师资源配置优化过程中，政府除了要发挥服务的职能，还要实现领导的作用。政府通过颁布的政策法规、依据标准与制定的教师管理制度等进一步规范、引导县（区）内小学与初中教师资源配置优化，同时还通过确立职责清单等内容明晰县域内义务教育教师资源配置相关政府部门、社会、学校等主体的职能与权责。

第二，学校不仅是义务教育教师资源的直接使用者，同时也是县域内义务教育教师资源配置优化的重要主体。因此，在县域内义务教育教师资源配置优化过程中应落实其应有的办学自主权，特别是学校应拥有部分人事自主权，在义务教育教师资源的使用、聘任、解聘方面拥有话语权。在全国各地逐步推行县（区）管校聘（用）的同时，要求全面推进中小学教师全员竞聘制、中小学教师"无校籍管理"等改革，这些与中小学教师管理有关的改革均需要落实学校的用人自主权。学校是政府各项政策法规、规章制度等内容的落实者与遵守者，义务教育学校可以在法定约束条件下自主行使职权。具体而言，在县域内义务教育教师资源配置优化过程中，学校对教师资源的使用、管理、调配等须遵守上级教育行政部门的有关规定，同时，不同县域内小学与初中可以根据自己学校教育教学情况合理设置教师岗位数，并根据在校生的数量变化对教师资源进行动态调整。此外，为了更好地激发小学与初中在县域内义务教育教师资源配置优化中的积极性，应进一步完善中小学校长负责制，使校长办学、用人的目标与县域内义务教育教师资源配置优质均衡的目标相兼容。

第三，社会作为县域内义务教育教师资源配置优化不可或缺的参与者，在县域内义务教育教师资源配置优化的过程中发挥着日益重要的作用。社会参与县域内义务教育教师资源配置优化是我国义务教育教师资源配置不断改进与提升的结果，是政府公共教育服务职能转变的表现之一。在2014年中小学教职工编制专编专用之后，面对中小学教师妊娠、哺乳、重大疾病等阶段性短缺的情况，第三方人力资源机构可以根据学校临时岗位空缺向义务教育学校提供符合任教条件的教师资源。社会力量参与县域内义务教育教师资源配置优化，不仅要求政府给予一定的政策支持与引导，同时也要求学校与社会性社会组织或经济组织达成合作协议，由此进一步明晰各主体在义务教育教师资源配置中的职权，有利于实现优质均衡的配置目标。此外，第三方人力资源机构对临时聘用教师负有管理与培训的责任，进而使其所提供的教师资源符合小学、初中任教资格。

第四，教师资源不仅是县域内义务教育教师资源配置优化的对象，而且是县域内义务教育教师资源配置优化的重要参与者。县域内义务教育教师资源的配置优化不只是义务教育教师数量、结构等方面的调整，教师质量的提升、教师合法权益的维护也同样重要。一方面，义务教育教师的自身素质与整体素质关乎小学与初中教育教学质量，因而，在县域内义务教育教师资源配置优化过程中，义务教育教师可以通过参与各种形式的培训提升自身素质；地方政府还可以鼓励地方院校培养全科教师、进行定向培养等方式提升县域内义务教育教师资源质量。另一方面，在县域内义务教育教师资源配置优化过程中，教师拥有对政府部门工作人员、学校、社会性服务机构职能履行的监督权，他们对县域内义务教育教师资源配置优化的改进工作应拥有知情权与参与权。义务教育教师有参与县域内义务教育教师资源管理体制改革、教师资源配置优化的权利，他们可以通过教职工工会等组织维护自己的合法权益，并保证自己在涉及中小学教师资源配置各项改革中的知情权、参与权与监督权。只有保障教师的合法权益，才能使他们教得好、留得住，才能确保教师个人利益和需求与县域内义务教育教师资源优质均衡配置的目标相契合。

3. "GSST" 模型的运行机制

本研究认为，构建一个完整的县域内义务教育教师资源配置优化模型，不仅要明确其核心构成要素与内涵特征，还要厘清模型内、外部各组成部分之间的相互关系与作用方式，即模型的运行机制。

根据《辞海》对"机制"的解释，机制主要是指有机体的构造、功能和相互关系或一个工作系统的组织或部分之间相互作用的过程和方式。❶ 在社会科学领域中，机制一般是指构成要素之间的结构、相互关系和作用方式。在教育领域，不管是对高等教育运行机制的研究，还是对基础教育运行机制的研究，均体现出学者对教育内、外部关系、结构与相互作用方式等的关注。因而，对县域内义务教育教师资源配置优化"GSST"模型的运行机制进行研究，要围绕县域内义务教育教师资源优质均衡的配置目标，依据机制设计理论探索和设计一套能充分调动县域内义务教育教师资源配置优化各参与者积极性、充分优化县域内义务教育教师资源配置各环节相对稳定的体系结构。

机制设计理论指出，机制实现的关键是要设计出能够充分调动各方参与者积极性的激励，进而使各参与者达成最大公约数的共识，在实现各参与者利益的同时也实现了机制的整体利益。同时，资源是否得到有效配置、信息是否得到有效利用、各参与者之间是否激励相容是判断一个机制是否科学的三个重要依据。因而，为了使县域内义务教育教师资源配置优化"GSST"模型实现有效运转，要从模型的管理、实施与推动三个方面设立具体的机制，以推动县域内义务教育教师资源的优质均衡配置。县域内义务教育教师资源配置优化"GSST"模型的四大主体需要科学的管理与协调，也需要适当的监督激励，因而模型的运行首先需要管理协调机制与监督激励机制。其次，四大主体需要在信息的充分共享与有效利用基础上实现参与合作，其关键在于信息共享机制与参与合作机制，这两个机制为信息共享与各主体的参与合作提供机制保障。最后，改革推进机制与权力保障机制的建立为进一步激发四大主体的行动与参与提供了动力，这六大机制互相作用，彼此关联，循环共生，共同为县域内义务教育教师资源配置优化"GSST"模型提供了稳定的体系结构（图3-2）。

如图3-2所示，县域内义务教育教师资源配置优化"GSST"模型作为

---

❶ 夏征农. 辞海第六版 [M]. 上海：上海辞书出版社，2009：1000.

"GSST"模型运行机制的内部核心部分,它通过四大主体与外部的六大运行机制发生联系并产生相互作用。也就是说,管理协调机制、监督激励机制、信息共享机制、参与合作机制、改革推进机制与权利保障机制要通过政府、学校、社会、教师四大主体才能发挥作用,四大主体通过六大运行机制可以更好地实现协调配合与激励相容。六大运行机制在"GSST"模型的外部形成稳定的体系结构,它们根据自己在整体中的地位发挥不同的作用,同时六大机制彼此关联、循环共生,共同为县域内义务教育教师资源配置优化"GSST"模型的运行提供一定的机制保障。

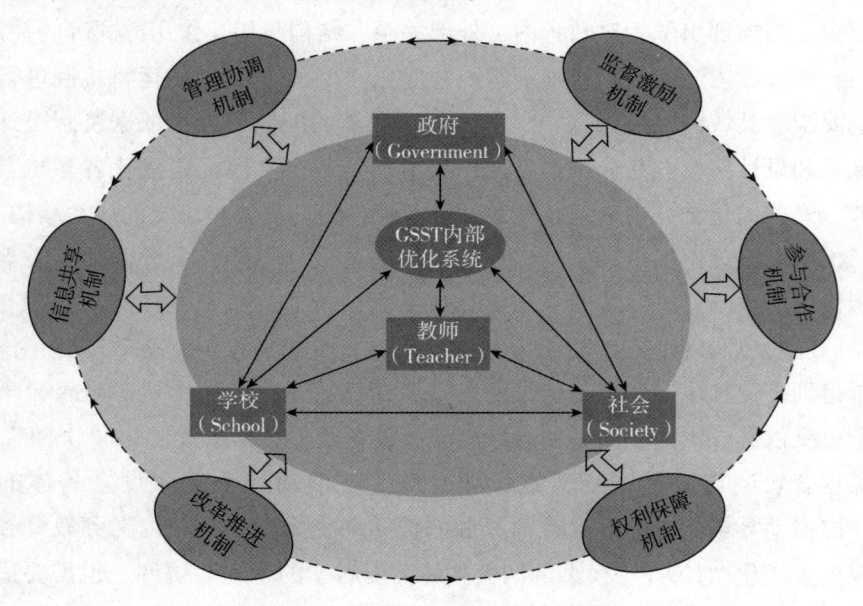

图 3-2 "GSST"模型的运行机制

第一,管理协调机制。资源的有效配置需要科学的管理与协调。县域内义务教育教师资源配置优化需要国家的宏观管理与调控,其目的旨在通过制度推进与治理能力提升对县域内义务教育教师资源配置优化各主体进行统筹协调与科学管理。首先,县域内义务教育教师资源配置优化则需要宏观指导。各省市应根据国家有关义务教育教师资源配置政策文件,制订本地区义务教育教师资源配置政策与工作方案,指导本县(区)义务教育教师资源配置优化工作。各省市所制订的配置政策与工作方案应厘清义务教育教师资源配置优化各环节的具体内容与工作流程,明晰配置优化各主体的权责。其次,要通过制度改革与创新，去除与县域内义务教育教师资源配置优化不兼容的管理制度，从根本上扭转中小学教师资源管理僵化的弊病。如实施中小学教师"无校籍管理"制度，将中小学教师由"学校人"变成"系统人"，有利于教师资源在县域内流动与调配，改变了以往中小学教师资源固化的窘境。最后，要提高县级政府的教育治理能力，统筹协调县级教育行政部门、人社局、财政局、义务教育学校与第三方人力资源机构的工作职能，落实"以县为主"的义务教育管理体制，并在此体制下积极探索义务教育学校教师按岗聘用制度与教师资源动态调整机制，完善校长管理制度。

第二，监督激励机制。激励相容是机制设计理论的核心内容之一，它要求在既定的经济、社会条件下，设计一套能使各参与者达成最大公约数共识的约束机制，从而实现整体利益。县级政府、县级教育行政部门、编办、人社局、义务教育学校、第三方人力资源机构等是开展义务教育教师资源配置优化工作的代理人，由于工作难度大、涉及面广、收效成果滞后等问题，容易导致懒政惰政、敷衍塞责等"道德风险"。有鉴于此，就要建立健全县域内义务教育教师资源配置优化的监督激励机制，保证各参与者的利益与义务教育教师资源配置优化总体利益相一致，在对他们的工作进行监督的同时，要给予适当的激励以进一步激发各主体工作的主动性与积极性：一方面，细化各参与者的职责职能，畅通监督渠道。通过建立权责清单，厘清不同部门之间的权责边界与奖惩机制，为各部门职责的履行提供制度保障；另一方面，加强对各参与者的正向激励。建立方向正确、程序公正的激励约束机制，有效整合物质奖励、精神奖励与职务奖励等不同奖励内容，充分调动各部门与工作人员的积极性。

第三，信息共享机制。建立信息共享机制是使信息资源得到充分共享与有效利用的途径之一。信息共享是互联网时代尤为重要的一个特征，信息共享不仅能降低不同部门、单位或个人收集信息的时间与成本，同时还有利于节约社会成本，提高信息的使用效率，创造更多社会财富。对于县域内义务教育教师资源配置优化而言，由于我国实行的是高度集权型的教育行政体制，中央、地方乃至学校所拥有的信息并不对等，这就容易导致他们在进行义务教育教师资源配置时并不能表露其真实偏好，从而不能达成整体利益的最大化，致使义务教育教师资源优质均衡的优化目标难以达成。因而，通过建立信息共享机制，构建国家级、省级、市级、县（区）级和校级县域内义务教育教师资源信息共享平台，使不同层级、不同部门之间的信息得以交流与共享，这样不仅能降低地方政府、义务教育学校与第三方人力资源机构信息收集的成本，增加信息的公开度与透明度，为教师民主参与创造有利条件；同时还有利于提高县域内义务教育教师资源配置优化各主体的工作效率，打破传统行政体制烙印下教师资源信息获得不对等的弊端。

第四，参与合作机制。如果没有人因参与这个机制而使其境况变坏，那么这个机制就满足了参与约束条件，就是可行的与可实施的。合作主要是指为了达到某一目标，个人或群体通过彼此协调而形成的联合行动。❶ 参与合作机制的建立使县域内义务教育教师资源配置优化的各主体为了共同的目标形成联合行动，这种不损害各主体境况的联合行动：一方面为县域内义务教育教师资源配置优化各主体实现充分的信息共享与显示其真实偏好提供了制度保障；另一方面则使政府各部门、社会、学校、教师等主体参与县域内义务教育教师资源配置优化的地位与角色合法化、合理化。参与合作机制为进一步激发社会性社会组织或经济组织、义务教育学校、教师等主体积极参与义务教育教师资源配置优化工作提供制度支持与保障。

第五，改革推进机制。改革推进机制为进一步促进义务教育教师资源的有效配置，提高信息的使用效率，促使各参与者激励相容提供了改进动力。县域内义务教育教师资源配置优化需要发挥县级政府的主动性与创造性，需要体现县域智慧与县域特色，需要发挥改革示范县（区）的模范带头作用，通过典型总结规律、推广经验进而推进县域内义务教育教师资源配置优化工作。因而，要建立国家、省、市、县（区）四级改革推进机制，通过宣传推广、会议调度、媒体公示、交流学习等形式，加大对在县域内义务教育教师资源配置优化工作中取得显著成效县（区）的鼓励与表彰。同时，国家、省、市要定期对改革示范县（区）进行督查，以便发挥持续激励改革的作用。

第六，权利保障机制。县域内义务教育教师资源配置优化的实现需要多个主体的共同参与，但参与的前提条件为在实现县域内义务教育教师资源优质均衡的配置过程中，能保障各参与主体的基本权益，使其在实现个体利益的同时实现整体利益，达成紧密合作、共同实现优化目标的目的。在县域内

---

❶ 夏征农. 辞海第六版 [M]. 上海：上海辞书出版社，2009：862.

义务教育教师资源配置优化过程中，要通过政策法规或制度规范政府应履行的职权，使其在法定权力范围内行使权责。要保证学校的基本权益，应赋予其部分人事自主权，进而有利于保障该校教师队伍的稳定、保证其教育教学质量，使学校在实现自身利益的同时实现优质均衡的整体目标。要保障社会性社会组织或经济组织的合法权益，赋予其管理与培训临聘教师的职权，维护其在县域内义务教育教师资源配置优化中的合法地位。要保障教师的合法权益，完善教职工代表大会制度，建立健全教职工申诉制度、教师维权机制等，在推行县（区）管校聘（用）的学校，有关教师岗位设置、教职工竞聘方案、绩效考核办法等定稿方案，要经过该校教职工代表大会的表决通过，以保证每位教师的知情权、参与权与监督权。

在县域内义务教育教师资源配置优化"GSST"模型的运行机制中，六大运行机制不仅各自发挥着其特有的作用，同时它们在某种程度上彼此两两关联，对县域内义务教育教师资源配置优化共同产生一定的影响。笔者根据六大运行机制发挥的不同作用与产生的不同影响，将其划分为管理层、实施层与推动层，具体来说，包括以下内容。

第一层为县域内义务教育教师资源配置优化"GSST"模型的管理层，包括管理协调机制与监督激励机制。管理协调机制与监督激励机制能够从政策规章或制度的层面，对县域内义务教育教师资源配置优化各主体进行有效管理、协调、监督与激励，使县域内义务教育教师资源配置优化各主体自觉履行职权、互相监督，并能使各主体在合理的激励条件下积极参与到义务教育教师资源配置优化过程中。管理协调机制与监督激励机制为县域内义务教育教师资源配置优化工作的顺利、有序开展提供保障。

第二层为县域内义务教育教师资源配置优化"GSST"模型的实施层，包括信息共享机制与参与合作机制。信息共享机制与参与合作机制为县域内义务教育教师资源配置优化各主体之间实现充分的信息共享、交流合作提供机制保障，使各主体用最少的信息资源消耗获取最佳利益。信息共享机制与参与合作机制能够使县域内义务教育教师资源配置优化的参与者在信息利用率最高的前提下实现共同目标的最大化。

第三层为县域内义务教育教师资源配置优化"GSST"模型的推动层，包括改革推进机制与权利保障机制。改革推进机制与权利保障机制体现了在县域内义务教育教师资源配置优化过程中要妥善处理改革与稳定、改革与创新、整体与局部之间的关系，在县域内义务教育教师资源配置优化过程中，不仅要树立典型、发挥改革示范县（区）的模范带头作用，同时还要妥善处理县域内义务教育教师资源配置优化工作中所涉及主体的利益分配与权利保障等问题。改革推进机制与权利保障机制为县域内义务教育教师资源配置优化各主体更好地发挥参与积极性与主动性，共同实现优质均衡的目标提供制度保障。

第四章　县域内义务教育教师资源配置优化的访谈研究与问卷设计

本章旨在通过自编的访谈提纲，以半结构访谈的方式，对中部地区部分县（区）义务教育教师资源配置的相关人员展开访谈，并从编码整理的访谈材料中提炼出与调查问卷编制高度相关的内容。在此基础上，笔者进一步结合县域内义务教育教师资源配置优化"GSST"模型与已有研究对问卷进行完善，对编制好的问卷进行预调查与信效度检验，并根据检验结果进行修订。

第一节　访谈研究目的与样本选择

（一）访谈研究目的

"访谈是非常基本的具有指向性的谈话，深度访谈会产生对一个具体问题或经验的深入探究。"❶ 与其他研究方法相比，访谈研究往往能获得更深层次信息，有助于研究者了解某一问题背后鲜为人知的原因、运行机理、影响因素等，有利于研究者解释问题背后的真相。

本部分将通过自编的访谈提纲，以半结构访谈的方式，对中部地区县域内部分义务教育学校校长（含副校长）、中层管理者、教师，以及政府部门工作人员进行访谈，以期从不同的群体了解县域内义务教育教师资源配置优化情况，为县域内义务教育教师资源配置优化问卷的编制提供依据。

---

❶ 卡麦兹. 构建扎根理论：质性研究实践指南 [M]. 边国英，译. 重庆：重庆大学出版社，2009：34.

(二) 样本选择

1. 中部三省的选取

本论文选择我国中部❶的山西省、安徽省和湖北省作为调查研究的区域，选择山西省、安徽省、湖北省的依据主要有以下两条。

第一，经济发展状况与教育投入情况。一个地区的经济发展状况会对该地区教育发展产生直接影响。在本研究中衡量经济发展状况的指标主要结合地区经济生产总值与人均生产总值，教育投入情况主要采用一般公共预算教育经费。根据2019年各省国民经济和社会发展统计公报，中部六省地区经济生产总值分别为：河南省54259.20亿元（人均GDP 56388元）、湖北省45828.31亿元（人均GDP 77387元）、湖南省39752.1亿元（人均GDP 57540元）、安徽省37114亿元（人均GDP 58496元）、江西省24757.5亿元（人均GDP 53164元）、山西省17026.68亿元（人均GDP 45724元）。根据2019年国家统计年鉴，中部六省一般公共预算教育经费分别为：河南省1441.41亿元、湖南省1119.83亿元、湖北省1037.10亿元、安徽省1012.52亿元、江西省939.42亿元、山西省618.09亿元。

研究结合经济发展指标与教育投入情况，在中部六省中选出排位靠前、居中与最后的省份，以此作为中部地区不同经济发展与教育投入的典型代表。从中部六省的综合地区生产总值与人均生产总值来看，湖北省的综合地区生产总值虽然低于河南省，但在人均生产总值的排名上位居中部六省第一位，但其一般公共预算教育经费却在中部六省中排第三位；安徽省的地区生产总值位居中部六省的第四位，但其人均生产总值仅次于湖北省，而其一般公共预算教育经费在中部六省中排位第四；山西省的地区生产总值、人均生产总值与一般公共预算教育经费等指标在六省中均位居最后。由此可知，湖北省、安徽省和山西省分别代表了中部地区经济发达、较为发达与欠发达的三个省份，而且这三个省份的教育投入情况虽与经济发展水平略有不同，但存在大致吻合的趋势。

第二，湖北、安徽、山西三省县域内义务教育基本情况具有典型性。

---

❶ 中部地区包括山西、安徽、江西、河南、湖北、湖南六省，国土面积102.8万平方公里，占全国陆地国土总面积的10.7%；2015年年底人口3.65亿人，占全国总人口的26.5%（来自国家发展和改革委员会《促进中部地区崛起"十三五"规划的通知》）。

三省县域内义务教育基本情况主要通过义务教育学校数、生师比及义务教育生均一般公共预算教育事业费、义务教育生均一般公共预算公用经费等指标来反映。根据国家统计局发布的2019年统计年鉴，截止到2018年底，湖北省、安徽省和山西省拥有的普通小学、初中数量，城区、镇区、乡村生师比如表4-1所示。2018年国家普小生师比平均值为16.97，初中生师比为12.79。

表4-1 中部三省义务教育学校情况

省级区划名称	普小学校数（所）	初中学校数（所）	生师比					
			城区		镇区		乡村	
			小学	初中	小学	初中	小学	初中
湖北	5396	2066	20.1	12.9	18.7	12.0	14.3	11.0
安徽	7908	2833	20.2	13.6	20.0	13.6	15.4	11.6
山西	5445	1787	17.7	11.7	12.9	10.6	8.5	7.9

资料来源：根据中国统计年鉴2019整理，http://www.stats.gov.cn/tjsj/ndsj/2019/indexch.htm.

在义务教育生均一般公共预算教育事业费方面，湖北省小学为11030.98元、初中为18635.99元，略高于国家平均水平（小学10199.12元，初中14641.15元），安徽省（小学9035.59元，初中13239.49元）和山西省（小学10151.83元，初中13523.76元）均低于国家平均值；在义务教育生均一般公共预算公用经费方面，湖北省（小学2992.90元，初中4233.65元）和安徽省（小学2963.34元，4244.80元）均高于国家平均水平（小学2732.07元，初中3792.53元），山西省（小学2221.08元，初中2895.00元）均在国家水平之下。由此可知，湖北省、安徽省和山西省的义务教育情况既有共同点也有差异之处，它们分别代表了中部经济发展水平不同地区的义务教育发展情况。

2. 调研县（区）的选取

以经济发展水平与教育投入为县域样本选择依据，笔者运用湖北省、安徽省和山西省2019年统计年鉴及教育部、国家统计局和财政部联合发布的《关于2018年全国教育经费执行情况统计公告》（以下简称《公告》）等官方统计数据，对调研的县（区）进行抽样。其中，地区经济发展水平主要以"地区生产总值"作为参照，教育投入情况以"一般公共预算教育经费"作为参照。

在选择三省调研县域时，根据经济发展水平和教育投入分别选择每省排名第一和最后的县（市、区）作为具体调研县域，以期覆盖该省内经济发达地区与经济欠发达地区、城镇与农村地区的义务教育学校。

根据湖北省2019年统计年鉴以及《公告》，整理出2018年湖北省各地区生产总值及各地区一般公共教育预算经费（2018年湖北省一般公共预算教育经费占一般公共预算支出的14.48%）：武汉市2018年地区生产总值和一般公共预算教育经费均位居前列，鄂州市地区生产总值虽然略高于恩施市，但一般公共预算教育经费在湖北省最低。为此，笔者在武汉市和鄂州市下辖的区分别抽取排位靠前与靠后的区作为调研对象，表4-2为湖北省调研县（区）的经济与教育投入情况。

表4-2　湖北省调研县（区）的经济与教育投入情况

地区	地区生产总值（亿元）	一般公共预算支出（亿元）	一般公共预算教育经费（亿元）
武汉市	14847.29	1929.54	279.40
硚口区	668.07	54.83	7.94
新洲区	804.12	92.74	13.43
鄂州市	1005.30	121.67	17.62
鄂城区	599.06	17.64	2.68
鄂州开发区	39.30	2.29	0.35

根据安徽省2019年统计年鉴以及《公告》，整理出2018年安徽省各地区生产总值及各地区一般公共教育预算经费（2018年安徽省一般公共预算教育经费占一般公共预算支出的16.91%）：合肥市地区生产总值和一般公共预算教育经费均位居前列，池州市地区生产总值虽然比黄山市略高，在一般公共预算教育经费的投入上却比黄山市少，因而，笔者从合肥市和池州市下辖的县（区）各抽取排位靠前与靠后的一个县（区）作为调研对象，安徽省调研县（区）的经济与教育投入情况如表4-3所示。

表 4-3 安徽省调研县（区）经济及教育投入情况

地区	地区生产总值（亿元）	一般公共预算支出（亿元）	一般公共预算教育经费（亿元）
合肥市	7822.91	965.344	157.54
包河区	935.72	46.70	7.90
巢湖市	381.37	43.46	7.35
池州市	684.93	143.61	24.28
贵池区	624.35	46.80	7.91
石台县	26.50	11.73	1.98

由于山西省 2019 年统计年鉴尚未发布，研究采用山西省 2018 年统计年鉴以及《关于 2017 年全国教育经费执行情况统计公告》，整理出山西省各地区生产总值及各地区一般公共教育预算经费（2017 年山西省一般公共预算教育经费占一般公共预算支出的 16.45%）：太原市地区生产总值和一般公共预算教育经费均位居前列，阳泉市的地区生产总值、一般公共预算教育经费支出位列最后，因此，笔者将在太原市和阳泉市下辖的县（区）分别抽取排位靠前与靠后的县（区）作为调研对象，表 4-4 为山西省调研县（区）的经济与教育投入情况。

表 4-4 山西省调研县（区）经济及教育投入情况

地区	地区生产总值（亿元）	一般公共预算支出（亿元）	一般公共预算教育经费（亿元）
太原市	3382.12	479.06	78.8
小店区	829.93	40.73	6.70
阳曲县	39.98	14.67	2.41
阳泉市	672.02	106.06	17.45
城区	194.3	6.43	1.06
平定县	100.05	20.73	3.41

3. 调研学校的选择

在选择调研学校方面，研究采取分层随机抽样的方式，在已经选取的 12 个县（区）中，分别随机选取示范学校、一般学校和薄弱学校三种类型的普通初中、小学各一所，6 个市 12 个县（区）共选取 72 所学校（小学 36

所，初中 36 所），具体调研对象分布，如表 4-5 所示。

表 4-5 具体调研对象情况表

省份	直辖市	区	学校		县（市、区）	学校	
			小学	初中		小学	初中
湖北省	武汉市	硚口区	A1, A2, A3	B1, B2, B3	新洲区	a1, a2, a3	b1, b2, b3
	鄂州市	鄂城区	C1, C2, C3	D1, D2, D3	鄂州开发区	c1, c2, c3	d1, d2, d3
安徽省	合肥市	包河区	E1, E2, E3	F1, F2, F3	巢湖市	e1, e2, e3	f1, f2, f3
	池州市	贵池区	G1, G2, G3	H1, H2, H3	石台县	g1, g2, g3	h1, h2, h3
山西省	太原市	小店区	I1, I2, I3	J1, J2, J3	阳曲县	i1, i2, i3	j1, j2, j3
	阳泉市	城区	K1, K2, K3	L1, L2, L3	平定县	k1, k2, k3	l1, l2, l3

4. 访谈对象的选择

笔者对访谈对象的选择是在调研的 12 个县（区）内，采取随机抽样的方式。根据研究所确定的 72 所调研学校，笔者使用《义务教育学校领导干部访谈提纲》（附录 5）、《义务教育教师访谈提纲》（附录 6）以面谈或电话访谈的形式，随机抽取 72 所义务教育学校中的 10 名校长（含副校长）、10 名学校中层领导干部、15 名教师进行访谈，共计 35 人。

使用《政府部门人员访谈提纲》（附录 4）对 12 个县（区）的教育行政机构人员、政府编办、人社局、财政局的有关人员，以现场访谈或电话访谈的形式进行访谈。其中，访谈政府机构人员 5 名，政府编办 3 名，人社局 2 名，财政局 2 名，教育行政人员 6 名，共计 18 人。

第二节 访谈研究过程

（一）访谈材料的编码

研究者对 53 名受访样本的基本信息、访谈笔记和音频等材料整理、转录为文本，采用 Nvivo12.0 对转录的文本材料进行编码。在编码过程中，主要运用了扎根理论，也就是从受访者的原始文本信息中提炼出贴近其表达的概念，再进行聚焦编码、轴心编码、理论编码等，是一个由下至上的提取、归纳过程。

第四章 县域内义务教育教师资源配置优化的访谈研究与问卷设计

在初始编码过程，根据扎根理论的"本土化"原则，将53位受访者的文本材料进行初始编码，使初始范畴的命名贴近或等同于原文材料，初始编码形成的概念相当于Nvivo12.0中所建立的自由节点。通过对材料反复的概括、归纳与提取，初步形成政府职能履行、学校自主权、政府在推动义务教育均衡发展中的作用、教育经费、教师培训经费、社会力量未得到有效发挥、学校所在区位、轮岗交流、年龄结构、数量配置、代课教师、教师素质水平、配置政策、配置标准、县管校聘、教师工作量、教师资源流失、学科结构、目标取向、教师专业发展等20个初始范畴（见表4-6）。

表4-6 编码示例

原始材料部分示例	概念	初始范畴
核编是区教育局的事情，城区教育局没有人事科，没人会核编，不懂这个事情。现在教育局招的人，尤其是教育行政管理的人都不懂教育的事情，人事上的人得懂业务	不会核编	政府职能履行
区教育局只算教师的总量，总编数不超。但实际上像我们阳逻的这几个大学校都严重超编，学生都集中在阳逻和邾城，导致这些地方的教师严重缺编	只核总编	
政府配置不应该一把尺子，应该考虑寄宿制初中，应该增加编制，5%是什么依据。住校生需要生活老师，他们是未成年人，我的生活老师都是自己请的，一个生活老师给1500元，这些钱是从哪里来，就是生均公用经费102万里出，我现在欠债88万，代课费、临时工、清洁工7个等费用，上面就没有给专门的钱，就不公平	配置标准"一刀切"	
学校没有自主权，县管校聘，学校可以聘，聘有自主权。招聘临时教师也不行，现在要求严，必须报备，超编学校不得招聘临时教师	学校自主权缺失	学校的自主权
现在没有，现在局里在商量县管校聘方案，这个方案下来学校会有聘用的权力，落实得好的话会学校发展有好处	县管校聘为学校赋权	
请代课教师是我的权利，临时的代课教师。正编老师一点儿没有权力，人家分给你啥你就用啥。让他带啥课是我的权力。资源配置无非就是人事，学校没有人事权，一点儿没有	学校无人事权	
在教师配备方面，除了1：19之外，应该有5%~10%的编制自主，大学校确实需要。现在我们学校生二胎的教师多，教师压力大、负担重，请假的也多，生重大疾病的也有，老师就短缺	呼吁编制自主权	

续表

原始材料部分示例	概念	初始范畴
上面应该多重视一下薄弱学校,特别是小学校,上面没有人来重视、调研。区教育局这个学期来了,六一儿童节区教育局来了,区政府的人很少能看到,重视不够,上级领导重视不够	薄弱学校未受到重视	政府在推动义务教育均衡发展中的作用
我们是义务教育均衡发展县,县教育局对义务教育均衡发展十分重视,我们大力推进校长教师交流轮岗、支教活动	县教育局重视义务教育均衡发展	
县里重视义务教育,但主要是照顾好学校,像我们这样条件一般的学校关注少。好的老师都去县城的好学校了	重优质校轻薄弱校	
学校不均衡表现在,一个是教师,另一个是学生,这两个人的要素,其他的硬件是钱可以解决的。但这两个因素是政策导向的。学生到了县城,乡镇中学全面萎缩,基本没有学生了	学校发展缺乏政策支持	
十几万元的经费在整个区是倒数第三,我这个是薄弱校,单薄的原因地方小、面积小,学生少,教学楼就是二层、三层,学生少经费就少,办事就难	学校小、经费少	教育经费
教师工资的5%,按工资的5%进行列支,用于教师培训、交流、成长	教师培训经费	教师培训经费
县城里的大学生就业服务中心存在感不强,并没有真正发挥其为求职者提供有用招聘信息或服务的职能	就业服务中心未真正发挥作用	社会力量未得到有效发挥
工会的能力也很有限,像那种教师权益受到损害的一般就是比较大的事情,仅靠工会肯定是没有办法解决的	教师工会维权职能被弱化	
县城中小学的办学条件要比农村强很多,这些年农村学校全面萎缩,生源大部分流向县城,一些优秀的老师也调走了	学校办学条件	学校所在区位的影响
现在家长对教育也比较重视,好多农村的家长带着孩子到县城上学,县城的条件比农村好很多,基础设施建设和生活条件便利很多	上学的便利性	

续表

原始材料部分示例	概念	初始范畴
教师交流轮岗2013年真正做过一次，我们的老师去二中8个，二中来了7个，他们服务了三年，然后是二中的回到二中去，三中的不回来，交而不回，留而不归	交流轮岗效果不佳	校长教师轮岗交流现状
按照上面的要求，初中阶段每一年都要求骨干教师到薄弱学校支教，他们的工作关系在我们学校，相当于扶贫	扶贫式交流	
硚口区教师交流做得还比较好，教师交流轮岗3年一个周期，保证教育资源的互换，优质均衡稳定性	交流轮岗效果较好	
教师流动无序，教师交流实际上是找关系走了，去了幼儿园、职高、教育局，我们的学校教师就短缺了，我只能请代课老师，十几个代课教师，最多带一轮（3年）。每人1500元，钱太少，人家把你这当跳板，好多代课老师就考试走了	交流轮岗异化	
现在教师的年龄结构不合理，好多年没有进新教师，像我们这一波人一退就没有人了，就这两年进了两个新教师，小余（1987年、1988年）和小霍（1991年），40岁的都不多，我们50多岁的多	年龄结构不合理	教师年龄结构
年龄结构50岁以上40%，30岁以下的不到10%，剩下的是中间的50%。老教师多，整个城区都是这种情况	教师队伍老龄化	
现在断层严重，校长断层，校长们都是50多岁以上，没有年轻的。管理层培养不起第二梯队，教师年龄断层严重	管理层年龄断层	
我们学校有42个教师，教师严重超编。学生300多人，好多学籍在这里挂的，人在外地	超编（在编不在岗）	教师数量配置
教师有90个，学生1080个。住校730个，三分之二学生住校的。有编制的90个，实际上是缺编，应该有102个	缺编	
国家规定不能长期聘用代课教师，代课教师看不到前景，代课教师工资低，800~1000元	代课教师生存困境	代课教师
我们学校根本没有生活老师，临时聘的有6个，在编的老师有3个。住校生需要生活老师，他们是未成年人，我的生活老师都是自己请的，一个生活老师给1500元	代课教师存在的原因	
学生增加了，临时招聘了50个左右代课教师		

续表

原始材料部分示例	概念	初始范畴
教师一生病，学科就短缺了。我们这里的老教师不是正规师范学校毕业的，不会教其他学科	教师质量不高	教师素质水平
我这个学校原来是和企业学校合并的，不接受企业学校的人也不行，企业学校的教师学历水平也都不太高，我这个学校的学生现在也都是一些留守儿童，父母都去外地打工了，没人管他们的学习，教得好、教得坏都没人管	教师学历有待提升	
目标，就是国家政策文件中指出的促进教育公平，统筹城乡教育资源均衡配置。我们这里都是严格按照国家中小学教职工编制标准配置教师的	促进教育公平	目标取向
国家出台的应届毕业生到农村支教等政策，应届毕业生没有实际经验，没有上讲台的经验，没有老教师带。如果有老教师带可能对农村学校更有利	政策缺乏支持条件	教师资源配置政策
国家前一段时间出台银铃讲学计划，肯定是政策上没有很大的吸引力。如果具备很强的吸引力，55岁退休以后的优秀教师，他们非常热爱教师事业，抛开家里的事情，只要有机会，够吸引力绝对会去	政策缺乏保障条件	
像我们这些大规模学校，我不太赞同交流轮岗。对于阳曲县来说，具有我们这个规模的学校只有我们学校、杨兴小学和新阳街二小三个学校，每个学校的年轻教师都短缺，二胎政策的放开以及教师交流导致教师队伍的稳定性欠缺，而且交流并没有真正起到促进、带动的作用	不支持轮岗交流政策	
教师交流轮岗制度，如果说对教学质量好的学校可能没什么冲击，对教学质量一般的学校，如果把骨干教师调去轮岗，那么对本校的教学质量和教学管理会带来较大的冲击	轮岗交流影响教学质量	
交流肯定是起一定作用的，但目前对我们学校来说是有困难的，我们要派教师出去的话，本身我们学校教师缺编人数严重，这个非常困难	学校达不到交流条件	
我们这是有户有房（有钱人、上班的）的到二中，无户无房的到三中，无户无房找关系都要进二中，我们是贫民学校，这是我们的招生政策。我们是阳曲县义务教育初中段的保底学校，你们不要的都到我这，我举这个例子，要说义务教育公立学校生源要公平、教师要公平	招生政策对薄弱学校不利	

第四章 县域内义务教育教师资源配置优化的访谈研究与问卷设计

续表

原始材料部分示例	概念	初始范畴
教师按什么配置，不能光看一个数字，1：19，要看学校学科开展情况、教师年龄结构情况，配什么学科的老师、配多大年龄的教师，所以要做一个教育规划，不是光看一个数字的事情	配置标准单一	教师资源配置标准
严格按照这个走，和实际不是完全吻合。比如，有的学校只有19个学生，那只能配1个教师。一个人包班，但国家又要求开足开齐课程、配足配齐老师，对人多的学校、规模大的学校可以按照这个配；但对于一些小规模学校，就得考虑实际情况，特别是单轨学校就不合适	配置标准要考虑小规模学校	
配置人数没有问题，但是要考虑到每个学校学科的需要，要考虑到学科	考虑学科需求	
按这样配比算，我们肯定愿意。关键是没有配，实际操作上实行不了	标准执行不到位	
县管校聘也存在弊端，我是老教师，你快退休了，聘你按正常工作量给你，你受不了；照顾你给你少点工作量，编制在那	县管校聘对教师的影响	县管校聘改革
像我们这样的小学校，一个老师可能跨年级带好几个班，对学生的发展不利。可能出现一个老师带一年级、二年级，也有可能带6年级，那不是原来农村的包班吗？1个老师跨年级带，对学生的发展不利	县管校聘对小规模学校的冲击	
县管校聘是省里面要求必须做的事情，对教师队伍建设来说也好，阳泉市也积极筹备教育工作会议，2020年全国要到位	县管校聘的意义	
县管校聘就是由学校人变成教育系统人，学校就不存在编制的问题，就是设置岗位的问题，需要几个岗位给你几个岗位，然后学校你聘人就行	县管校聘为学校赋权	

续表

原始材料部分示例	概念	初始范畴
我是一周10节课。年级不一样，课时量就不一样。比如，我是一年级，批改作业和备课时间可能时间短一些，一年级内容相对简单一些，管理学生的时间就多一些。高年级的批改作业、备课时间就长一些，内容相对难一些	教师负担	教师工作量
像这个数学王老师一人身兼数职，还兼的党务，现在党务事情多。别的学校带主课的兼职的不多，不像带副科	身兼数职	
我们都带主课，像柳校长50多岁了还带语文课，我们学校副校长自己分管的科目还是很繁重的。我（陶校长）带5年级数学，黄校长带6年级语文，还有一个黄书记带4年级数学，中层干部更不用说，都带主课。没老师，既要做好管行政工作，还要带好一门课。学校规模大了，事情就很多	中层以上领导带主课	
从2013年干校长在编制内的老师累计流失了20多个，编制在我在的，人不在，出去了，说明教师队伍不稳定，缺乏吸引力	教师流失	资源流失
信息老师也是缺的，去年有一个信息老师被二中调走了，二中初一开物理、初二开化学，人家进行课程改革，我们老师都缺的，教师配置很不均衡	教师跳槽	
教师学科结构不均衡，考察科目（音体美信息）和考试科目（语数英等中考科目），音乐、美术就没有专职老师，体育目前不缺。音乐目前是由有兴趣的一个老师教的，信息老师也是缺的	考察科目教师缺失	学科结构
思政课老师，没有专职的，都是改行过来的	教师所教与所学不匹配	
每年参加培训的次数也比较有限，像我们这种小地方更不用说搞教学研究了	教师培训与教学研究	教师专业发展

在轴向编码阶段，以同样的思路，将初始范畴进一步升级为主范畴，将主范畴概括为类属。通过轴向编码，本研究将20个初始范畴归纳为4个类属，分别是配置主体权责、优化目标达成情况、教师资源配置的实现条件、配置目标（见表4-7）。节点数表明了不同主范畴在访谈资料中所占的比例。如配置主体权责在访谈材料中所占的比例为20.4%，优化目标达成情况有关内容在访谈材料中占比为52.6%，教师资源配置的实现条件在访谈材料中所占比重为19.7%，配置目标在访谈材料中占比为3.3%。覆盖率表示析出的

访谈内容在原始材料中所占的比例,覆盖率越高说明出现的次数越多。如在原始材料中,有关教师资源配置政策与标准的内容出现次数较多,覆盖率分别为37.81%与46.51%。

表4-7 访谈资料主轴编码结果

类属	主范畴	初始范畴	节点数	覆盖率(%)
配置主体权责	政府权责	政府职能履行	5	14.53
		政府的作用	4	12.09
		教育经费	5	5.75
		教师培训经费	7	11.89
	学校权责	学校自主权	10	23.37
	社会权责	社会力量未得到有效发挥	2	2.63
优化目标达成情况	资源互换情况	轮岗交流	16	24.51
	教师年龄结构	年龄结构	14	16.98
	教师数量	数量配置	14	19.24
		代课教师	8	9.53
	教师质量	教师素质水平	7	9.36
	教师工作负担	教师工作量	8	15.15
	学科结构	学科结构	9	5.75
	资源流失	教师资源流失	10	12.8
教师资源配置的实现条件	配置依据	配置政策	13	37.81
		配置标准	10	46.51
	管理体制改革	县管校聘	7	21.18
配置目标	目标取向	促进教育公平	5	6.25

(二)编码的饱和度与信效度检验

在编码结束后,笔者对编码的饱和度与信效度进行了检验。笔者邀请另外一位具有同等专业水平的人对访谈材料进行编码,编码材料并没有出现新的初始编码与类属关系,说明现有编码已达到理论上饱和。

在编码的信度检验方面,两位编码员的平均编码一致性为83.66%;在效度检验方面18个初始编码的$CVR=1$,2个初始编码的$CVR=0.85$,表明本研究的编码具有良好的内容效度。

第三节 访谈研究结论

（一）访谈材料编码结果与教师资源配置优化模型相契合

如表4-7所示，访谈资料所得的主轴编码结果涉及县域内义务教育教师资源配置的目标、配置主体权责、教师资源配置的实现条件与优化目标达成情况。具体来说，这一研究结果与县域内义务教育教师资源配置优化"GSST"模型内部构成要素优化目标、主体权责、实现条件与改进策略在某种程度上相契合。这些访谈调查结果也成为本文问卷内容设计的依据之一。

（二）义务教育教师资源配置存在五个突出问题

通过访谈研究，笔者发现，12个调查县（区）的义务教育教师资源配置主要存在以下五个突出问题，这些问题将成为问卷设计重点关注的内容。

问题1：在县域内义务教育教师资源配置过程中，存在政府职能履行不到位的问题，具体表现为县（区）教育行政部门懒政惰政。首先，县（区）教育局并没有履行好清点编制的职能。县（区）教育局只核定该辖区内中小学教师编制总量，无法满足中小学教师岗位动态变化的需求；分科教师编制核定不均衡，导致中小学校专任教师短缺。其次，县级教育行政部门与县级政府在解决该县域内义务教育教师资源配置的问题时，存在不积极作为的现象。例如，T副校长在访谈材料中所反映的问题，区教育局给出的解决方案并没有如期发挥其应有的作用，并没有解决其所在学校教师资源短缺的根本问题。最后，县级教育行政部门对其所在辖区内的薄弱学校重视程度不够。在一些受访学校中，部分学校校长和教师指出县级教育行政部门对其所在的小规模学校或薄弱学校重视程度不够，主要表现为县级教育行政部门的领导或有关工作人员很少到一线了解学校的实际情况，他们对学校教师资源的配置情况了解甚少、对学校在教师资源配置方面存在的问题更是缺乏有针对性的解决对策；县城里的优质学校调走薄弱学校的专任教师，这种教师调任得到上级有关部门的默许，体现出教育行政部门轻薄弱学校重优质学校的倾向。

问题2：受访学校的校长反映，由于学校缺乏人事自主权与教师编制自主权，导致学校在教师资源配置优化方面较为被动。一些校长表示，学校没有权力开除或解聘表现不佳的在编教师，这就削弱了学校在教师资源配置优化方面的能力。还有一些校长表示，开展"县（区）管校聘（用）"改革之后，学校可以拥有聘任教师的权力，对连续考核不佳的教师可以将其转岗或给予解聘。同时部分校长表示，"县（区）管校聘（用）"改革会给他们带来很大的用人压力，改革要求优先聘用本校的教师，如若本校的教师没有得到聘任，那些落选的教师就会找校长的麻烦。然而"县（区）管校聘（用）"改革在部分县域才刚刚开始推行，其开展情况、给校长带来的考验及其给学校人事自主权带来的转变还有待进一步观察。

问题3：就业服务中心、第三方人力资源机构或教师工会并没有完全发挥其应有职能，社会力量在县域内义务教育教师资源配置优化中的作用有待进一步挖掘。如受访者表示学校教师工会维护教师权益的职能被弱化，而组织教职工娱乐与体检、发放节日礼品等成为其日常主要职能。在调研走访的县（区）内，就业服务中心或第三方人力资源服务机构并没有履行其在县域内义务教育教师资源配置优化中应有的职能，发挥其应有的作用。在与校长或教师的访谈中了解到，由于义务教育学校教师的阶段性短缺（妊娠、哺乳、重大疾病），使得临时代课教师成为重要的补充资源，且聘用临时代课教师的现象在县城、农村义务教育学校较为普遍。部分校长表示聘用临时代课教师是学校自主行为，学校直接发布招聘临时代课教师的招聘信息，面试合格的代课教师即可签订聘用合同。而在学校招聘临时代课教师后，有的学校会向教育局如实上报，而有些学校并不上报，学校的这种行为并不利于第三方人力资源服务机构职能的发挥，也不利于代课教师的管理。

问题4：县域内义务教育教师资源配置存在教师年龄结构有待优化、超编与缺编共存、教师素质有待提升的问题。笔者通过访谈发现，调研学校的教师普遍存在年龄结构偏大的问题，年龄在40—50岁的教师占据部分学校专任教师总数的40%左右，年轻教师补给不及时，会导致部分学校出现教师年龄结构断层的现象。在那些超编或缺编的学校，均存在现有教师资源难以满足正常教育教学需求的问题，它同时还反映县域内义务教育学校教师质量有待提升的现实困境。如在调研走访的过程中发现，教师数量超编最为严重的学校大多为校企合并校或农村合并校，前者一般是由原来的企业办学或厂矿办学与普通中小学合并，后者为几个农村中学或小学整合到县城，成立一所新的中学或小学。在资源整合过程中，所有有编制的专任教师、行政人员、后勤人员与工人都保留下来，就造成了学校在编教职工超员运行，由于学历、年龄、专业等各种原因，这些超编教师又不能完全满足学校的正常教育教学需求，这一结构性矛盾成为现行教师资源配置中的症结。

问题5：教师资源配置相关政策的完善性、配置标准的科学性都会对义务教育教师资源的优质均衡配置产生影响。如大部分受访的小规模学校校长与教师对现行教职工编制标准持消极态度，他们指出城乡统一后的教职工编制标准较为单一，并没有充分考虑小规模学校的实际教学需求，小学按照1∶19的比例配置教师，不仅会导致学校专任教师总量不足、教师学科性缺编，还容易加重教师的工作负担。在教师资源配置相关政策方面，有受访者表示，国家出台的"银铃讲学"计划旨在鼓励一些优秀的退休教师到边远贫困地区进行支教讲学，但该政策的配套支持措施并不完善，如该政策如何保证退休教师在服务期满后农村义务教育教学质量与水平的稳定，在退休教师服务期间应该为其提供哪些教学或科学研究的支持等，这些问题都会影响政策的实施效果。

（三）县域内义务教育教师资源配置优化的影响因素

如表4-8所示，笔者从访谈编码材料与访谈研究中发现的突出问题，分析出10项县域内义务教育教师资源配置优化的影响因素。

表4-8 县域内义务教育教师资源配置优化的影响因素（访谈研究）

维度	影响因素	来源
供给与需求	教师个人意愿	表4-6 教师资源配置政策
	义务教育教师的供给数量	表4-6 教师数量配置，问题4
	学校的实际需求	表4-6 教师数量配置
	退休教师数量	表4-6 教师年龄结构，问题4
保障条件	政府对义务教育均衡发展的重视程度	表4-6 政府的作用，问题1
	学校领导者的态度与能力	问题2
	教师进一步晋升与发展的机会	表4-6 教师专业发展
	社会组织的参与程度	表4-6 社会力量，问题3
经济状况	学校所在区域经济发展程度	表4-6 学校所在区位
	学校的教育经费	表4-6 教育经费

| 第四章 县域内义务教育教师资源配置优化的访谈研究与问卷设计

第四节 调查问卷设计

（一）调查问卷内容设计的依据

根据访谈材料所得出的维度与具体内容，结合构建的县域内义务教育教师资源配置"GSST"模型与现有研究对问卷内容进行编制。

第一，依据构建的县域内义务教育教师资源配置优化"GSST"模型，根据模型的内外部核心要素，对问卷的维度展开设计。如将优化目标、主体权责、实现条件、改进措施分别作为问卷的一个维度。

第二，依据访谈研究与结论对问卷内容进行细化。根据访谈材料编码结果进一步丰富问卷各维度的内容，将访谈研究中发现的五个突出问题作为问卷具体题项重点关注的内容，将访谈研究中析出的影响因素作为调查问卷的第五个维度。

第三，参考和借鉴已有关于义务教育均衡发展、义务教育资源配置、义务教育教师资源配置指标的调查问卷，从中选择与本研究高度相关的内容作为问卷设计的参考依据之一，具体借鉴情况见表4-9。

表4-9 已有研究中义务教育教师资源的调查内容与来源

维度	题项	来源
教师资源优化的措施	您所在地区实行校长教师交流制度来推进义务教育均衡发展	姚永强❶（2014）
	您所在地区通过加强教师的引进和培训来推进义务教育均衡发展	
	提高校长和教师的素质及能力可以更好推进义务教育均衡发展	
	您认为加强师资队伍建设可以提高整体办学水平	

---

❶ 姚永强. 我国义务教育均衡发展方式转变研究［D］. 武汉：华中师范大学博士学位论文，2014：206-209.

续表

维度	题项	来源
义务教育学校教师资源现状	贵校专任教师编制如何？	杨公安❶（2012）
	就全县来看，贵校的专任教师年龄结构如何？	
	就全县来看，贵校的专任教师专业结构如何？	
政府权责	政府部门对贵校的发展是否特别重视？	
教师资源交流、共享	您是否赞同县域优势学校与农村薄弱学校之间进行师资流动与教育资源共享？	
教师工作满意度	待遇满意度	董世华，范先佐❷（2011）
	工作量满意度	
	工作环境满意度	
教师专业发展	年度接受培训教师的比例	

（二）调查问卷内容设计

本论文调查问卷《县域内义务教育教师资源配置优化调查问卷》共分以下七个部分，共计39个题项（见附录2）。

第一部分是导语，对本问卷的调查目的与内容进行简要的陈述，为了消除被调查者的疑虑对问卷的用途与结果的处理进行了说明。

第二部分是基本情况的调查，具体包括校长教师任教学校所在的区位、学校的类别、教师的性别、年龄、职称、职务、教龄（工龄）及年均收入9个题项。

第三部分是对县域内义务教育教师资源配置优化目标达成情况的调查，主要从义务教育教师数量、结构、质量等方面展开，以此反映县域内义务教育教师资源配置均衡与否，共计8个题项。

第四部分是对配置主体权责履行情况的调查，主要是从小学、初中教职工对政府、教育行政部门、学校与社会权责履行的情况与感受进行调查，共计5个题项。

第五部分是对义务教育教师资源配置优化实现条件的调查，包括义务教

---

❶ 杨公安. 县域内义务教育资源配置低效率问题研究［D］. 重庆：西南大学博士论文，2012：151.

❷ 董世华，范先佐. 我国县域义务教育均衡发展监测指标体系的构建［J］. 教育发展研究，2011（9）：27.

育教师资源配置依据与标准，教师管理体制改革等内容，共计 4 个题项。

第六部分是对县域内义务教育教师资源配置优化改进措施的调查，从义务教育教师质量的提升、教师工资福利待遇、校长教师交流轮岗等方面展开调查，共计 3 个题项。

第七部分是对县域内义务教育教师资源配置优化影响因素的调查，根据访谈材料与现有研究，从 12 个县（区）义务教育教师对保障条件、经济状况、供给与需求等影响因素的认同程度进行调查，共计 10 个题项。

在选项的设计上，除个别问题之外，基本选用利克特五点选项。其中，1 代表"完全不同意（完全不一致）"，2 代表"不太同意（不太一致）"，3 代表"一般"，4 代表"比较同意（比较一致）"，5 代表"完全同意（完全一致）"。

（三）问卷的预调查与信效度检验

2019 年 5 月，笔者进行了问卷的预调查，将《县域内义务教育教师资源配置优化调查问卷》发放至山西省 D 市 X 县的小学与初中。问卷共发放 350 份，回收 350 份，问卷的回收率为 100%，有效问卷 314 份，有效回收率为 89.7%。表 4-10 为预调查样本的分布情况。

表 4-10 预调查样本的分布情况

项目	样本特征	频次	百分比（%）
样本学校的地区分布	县城	191	60.8
	乡镇	82	26.1
	农村	41	13.1
样本学校类别	小学	255	81.2
	初中	59	18.8
性别	男性	114	36.3
	女性	200	63.7
年龄	20—30 岁	65	20.7
	31—40 岁	88	28
	41—50 岁	123	39.2
	51—60 岁	37	11.8
	61 岁及以上	1	0.3

续表

项目	样本特征	频次	百分比（%）
受教育程度	大专及以下	155	49.4
	本科	155	49.4
	硕士	4	1.3
职称	无职称	33	10.5
	一级职称	162	51.6
	二级职称	86	27.4
	高级职称	33	10.5
职务	校长	24	7.6
	副校长	12	3.8
	中层领导干部	29	9.2
	普通教师	243	77.4
	其他	6	1.9
教龄	0—3年	29	9.2
	4—9年	62	19.7
	10—15年	26	8.3
	16—20年	51	16.2
	21年及以上	146	46.5
年均收入	小于1万	30	9.6
	1万—3万	60	19.1
	4万—6万	181	57.6
	7万—9万	41	13.1
	10万及以上	2	0.6
总计		314	100

第一，对预调查所收集的数据进行描述性统计分析。通过SPSS 22.0统计软件对预调查数据进行平均数、标准差、偏度与峰度的计算与分析。一般而言，平均数≥3，认为受访者对变量较为认同；标准差≤2则认为问卷的结果比较理想；偏度的绝对值≤1、峰度的绝对值≤7则符合正态数据分布要求。表4-11为预调查数据的描述性统计分析，从表4-11中可知，大多数题目的平均值大于3，即使平均值小于3的题目其平均值也在2.5—3。预调查数据的标准差均小于2，表明问卷的结果比较理想。预调查数据的峰度值满

足要求，而第15题、第18题偏度的绝对值均大于1，不符合数据正态分布的要求，故因此删除。

表4-11 预调查数据的描述性统计分析

题目序号	最小值(M)	最大值(X)	平均值(E)	标准偏差	偏度		峰度	
	统计	统计	统计	统计	统计	标准错误	统计	标准错误
10	1	5	3.52	1.142	-0.382	0.138	-0.659	0.274
11	1	5	2.58	1.178	0.514	0.138	-0.766	0.274
12	1	5	2.89	1.127	0.200	0.138	-0.458	0.274
13	1	5	3.25	1.288	-0.090	0.138	-1.176	0.274
14	1	5	3.66	1.273	-0.578	0.138	-0.771	0.274
15	1	5	4.17	1.123	-1.161	0.138	0.242	0.274
16	1	5	3.89	1.221	-0.884	0.138	-0.293	0.274
17	1	5	3.97	0.972	-0.503	0.138	-0.489	0.274
18	1	5	4.01	1.231	-1.089	0.138	0.087	0.274
19	1	5	3.59	1.063	-0.403	0.138	-0.505	0.274
20	1	5	3.60	1.104	-0.526	0.138	-0.372	0.274
21	1	5	3.05	0.982	-0.068	0.138	-0.211	0.274
22	1	5	3.81	1.062	-0.845	0.138	0.235	0.274
23	1	5	3.06	1.200	-0.023	0.138	-1.031	0.274
24	1	5	3.23	0.897	-0.288	0.138	0.319	0.274
25	1	5	2.40	0.917	0.119	0.138	-0.466	0.274
26	1	5	2.57	1.056	0.085	0.138	-0.744	0.274
27	1	5	3.30	1.024	-0.202	0.138	-0.139	0.274
28	1	5	3.43	1.059	-0.132	0.138	-0.520	0.274
29	1	5	2.63	0.896	0.484	0.138	0.489	0.274
31	1	5	3.15	0.923	0.501	0.138	-0.097	0.274
32	1	5	3.30	0.939	0.456	0.138	0.066	0.274
33	1	5	3.30	1.149	0.507	0.138	-0.660	0.274

续表

题目序号	最小值（M）统计	最大值（X）统计	平均值（E）统计	标准偏差 统计	偏度 统计	偏度 标准错误	峰度 统计	峰度 标准错误
34	1	5	3.25	1.120	0.555	0.138	-0.520	0.274
35	1	5	3.51	0.909	0.110	0.138	0.127	0.274
36	1	5	3.27	0.890	0.398	0.138	-0.011	0.274
37	1	5	3.29	0.881	0.378	0.138	0.018	0.274
38	1	5	3.40	0.978	0.291	0.138	-0.230	0.274
39	1	5	3.17	0.897	0.329	0.138	-0.559	0.274

第二，预调查数据的信度检测。信度指测量结果的可靠程度，通常用内部一致性来描述信度的高低。问卷的内部一致性信度越高，表明问卷的可靠性和稳定性就越好。目前，最为常用的是 Cronbach α（Alpha）系数方法测度，其公式为：

$$\alpha = \frac{k}{k-1}\left[1 - \frac{\sum_{i=1}^{k}\sigma_i^2}{\sum_{i=1}^{k}\sigma_i^2 + 2\sum_{i}^{k}\sum_{j}^{k}\sigma_{ij}}\right]$$

Cronbach α 的值 ≥ 0.70 时，是高信度；0.35 ≤ Cronbach α 的值 < 0.70 时，属于尚可接受；Cronbach α 的值 < 0.35 则为低信度。[1]

首先，检测预调查问卷的整体信度。通过检测（表4-12）本研究问卷的内部一致性系数为 0.754，大于 0.7，说明问卷各题项内在一致性良好。

表4-12 预调查数据的可靠性分析

Cronbach's Alpha	基于标准化项的 Cronbach's Alpha	项数
0.694	0.754	30

其次，检测预调查问卷的各部分信度。如表4-13所示，问卷的五个部分内容的 Cronbach α 值在 0.5—0.9，各维度信度系数基本达标，由此表明问卷通过了可靠性检验。

---

[1] 荣泰生. AMOS 与研究方法 [M]. 重庆：重庆大学出版社，2010：82.

表 4-13　预调查数据各维度信度检验

问卷维度	题项	Cronbach's Alpha 系数
优化目标达成情况	8	0.715
配置主体权责	5	0.545
实现条件	4	0.723
改进措施	3	0.606
配置优化的影响因素	10	0.923

第三，预调查问卷的效度检验。效度，即问卷的有效性，主要是指调查问卷能够准确测出测量对象的程度。调查问卷所得数据与测量对象的内容越一致，有效性越高；反之问卷的有效性就越低。本研究主要采用结构效度分析问卷的效度，即因子分析法。通过 KMO 和 Bartlett 检验，KMO 的值越接近 1 越适合做因子分析，表明变量间的相关性越强，样本的结构效度越好。

如表 4-14 所示，本研究的 sig=0<0.05，说明具有显著性；KMO 的值为 0.867，说明变量之间的相关度较高，样本的结构效度良好。Bartlett 球形度检验的 sig 的值为 0.000<0.05，表示变量之间存在相关关系，可以用因子分析法检验测量数据的效度。❶

表 4-14　KMO 和 Bartlett 检验

取样足够度的 Kaiser-Meyer-Olkin 度量		0.867
Bartlett 的球形度检验	近似卡方	3826.489
	df	496
	Sig.	0.000

研究利用因子分析的负荷量来判断收敛效度与区别效度，收敛效度主要是指每一题项在其所属的成分（因素）中，其因素负荷量必须接近 1；区别效度是指每一题项在其不所属的成分（因素）中，其因素负荷量必须接近 0。❷

表 4-15 是利用 SPSS 22.0 对问卷进行因素分析后，得到的"旋转成分矩阵"。该表显示了因素与变量的相关系数，称为因素负荷量（factor

---

❶ 吴骏.SPSS 统计分析从零开始学 [M].北京：清华大学出版社，2014：270.
❷ 荣泰生.AMOS 与研究方法 [M].重庆：重庆大学出版社，2010：86.

loading），在同一因素中，其对应的题项的因素负荷量均大于0.5，表明此变量的收敛效度较好；若每一题项在其所属的成分（因素）中因素负荷量大于0.5，则表明此变量的区别效度良好。如表4-18所示，"县域内义务教育教师资源配置优化"在"转轴后"共得到8个成分矩阵，解释变异量为75.56%。从表4-15中可知第16题不符合以上收敛效度与区别效度的说明，故因此删除，以增加问卷的收敛效度与区别效度。

表4-15 旋转后的成分矩阵[a]

	组件							
	1	2	3	4	5	6	7	8
35	0.795							
36	0.790							
37	0.752							
34	0.606							
33		0.685						
32		0.675						
30		0.615						
31		0.615						
38			0.544					
39			0.539					
18				0.720				
20				0.687				
21				0.682				
19				0.598				
22				0.696				
10					0.681			
17					0.661			
11					0.656			
13						0.718		
14						0.681		
12						0.635		
16						0.491		
15						0.788		

续表

	组件							
	1	2	3	4	5	6	7	8
23							0.541	
24							0.677	
25							0.576	
26							0.798	
29								0.597
28								0.598
27								0.549

提取方法：主成分分析。
旋转方法：Kaiser 标准化最大方差法。
a. 旋转在 8 次迭代后已收敛。

（四）问卷的修订

通过对预调查问卷的信效度检验，删除了不合适的题项，并对题项的措辞与顺序进行了调整，最终形成了正式问卷（附录3）。

第一，在问卷基本信息方面，受访者所在学校的区位增加了"远城区"与"中心城区"两个选项，这是由于在所调研的湖北省武汉市与鄂州市没有县城与农村一说，已全部改成中心城区和远城区。在职称中增加"三级职称"，将教龄改为"教龄（工龄）"。在受教育程度中增加"博士"这个选项。

第二，根据信效度检验结果，删除预调查问卷中的第15题、第16题和第18题，并对题项的措辞进行调整与修饰。

第五章　县域内义务教育教师资源配置优化的调查研究

本章运用上一章设计的调查问卷对山西省、安徽省、湖北省等中部三省12个县（区）的义务教育教师资源配置优化现状进行调查研究。通过对12个县（区）义务教育教师资源配置优化的现状进行描述性分析、差异性分析以及对影响因素进行回归分析，把握中部地区县域内义务教育教师资源配置优化的现状与影响因素，为后续问题分析及对策建议的研究奠定坚实基础。

第一节　调查实施与正式调查问卷的信效度检验

（一）问卷实施与样本的基本情况

正式调查问卷的发放范围与第四章样本选择所确定的省市、县域与学校相一致，包括湖北省 W 市、E 市，安徽省 H 市、C 市，山西省 T 市和 Y 市等6个市12个县（区）72所义务教育学校，共发放问卷1200份，回收有效问卷1146份，剔除无效问卷44份，有效回收率为96.2%（具体发放情况如表5-1所示）。调查问卷主要通过问卷星填写的形式发放，对调查回收的数据主要采用 SPSS 22.0 统计软件进行分析。

表 5-1　调查问卷发放情况一览表

省份	下辖市	发放数	回收数	有效数	有效回收率（%）
湖北省	W 市	200	200	198	99.0
	E 市	200	187	180	96.2
安徽省	H 市	200	188	177	94.1
	C 市	200	179	162	90.5
山西省	T 市	200	200	198	99.0
	Y 市	200	192	187	97.4
合计	6	1200	1146	1102	96.2

1. 样本地区分布

在调研的中部三省义务教育学校中,位于县城的小学与初中数量最多,占总数的31.1%,其次是乡镇的小学与初中,占26.2%,再次是中心城区的学校,占比为23.4%,接着是位于农村的学校,占调研总数的13.1%,最后是远城区的学校,占比为6.2%。学校分布基本符合调研预设范围,如表5-2所示。

表5-2 样本学校的地区分布

	样本学校地区	频率	百分比(%)	有效百分比(%)	累积百分比(%)
有效	县城	343	31.1	31.1	31.1
	乡镇	289	26.2	26.2	57.4
	农村	144	13.1	13.1	70.4
	中心城区	258	23.4	23.4	93.8
	远城区	68	6.2	6.2	100.0
	总计	1102	100.0	100.0	

2. 样本学校类别

在调研的72所义务教育学校中,小学占比为55.8%,初中占比为44.2%,基本符合义务教育学校数量分布实际情况与调研预设,如表5-3所示。

表5-3 样本学校类别

	样本学校	频率	百分比(%)	有效百分比(%)	累积百分比(%)
有效	小学	615	55.8	55.8	55.8
	初中	487	44.2	44.2	100.0
	总计	1102	100.0	100.0	

3. 有效样本人口特征的描述性分析

在参与调研的1102个有效样本中,如表5-4所示,共有男性337人(占总数的30.6%),女性765人(占总数的69.4%)。受教育程度为本科的小学与初中教师人数最多,共有759人,占被调研总数的68.9%,大专及以下的中小学教师占总数的27.3%,硕士和博士人数较少,合计占比3.9%。其中拥有一级职称的小学和初中教师人数最多,共计494人,占总数的44.8%,其次为二级教师,占比为26%,拥有高级职称的小学和初中教师合计145人,占总数的13.2%。在样本的职务分布中,普通教师共计903

人，占 81.3%，中层管理者 110 人，占比 10%，副校长 39 人、校长 30 人，合计占比为 6.3%，其他教职工人员 20 人，占 1.8%。

在 1102 名有效样本中，工作 21 年及以上的教师共计 491 人，占调研总数的 44.6%，由此可知，中部三省县域内义务教育教师年龄结构普遍偏大，其次为工作 4—9 年，占比 18.4%。工作年限在 10—15 年这个区间的义务教育教师共计 115 人，占比 10.4%，是人数最少的。在收入方面，年收入在 4 万—6 万这个区间的小学与初中教师人数最多，共计 544 人，占 49.4%，其次为 1 万—3 万，共有 215 名教师，占比为 19.5%，人数最少的为 10 万及以上，共有 72 人，占总人数的 6.5%。

表 5-4　有效样本人口特征的描述性分析

项目	类别				
性别	男性	女性			
频率	337	765			
百分比（%）	30.6	69.4			
年龄	20—30 岁	31—40 岁	41—50 岁	51—60 岁	61 岁及以上
频率	226	322	372	174	8
百分比（%）	20.5	29.2	33.8	15.8	0.7
受教育程度	大专及以下	本科	硕士	博士	
频率	301	759	37	5	
百分比（%）	27.3	68.9	3.4	0.5	
职称	无职称	三级教师	二级教师	一级教师	高级教师
频率	171	5	287	494	145
百分比（%）	15.5	0.5	26	44.8	13.2
职务分布	校长	副校长	中层管理者	普通教师	其他
频率	30	39	110	903	20
百分比（%）	2.7	3.5	10	81.3	1.8
工作年限	0—3 年	4—9 年	10—15 年	16—20 年	21 年及以上
频率	121	203	115	172	491
百分比（%）	11	18.4	10.4	15.6	44.6
收入分布	小于 1 万	1 万—3 万	4 万—6 万	7 万—9 万	10 万及以上
频率	110	215	544	161	72
百分比（%）	10	19.5	49.4	14.6	6.5

（二）正式调查问卷的信效度检验

1. 问卷的描述性统计分析

对正式调查所收集的数据进行描述性统计分析。通过 SPSS 22.0 统计软件对正式调查数据进行平均数、标准差、偏度与峰度的计算与分析。一般而言，平均数≥3，认为受访者对变量较为认同；标准差≤2 则认为问卷的结果比较理想；偏度的绝对值≤1、峰度的绝对值≤7 则符合正态数据分布要求。如表 5-5 所示，大多数题目的平均值大于 3；调查数据的标准差均小于 2，表明问卷的结果比较理想；调查数据的偏度与峰度值均满足要求，表明问卷的结果较为理想。

表 5-5 问卷的描述性统计分析

题项	数字	最小值 (M)	最大值 (X)	平均值 (E)	标准偏差	偏度		峰度	
	统计	统计	统计	统计	统计	统计	标准错误	统计	标准错误
10	1102	1	5	3.37	1.228	-0.346	0.074	-0.806	0.147
11	1102	1	5	2.84	1.234	0.237	0.074	-1.069	0.147
12	1102	1	5	2.85	1.106	0.191	0.074	-0.507	0.147
13	1102	1	5	3.49	1.216	-0.313	0.074	-0.967	0.147
14	1102	1	5	3.62	1.228	-0.455	0.074	-0.828	0.147
15	1102	1	5	3.94	0.997	-0.597	0.074	-0.294	0.147
16	1102	1	5	3.43	1.115	-0.396	0.074	-0.583	0.147
17	1102	1	5	3.49	1.075	-0.437	0.074	-0.360	0.147
18	1102	1	5	3.74	1.024	-0.843	0.074	0.441	0.147
19	1102	1	5	2.47	0.975	0.221	0.074	-0.356	0.147
20	1102	1	5	3.04	1.180	-0.024	0.074	-0.976	0.147
21	1102	1	5	3.08	0.976	-0.045	0.074	-0.141	0.147
22	1102	1	5	2.86	0.956	0.418	0.074	0.123	0.147
23	1102	1	5	2.66	1.031	-0.119	0.074	-0.789	0.147
24	1102	1	5	3.19	1.002	-0.151	0.074	-0.167	0.147
25	1102	1	5	3.26	1.071	-0.100	0.074	-0.487	0.147

续表

题项	数字	最小值(M)	最大值(X)	平均值(E)	标准偏差	偏度		峰度	
	统计	统计	统计	统计	统计	统计	标准错误	统计	标准错误
26	1102	1	5	2.21	0.948	0.410	0.074	-0.310	0.147
27	1102	1	5	3.40	0.934	0.316	0.074	-0.196	0.147
28	1102	1	5	3.32	1.108	0.441	0.074	-0.616	0.147
29	1102	1	5	3.28	1.075	0.515	0.074	-0.437	0.147
30	1102	1	5	3.51	0.904	0.112	0.074	0.067	0.147
31	1102	1	5	3.32	0.927	0.261	0.074	-0.321	0.147
32	1102	1	5	3.30	0.900	0.322	0.074	-0.194	0.147
33	1102	1	5	3.38	0.974	0.235	0.074	-0.389	0.147
34	1102	1	5	3.29	0.947	0.378	0.074	-0.216	0.147
35	1102	1	5	3.28	0.945	0.305	0.074	-0.380	0.147
36	1102	1	5	3.26	0.885	0.278	0.074	-0.383	0.147

2. 问卷的信度分析

正式调查问卷的信度检验采用与预调查问卷信度检验相同的方法，即采用 Cronbach α（Alpha）系数方法测度，Cronbach α 的值≥0.70 时，是高信度；0.35≤Cronbach α 的值<0.70 时，属于尚可接受；Cronbach α 的值<0.35 则为低信度。[1]

首先，对问卷的整体信度进行检测，如表 5-6 所示，Cronbach α 的值为 0.793，大于 0.7，表明问卷整体信度较好。

表 5-6 正式调查数据的可靠性分析

Cronbach's Alpha	基于标准化项的 Cronbach's Alpha	项数
0.768	0.793	27

其次，检测调查问卷的各部分信度。如表 5-7 所示，问卷的五部分内容的 Cronbach α 值在 0.5—0.9，各维度信度系数基本达标，由此表明问卷通过了可靠性检验。

---

[1] 荣泰生. AMOS 与研究方法 [M]. 重庆：重庆大学出版社，2010：82.

表 5-7　正式调查数据各维度信度检验

问卷维度	题项	Cronbach's Alpha 系数
优化目标达成	6	0.765
配置主体职权	4	0.769
实现条件	4	0.723
优化措施	3	0.606
配置优化的影响因素	10	0.923

3. 问卷的效度分析

对正式调查问卷的结构效度进行检验，主要采用探索性因子分析方法。在 SPSS 22.0 中进行因子分析，在因子分析之前对问卷进行 KMO 和 Bartlett 检验，所得结果为 0.906，表明问卷变量之间的相关度比较强，sig 的值为 0.000<0.05，表示变量之间存在相关关系，适合做因子分析（见表 5-8）。

表 5-8　KMO 和巴特利特检验

KMO 取样适切性量数		0.906
Bartlett 的球形度检验	上次读取的卡方	11077.013
	自由度	435
	显著性	0.000

表 5-9 是利用 SPSS 对问卷进行因子分析后，得到的"旋转成分矩阵"，8 个成分总的解释变异为 82.19%。如表 5-9 所示，每个组件的收敛效度与区别效度较好，均大于 0.5，每个组件中各因素的负荷量均大于 0.5。

表 5-9　旋转后的成分矩阵

	组件							
	1	2	3	4	5	6	7	8
29	0.729							
28	0.705							
27	0.641							
30	0.612							
31		0.808						

续表

	组件							
	1	2	3	4	5	6	7	8
32		0.781						
33		0.784						
34		0.733						
35			0.768					
36			0.781					
20				0.687				
21				0.682				
22				0.857				
23				0.522				
10					0.733			
15					0.579			
11					0.625			
13						0.718		
14						0.713		
12						0.635		
16							0.513	
17							0.651	
18							0.549	
19							0.616	
24								0.680
26								0.598
25								0.692

提取方法：主成分分析。

旋转方法：Kaiser 标准化最大方差法。

a. 旋转在 11 次迭代后已收敛。

第二节　12个县（区）义务教育教师资源配置优化现状分析

本部分将从义务教育教师资源配置优化目标达成情况、配置主体权责、实现条件及改进措施四个方面，对12个县（区）义务教育教师资源配置优化现状进行分析。

（一）义务教育教师资源配置优化目标达成情况

下面将从义务教育学校教师资源配置总量、教师资源流失情况、教师年龄结构、教师工作量四个方面，对调研的12县（区）的义务教育教师资源配置优化目标达成情况进行分析，如表5-10所示。

表5-10　12个县（区）义务教育教师资源配置优化目标达成情况

学校所在区位	学校类别		您所在学校专任教师不足	贵校在编在岗教师能满足实际教学需求	您所在学校教师流失情况严重	贵校专任教师年龄趋于老龄化	您所在学校有青年教师（35岁以下）	您在学校的工作负担繁重
县城	小学	平均值	3.52	2.61	2.58	3.06	3.87	3.89
		标准偏差	1.200	1.185	1.017	1.168	1.083	0.997
	初中	平均值	2.84	3.18	2.77	3.46	3.43	3.93
		标准偏差	1.186	1.245	1.101	1.233	1.258	0.981
乡镇	小学	平均值	3.75	2.56	3.35	4.01	3.17	4.05
		标准偏差	1.094	1.177	1.211	1.172	1.424	0.995
	初中	平均值	3.11	3.27	2.98	3.97	3.29	3.95
		标准偏差	1.184	1.250	1.039	1.112	1.210	0.974
农村	小学	平均值	3.66	2.36	3.42	3.32	3.44	4.16
		标准偏差	1.154	1.120	1.230	1.377	1.358	0.997
	初中	平均值	3.38	2.82	3.14	3.77	3.61	4.05
		标准偏差	1.271	1.253	1.053	1.102	1.080	0.896

续表

学校所在区位	学校类别		您所在学校专任教师不足	贵校在编在岗教师能满足实际教学需求	您所在学校教师流失情况严重	贵校专任教师年龄趋于老龄化	您所在学校有青年教师（35岁以下）	您在学校的工作负担繁重
中心城区	小学	平均值	3.52	2.78	2.88	2.87	4.10	3.78
		标准偏差	1.229	1.203	1.009	1.159	1.093	1.049
	初中	平均值	3.15	3.02	2.39	3.75	3.75	3.95
		标准偏差	1.236	1.267	0.968	0.926	1.188	1.018
远城区	小学	平均值	3.23	2.74	2.39	3.06	3.74	3.97
		标准偏差	1.334	1.210	0.989	1.209	1.413	1.169
	初中	平均值	2.86	3.27	3.03	4.05	3.05	3.89
		标准偏差	1.294	0.990	1.236	1.079	1.129	0.936
总计	小学	平均值	3.56	2.62	2.86	3.23	3.74	3.93
		标准偏差	1.191	1.185	1.127	1.251	1.242	1.020
	初中	平均值	3.12	3.10	2.83	3.81	3.47	3.97
		标准偏差	1.230	1.244	1.081	1.087	1.196	0.967

1. 义务教育学校教师资源配置总量

如表5-10所示，在"学校专任教师不足"这一问题上，不论学校所处区位如何，小学和大部分初中的平均值均在3以上，这一结果表明参与调研的72所学校的专任教师不足。小学总的平均值为3.56，初中总平均值为3.12，这说明小学教师短缺情况比初中更为严峻。在学校所处的区位中，县城和远城区的初中平均值在3以下。

在"贵校在编在岗教师能满足实际教学需求"这一问题上，小学总的平均值在3以下，初中为3.1，农村的小学与初中平均值均在3以下，这一结果说明大部分被调研的对象认为，小学在编在岗教师不能满足实际教学需求，农村小学与初中在编在岗教师不能满足实际教学需求。

笔者调研走访所获得的官方统计数据也反映出12个县（区）义务教育专任教师不足、在编在岗教师不能完全满足实际教学需求等问题。表5-11为2019年湖北省E市E区和G区小学和初中教职工配置情况表，从表5-11中可以看出，E区和G区在学校数和教职工总数方面差异较大，两个区都有代课教师，且小学代课教师数量总是高于初中，如E区14所初中并没有招聘代课教师，而E区128所小学共聘用了101名代课教师；G区临时聘用了共12个代课教师，其中小学8名，初中4名。具体而言，E区代课教师占教职工总数的比例为3.2%，比G区高出0.8个百分点；E区小学专任教师占教职工总数的95.96%、G区为94.26%，E区初中专任教师占教职工总数的94.25%，略低于G区96.28%的占比。

表5-11 湖北省E区、G区义务教育学校教职工情况统计表

学校区域		学校数	教职工总数			行政人员	教辅人员	工勤人员	代课教师	兼任教师
			合计	其中						
				专任教师	女					
E区	合计	142	3132	2991	1741	64	40	37	101	6
	小学	128	2280	2188	1371	58	4	30	101	6
	初中	14	852	803	370	6	36	7	0	0
G区	合计	15	505	482	228	11	11	1	12	0
	小学	13	209	197	85	1	11	0	8	0
	初中	2	296	285	143	10	0	1	4	0

资料来源：根据实地调研整理所得。

表5-12为2019年安徽省B市和C县小学和中学教职工情况统计表（由于该省并没有单独统计初中教职工情况数，因而只能暂时采用中学教职工数据），从中可以看出B市和C县在学校数与教职工总数方面存在差异，两个县市均有代课教师，且小学代课教师多于中学，B市小学、中学代课教师均多于C县，C县有兼任教师。从专任教师占有率来看，B市小学专任教师占教职工总数的98.8%，中学专任教师占91.7%；C县小学专任教师占教职工总数的98.7%，中学专任教师占96.8%。

表 5-12 安徽省 B 市和 C 县中小学教职工情况统计表

学校区域		学校数	教职工数					代课教师	兼任教师
			合计	专任教师	行政人员	教辅人员	工勤人员		
B 市	合计	46	3865	3677	60	66	62	44	0
	小学	26	1872	1849	9	4	10	36	0
	中学	20	1993	1828	51	62	52	8	0
C 县	合计	21	1266	1239	3	6	18	18	6
	小学	10	703	694	2	1	6	13	5
	中学	11	563	545	1	5	12	5	1

资料来源：根据实地调研整理所得。

表 5-13 为 2019 年山西省 Y 市 X 区、D 县小学和初中学校数与教职工数情况。在专任教师占有率上，X 区初中专任教师数占教职工总数的 79%，小学专任教师占教职工总数的 81%；D 县初中专任教师占有率为 88.7%，小学为 94.2%，由此可知，D 县的专任教师占有率整体高于 X 区。在生师比方面，X 区初中生师比为 11.8∶1，小学为 15.8∶1；D 县初中生师比为 8.3∶1，小学为 8.1∶1。

表 5-13 山西省 X 区和 D 县中小学教职工情况统计表

学校区域	初中				小学			
	学校数（所）	在校学生数（人）	教职工数（人）	其中：专任教师数（人）	学校数（所）	在校学生数（人）	教职工数（人）	其中：专任教师数（人）
合计	44	39840	3577	2895	129	73087	5291	4468
X 区	35	34021	2872	2270	80	61720	3896	3154
D 县	9	5819	705	625	49	11367	1395	1314

资料来源：根据实地调研整理所得。

2. 义务教育学校教师资源流失情况

如表 5-10 所示，在"学校教师流失情况严重"这个问题上，小学与初中的平均值为 2.86、2.83，这一结果说明大部分被调研对象并不认为其所在学校教师流失情况严重。但从学校所在区位来看，乡镇小学的平均值为 3.35，农村小学与初中的平均值为 3.42、3.14，远城区初中的平均值为 3.03，这一统计数据说明在乡镇的小学、农村的小学、初中与远城区的初中教师流失情况比较严重，特别是农村小学。

笔者在调研过程中了解到，部分流失或跳槽的在编教师，一般是从县城中的薄弱学校流失到优质校，或者由乡镇的中小学跳槽到县城，这种教师流动体现出城镇化对义务教育教师资源的影响以及优质教师资源向优质学校集聚的趋势。如山西省Y县DHS中学和GC中学都没有学生了，这些乡镇学校的学生大多流向县城中的优质学校或私立学校，大多数老师都被调回县城；Y县YQS初中从2013年至今，在编制内的教师累计流失了20多个；湖北省W市远城区SY学校的8个免费师范生，调出了2个，有2个辞职去W市考教师编制。

3. 义务教育学校教师资源年龄结构

在"学校专任教师年龄趋于老龄化"问题上，小学总的平均值为3.23，初中为3.81，说明被调查的大部分教师认为，其所在学校专任教师年龄趋于老龄化，且初中老龄化现象比小学更为严重。从学校所处区位可知，位于乡镇的小学平均值为4.01，初中平均值为3.97；位于中心城区的小学平均值在3以下，而初中为3.75；位于远城区的初中平均值为4.05，这一统计结果表明这些区域的义务教育专任教师年龄结构普遍偏大。

从学校有青年教师情况来看，小学总的平均值为3.74，初中为3.47，说明大部分被调查者对这一问题表示认同。从学校所在区位来看，位于中心城区的小学平均值为4.10，远高于其他统计结果。结合笔者的实地调研，县域内义务教育学校虽然有青年教师，但青年教师数量远远不足，教师年龄结构普遍偏大。

如表5-14所示，年龄在40—50岁的教师占据部分学校专任教师总数的40%左右。山西省县城三所学校（2所小学，1所初中）专任教师年龄结构普遍偏大，41—50岁年龄的教师分别占三所学校专任教师总数的40.28%、38.89%、40.78%。安徽省Y市YQS初中41—50岁的专任教师占其专任教师总量的58.75%，WF小学于2015年9月投入使用，因而其教师队伍整体来说较为年轻，学校教师年龄在31—40岁的占教师总量的80.87%，但30岁以下教师偏少。湖北省远城区两所学校教师年龄结构老龄化现象最为严重，其中SY学校41岁以上教师占专任教师总量的79.40%，YL小学41—50岁的教师也占教师总量的52.76%。

表 5-14 部分中小学专任教师年龄结构情况表

省份	学校	专任教师数	其中：女教师数	教师年龄结构			
				30 岁以下	31—40 岁	41—50 岁	51 岁以上
山西省	NZL 学校	72	56	2	22	29	19
	XQ 小学	36	29	1	9	14	12
	CDL 小学	103	88	20	35	42	6
安徽省	YQS 初中	80	56	1	16	47	16
	WF 小学	115	109	15	93	7	0
湖北省	SY 学校	165	58	7	32	63	68
	YL 小学	127	107	1	12	67	47

资料来源：根据实地调研整理所得。

4. 义务教育学校教师工作量

如表5-10所示，从"教师工作负担繁重"的统计结果来看，小学总的平均值为3.93，初中为3.97，表明多数教师认为在其学校的工作负担繁重。从学校所处区位来看，乡镇小学的平均值为4.05，农村小学的平均值为4.16，初中为4.05，这一结果说明，与其他地区相比，乡镇小学、农村小学与初中教师的工作负担更为繁重。

在小学阶段，校长和副校长认为，工作负担较重出现在乡镇与远城区的学校，中层管理者、普通教师、其他教职工普遍认为乡镇和农村学校的工作负担更重。在初中阶段，校长、中层管理者、普通教师普遍认为农村教师工作负担较重，副校长和其他教职工认为乡镇与远城区的教师工作负担较重。

此外，在调研过程中了解到，教师工作量的大小（如周课时量、备课时间与批改作业时间等）与以下四个因素有关。其一，与其所带年级有关。低年级的教师在批改作业与备课等方面的时间可能短一些，因为低年级的教学内容较为简单，但是管理学生的时间就多一些；而高年级批改作业与备课的时间就相对长一些，在管理学生方面的时间就少一些。其二，与学校在编在岗教师的数量密切相关。县域内义务教育学校教师缺编会加重其所在学校教师的工作负担。其三，与教师年龄结构有关。若学校专任教师年龄结构偏大，不能满负荷工作，因而部分年轻专任教师还得兼任学校其他职务。如在调研的山西省Y市XQ小学，该校四年级数学王老师兼任学校党务工作，安徽省WF小学年轻的体育张老师兼任该校学生的写字课。其四，与学校所在区位有关。前面的问卷调查已对这一问题有说明，此处不再赘述。

（二）义务教育教师资源配置优化主体的权责

如表5-15所示，不同调查对象在"教育行政部门拥有一定的人权、事权、财权将有利于教师资源的管理与建设""区域内教师资源配置优化需要县级以上教育行政部门主导""学校在教师资源配置方面应该拥有部分自主权""社会力量的参与有利于县域内义务教育教师资源配置优化"这四个问题上，总的均值分别为3.43、3.49、3.74、3.10，表明大部分被调查者对这四个问题比较认同。

表5-15 教师资源配置主体权责履行情况的统计结果

职务	统计项目	教育行政部门拥有一定的人权、事权、财权将有利于教师资源的管理与建设	区域内教师资源配置优化需要县级以上教育行政部门主导	学校在教师资源配置方面应该拥有部分自主权	社会力量的参与有利于县域内义务教育教师资源配置优化
校长	平均值	3.73	3.80	4.13	3.50
	标准偏差	1.285	1.297	1.279	0.630
副校长	平均值	3.72	3.77	3.95	3.21
	标准偏差	1.099	1.224	1.075	1.105
中层管理者	平均值	3.67	3.60	3.99	2.89
	标准偏差	1.242	1.213	0.981	1.112
普通教师	平均值	3.38	3.45	3.68	3.11
	标准偏差	1.081	1.030	1.010	0.991
其他	平均值	3.50	3.60	4.30	3.30
	标准偏差	1.395	1.465	0.923	1.031
总计	平均值	3.43	3.49	3.74	3.10
	标准偏差	1.115	1.075	1.024	1.003

具体来说，学校的管理者与教师认为，教育行政部门应该拥有一定的人权、事权与财权，并主导县域内义务教育教师资源配置会有利于教师资源配置优化；学校拥有部分人事自主权更有利于县域内义务教育教师资源的优质均衡配置；社会力量也应该参与到县域内义务教育教师资源配置优化中，这样才能更好地达到县域内义务教育教师资源优质均衡的目标。

此外，在社会力量参与县域内义务教育教师资源配置优化这一问题的统计结果中，学校中层管理者的平均值为2.89，低于总平均值，表明多数学校中层管理者并不认同社会力量的参与能够促进县域内义务教育教师资源的配置优化。

同时，在调研走访过程中，政府作为县域内义务教育教师资源配置的重要主体，它通过行政规划和政策引导、财政工具等方式实现义务教育教师的资源配置。如财政工具主要括政府支出、税收、补贴、政府贷款等。一部分政府支出用来提供义务教育服务，其中包括拨付教育经费、支付教师工资等。表5-16为中部三省六县（市）教育经费执行情况，从表5-16中可知，除安徽省C市（减少0.15%）、G区（减少2.67%）、湖北省X区（减少1.39%）外，其余县（市）一般公共预算教育经费本年比上年均有所增长，增长最低的为山西省P县，仅有0.03%。

表5-16 中部三省六县（市）教育经费执行情况

省份	地区	一般公共预算教育经费（亿元）	一般公共预算教育经费占一般公共预算支出比例（%）	一般公共预算教育经费本年比上年增长（%）
山西省	T市	71.82	14.99	3.47
	X区	8.40	20.63	27.89
	Y县	2.04	13.89	0.56
	Y市	21.48	20.25	4.28
	C区	2.51	39.06	24.81
	P县	4.84	23.37	0.03
安徽省	H市	141.80	14.69	19.47
	B区	10.05	21.00	3.76
	C市	9.12	21.41	8.61
	C市	20.00	13.92	-0.15
	G区	6.20	17.49	-2.67
	S县	1.49	15.80	6.52

续表

省份	地区	一般公共预算教育经费（亿元）	一般公共预算教育经费占一般公共预算支出比例（%）	一般公共预算教育经费本年比上年增长（%）
湖北省	W市	263.91	15.36	15.80
	Q区	19.15	34.93	18.00
	X区	16.86	20.95	-1.39
	E市	15.70	13.71	5.58
	K区	2.20	16.78	24.03
	C区	4.62	56.64	6.52

（三）义务教育教师资源配置优化的实现条件

国家有关义务教育教师资源配置政策、教职工编制标准、教师管理体制是县域内义务教育教师资源配置实现的重要条件，问卷调查从义务教育教师对现行配置标准的认同程度、所在学校师生比是否符合国家教职工编制标准、对义务教育教师资源配置政策的了解以及管理体制改革的开展情况四个方面展开分析（见表5-17）。

表5-17 12个县（区）义务教育教师资源配置依据情况

职务	统计项目	您认可现行中小学教职工编制标准	您所在学校师生比符合国家中小学教职工编制标准（初中1:13.5，小学为1:19）	您了解国家有关中小学教职工编制、特岗计划等有关政策	您所在县（区）推行县管校聘改革
校长	平均值	2.47	2.77	4.03	4.03
	标准偏差	0.681	1.331	1.098	1.098
副校长	平均值	2.31	2.90	3.85	3.85
	标准偏差	0.977	1.294	0.933	0.933
中层管理者	平均值	2.31	2.91	3.43	3.43
	标准偏差	1.064	1.260	1.036	1.036
普通教师	平均值	2.49	3.07	3.10	3.10
	标准偏差	0.968	1.158	0.967	0.967

续表

职务	统计项目	您认可现行中小学教职工编制标准	您所在学校师生比符合国家中小学教职工编制标准（初中1:13.5，小学为1:19）	您了解国家有关中小学教职工编制、特岗计划等有关政策	您所在县（区）推行县管校聘改革
其他	平均值	2.35	3.20	3.50	3.50
	标准偏差	1.089	1.240	1.100	1.100
总计	平均值	2.47	3.04	3.19	3.19
	标准偏差	0.975	1.180	1.002	1.002

如表5-17所示，对现行中小学教职工编制标准的认可情况得分较低，总平均值为2.47。这一结果表明，多数的调查对象并不认可现行中小学教职工编制标准。

在"您了解国家有关中小学教职工编制、特岗计划等有关政策"问题上，总的平均值均大于3，为3.19，表明不同被调查对象认为他们比较了解国家有关教师资源配置政策。

在"学校师生比符合国家中小学教职工编制标准"这一问题上，总的平均值为3.04，而学校校长、副校长、中层管理者的平均值均在3以下，这一结果表明大部分小学与初中的学校管理者认为，其所在学校师生比不符合国家编制标准，而普通教师与其他教职工则持相反态度。结合笔者的实地调研走访，发现被调研县（区）的义务教育学校师生比普遍存在不符合国家中小学教职工编制标准的问题，超编与缺编问题共存（见表5-18）。如在下列15所义务教育学校中，缺编学校有6所，超编学校有9所。

表5-18 部分中小学校教师编制情况表

学校	在校学生数	专任教师数	教师编制情况		
			在编教师数	缺编数	超编数
XE初中	3700	262	264	10	—
SA初中	247	24	24	—	6
XX初中	144	40	40	—	15
SX初中	181	27	27	—	7

续表

学校	在校学生数	专任教师数	教师编制情况		
			在编教师数	缺编数	超编数
SK 初中	3493	191	191	50	—
ZT 初中	1038	98	100	—	20
XY 初中	3005	199	202	20	—
HQ 初中	276	45	45	—	20
CP 初中	179	29	29	—	10
NZL 学校	356	72	72	—	20
DS 小学	1341	67	69	2	—
XX 小学	666	47	47	—	12
MX 小学	101	17	17	—	12
LX 小学	2393	111	112	13	—
ST 小学	637	21	25	9	—

在"县（区）推行县管校聘改革"问题上，总的平均值为 3.19，表明不同调查对象对这一问题比较认同，多数学校管理者与教师所在县（区）在推行县管校聘改革。

然而，在调研走访过程中，笔者了解到调查的三省中目前只有山西省在全省范围内逐步推广与实行"县管校聘"制度改革，安徽省和湖北省虽有一到两个县（区）被选为义务教育教师队伍"县管校聘"管理改革示范区，但大部分县市均未开展"县管校聘"改革，部分被调研的校长表示并没有得到确切消息表示将要在本省开展义务教育师资管理改革。

山西省从 2019 年年初下发文件，要求全省逐步实施"县管校聘"❶ 管理改革，在调研的 Y 县、Y 市和 X 区则情况不一，Y 县全县开始推行"县管校聘"改革，调研的 SZ 初中、CDL 小学、WF 小学、NZL 学校均在召开"县管校聘"部署实施的有关会议；Y 市则先选择了两所学校（XH 小学和 DS 初中）作为试点，然后再在全市推广；T 市部分区开展的是"局管校聘"改革，W 区部分学校推进了"局管校聘"改革，而 X 区暂未开始改革。

---

❶ 山西省人民政府. 2020 年, 山西 117 个县全部实行"县管校聘"改革 [EB/OL]. (2019-05-13) [2019-09-13]. http://www.shanxi.gov.cn/yw/zcjd/tpjd/201905/t20190514_640490.shtml.

表 5-19 为山西省实行"县管校聘"的执行方案，从总要求中可以看出："县管校聘"教育管理体制改革，明确划分了编制部门、人力资源社会保障部门、教育行政部门和学校在义务教育教师资源配置中的职责，厘清了各部门之间的权限，并赋予学校聘任、管理教师的职权，改变了以往学校在人事资源管理方面无实权的窘境，为进一步优化义务教育教师资源配置创造良好条件。

表 5-19　山西省"县管校聘"执行方案

执行方案	具体内容
改革工作总要求	县级机构编制部门负责核定编制总量；人力资源社会保障部门负责核定岗位总量；教育行政部门在核定的编制和岗位总量内统筹管理教师；学校按岗聘任、聘期管理
三个阶段推进	1. 2019-4-9 各市出台市级政策文件，并确定 2—3 个试点县（市、区），启动试点工作； 2. 2019.9-12 各市非试点县（市、区）全部完成政策文件的制定工作； 3. 2019.12-2020.9 各市总结试点经验，安排部署改革推进工作，2020 年 9 月 117 县（市、区）全部开始实行
实施范围	县（市、区）级教育行政部门所属公办义务教育学校在编在岗教职工，各地可将普通高中和公办幼儿园在编在岗教职工同步纳入管理改革范围
主要内容	1. 规范和创新中小学编制管理、岗位设置管理办法； 2. 完善中小学教师准入和招聘制度； 3. 健全中小学教职工岗位聘用制度； 4. 完善教师退出机制等
要求	建立县（市、区）域内中小学教职工编制"总量控制、动态调整"机制，县（市、区）机构编制部门会同财政、教育行政部门根据实际定期核定本县（市、区）域内教职工总量。 1. 对学生规模较小的农村中小学，按照生师比与班师比相结合的方式核定； 2. 对确需保留但规模偏小、班级学生人数不足 5 人的学校和教学点，可采取一班一师包班的办法配备教师； 3. 对农村小规模学校和教学点的音体美及外语、计算机等教师，采取"一校设岗、多校使用、巡回走教"的办法配置教师。 　　核定总量后，县（市、区）人力资源社会保障部门会同教育行政部门分学段核定中小学各类岗位数，县级教育行政部门统筹配置到具体学校
配套措施	1. 全面推行中小学新任教师公开招聘制度； 2. 全面实行中小学教师聘用合同管理； 3. 逐步建立教职工退出机制

资料来源：根据 http://www.shanxi.gov.cn/yw/zcjd/tpjd/201905/t20190514_640490.shtml 整理。

(四）义务教育教师资源配置优化的改进措施

问卷调查从教师专业发展培训、教师工资福利待遇、校长教师交流轮岗制度的实施三个方面考察现行义务教育教师资源配置优化的改进措施。

如表5-20所示，"您所在学校推行校长教师交流制度"的平均值为3.26，表明不同被调查对象对这个问题较为认同，多数学校的管理者与教师所在县（区）在推行校长教师交流制度。

表5-20　12个县（区）义务教育教师资源配置优化措施情况

职务	统计项目	您参加过校级以上的培训	您对现行工资福利待遇持满意的态度	您所在学校推行校长教师交流制度
校长	平均值	3.03	3.03	3.33
	标准偏差	0.718	0.809	1.184
副校长	平均值	2.92	2.97	3.10
	标准偏差	0.929	0.903	1.071
中层领导干部	平均值	2.82	2.83	3.08
	标准偏差	0.921	0.966	1.166
普通教师	平均值	2.86	2.61	3.29
	标准偏差	0.967	1.047	1.048
其他	平均值	2.85	2.90	3.00
	标准偏差	1.040	0.852	1.298
总计	平均值	2.86	2.66	3.26
	标准偏差	0.956	1.031	1.071

然而，在"参加过校级以上的培训""对现行工资福利待遇持满意态度"这两个问题上，平均值分别为2.86、2.66，均低于3。由此可知，大部分被调查县（区）的教师并没有完全参与校级以上培训，且大多数被调查对象对自己工资福利待遇的满意度较低。

在校长教师交流轮岗制度方面，中部三省12个县（区）义务教育教师交流轮岗基本能达到国家符合交流条件教师总数的10%以上。然而，各个区并没有给出骨干教师交流轮岗的具体数据，因而对于骨干教师交流轮岗是否达到轮岗教师总数的20%就很难判断（见表5-21）。

在义务教育教师参与校级以上培训方面，在调研走访的学校中了解到，义务教育学校教职工每年参与培训的次数不足3次，大多为1—2次，其中位于中心城区和远城区的教师每年参与培训的次数为2—3次，而县城、乡镇和农村教师参与培训的次数则较为有限。

表5-21 中部三省义务教育教师交流情况

地区			教师流动类型	交流人数（人）	交流比例（%）
湖北省	W市	X区	义务教育教师交流330；跨区交流88次	—	—
			革命老区到中心城区交流	44	—
		Q区	义务教师交流	310	15
	E市		义务教育校长交流	46	50.5
			义务教育教师交流	259	13.6
山西省	Y市		义务教育校长交流	323	19.8
			义务教育教师交流	2458	15.4
	T市	X区	新任校长异校任职、连续任职较长时间校长轮岗交流	197	20.55
			义务教育学校教师交流	2559	32.83
			城镇骨干教师支援农村教育	453	—
		Y县	校长、教师交流	175	12
安徽省	H市	B区	义务教育教师支教	197	15.7
			义务教育校长教师交流	160	13.9
		C市	义务教育校长教师交流	133	11.1
	X市		义务教育校长教师送教活动	203	11.2
			义务教育教师交流轮岗	400	15.3

资料来源：根据调研材料整理所得。

第三节 12个县（区）义务教育教师资源配置优化的差异性分析

为了进一步明确教师个体特征、学校区位与学校类别在12个县（区）义务教育教师资源配置优化中的差异，本部分将采用单因素方差分析与独立样本t检验的方法进行差异性分析。

(一) 教师个体特征在义务教育教师资源配置优化认识上的差异分析

义务教育教师对县域内义务教育教师资源配置优化的认识不仅会受客观环境的影响，同时还受制于个体特征差异的影响。在本研究中，教师年龄、教龄（工龄）、受教育程度、职务、职称、年均收入等变量均为五个，采用单因素方差进行差异性分析，教师性别的变量为两个，采用独立样本 t 检验的方法进行差异性分析。

1. 教师个体特征在优化目标达成认识上的差异性分析

第一，教师年龄、教龄（工龄）在优化目标达成认识上的差异性分析。如表5-22所示，不同年龄阶段的教师在优化目标达成情况的认识上均存在显著性差异，P 值则均小于0.05。

表5-22 教师年龄在优化目标达成认识上的差异性分析

题项	年龄	N	平均值	标准偏差	F	显著性
您所在学校专任教师不足	20—30岁	226	3.62	1.110	6.184	0.000
	31—40岁	322	3.40	1.217		
	41—50岁	372	3.30	1.221		
	51—60岁	174	3.19	1.327		
	61岁及以上	8	2.00	1.414		
您所在学校在编在岗教师能满足学校实际教学需求	20—30岁	226	3.37	1.228	10.200	0.000
	31—40岁	322	2.59	1.186		
	41—50岁	372	2.65	1.175		
	51—60岁	174	2.95	1.258		
	61岁及以上	8	3.22	1.239		
您所在学校教师流失情况严重	20—30岁	226	3.63	0.744	2.959	0.019
	31—40岁	322	2.84	1.234		
	41—50岁	372	2.99	1.093		
	51—60岁	174	2.81	1.111		
	61岁及以上	8	2.83	1.101		

续表

题项	年龄	N	平均值	标准偏差	F	显著性
您所在学校专任教师年龄趋于老龄化	20—30岁	226	2.72	1.110	22.980	0.000
	31—40岁	322	3.75	0.886		
	41—50岁	372	2.85	1.106		
	51—60岁	174	3.02	1.147		
	61岁及以上	8	3.29	1.218		
您所在学校有青年教师（35岁以下）	20—30岁	226	3.74	1.176	30.940	0.000
	31—40岁	322	3.94	1.090		
	41—50岁	372	2.88	1.246		
	51—60岁	174	3.49	1.216		
	61岁及以上	8	4.17	1.046		
您所在学校的工作负担繁重	20—30岁	226	3.80	1.164	4.751	0.001
	31—40岁	322	3.38	1.217		
	41—50岁	372	3.03	1.225		
	51—60岁	174	4.63	0.518		
	61岁及以上	8	3.62	1.228		

如表5-23所示，教师教龄（工龄）在学校专任教师不足、在编在岗教师能满足教学需求、教师年龄结构的认识上存在显著性差异，P值均小于0.05，而在教师资源流失、教师工作负担的认识上不存在显著性差异（过程略）。

表5-23 教师教龄在优化目标达成认识上的差异性分析

题项	教龄	N	平均值	标准偏差	F	显著性
您所在学校专任教师不足	0—3年	121	3.59	1.006	4.393	0.002
	4—9年	203	3.59	1.188		
	10—15年	115	3.12	1.236		
	16—20年	172	3.26	1.295		
	21年及以上	491	3.32	1.251		

续表

题项	教龄	N	平均值	标准偏差	F	显著性
您所在学校在编在岗教师能满足学校实际教学需求	0—3年	121	2.61	1.193	4.396	0.002
	4—9年	203	2.66	1.194		
	10—15年	115	2.68	1.144		
	16—20年	172	2.91	1.204		
	21年及以上	491	2.98	1.274		
您所在学校专任教师年龄趋于老龄化	0—3年	121	3.14	1.120	22.507	0.000
	4—9年	203	2.97	1.179		
	10—15年	115	3.27	1.231		
	16—20年	172	3.65	1.168		
	21年及以上	491	3.79	1.166		
您所在学校有青年教师（35岁以下）	0—3年	121	4.15	0.954	30.843	0.000
	4—9年	203	4.11	1.109		
	10—15年	115	3.99	1.096		
	16—20年	172	3.45	1.201		
	21年及以上	491	3.26	1.239		

第二，教师受教育程度在优化目标达成认识上的差异性分析，如表5-24所示，教师受教育程度在优化目标达成的各个变量上均存在显著性差异，P值均小于0.05。

表5-24 教师受教育程度在优化目标达成认识上的差异性分析

题项	受教育程度	N	平均值	标准偏差	F	显著性
您所在学校专任教师不足	大专及以下	301	3.57	1.197	10.268	0.000
	本科	759	3.30	1.225		
	硕士	37	3.49	1.146		
	博士	5	1.00	0.000		
您所在学校在编在岗教师能满足学校实际教学需求	大专及以下	301	2.80	1.234	3.248	0.021
	本科	759	2.87	1.237		
	硕士	37	2.41	1.117		
	博士	5	4.00	0.000		

续表

题项	受教育程度	N	平均值	标准偏差	F	显著性
您所在学校教师流失情况严重	大专及以下	301	2.91	1.162	3.305	0.020
	本科	759	2.83	1.095		
	硕士	37	2.51	0.768		
	博士	5	4.00	0.000		
您所在学校专任教师年龄趋于老龄化	大专及以下	301	3.51	1.282	3.491	0.015
	本科	759	3.50	1.191		
	硕士	37	3.16	1.093		
	博士	5	2.00	0.000		
您所在学校有青年教师（35岁以下）	大专及以下	301	3.41	301	7.233	0.000
	本科	759	3.67	759		
	硕士	37	4.05	37		
	博士	5	5.00	5		
您在学校的工作负担繁重	大专及以下	301	3.89	301	7.227	0.000
	本科	759	3.98	759		
	硕士	37	3.86	37		
	博士	5	2.00	5		

第三，教师职称、职务在优化目标达成认识上的差异性分析。如表5-25所示，教师职称在优化目标达成的六个变量上均存在显著性差异，$P<0.05$。

表5-25 教师职称在优化目标达成认识上的差异性分析

题项	职称	N	平均值	标准偏差	F	显著性
您所在学校专任教师不足	无职称	171	3.72	1.070	4.359	0.002
	一级教师	494	3.29	1.248		
	二级教师	287	3.28	1.198		
	三级教师	5	3.40	1.517		
	高级教师	145	3.38	1.323		

续表

题项	职称	N	平均值	标准偏差	F	显著性
您所在学校在编在岗教师能满足学校实际教学需求	无职称	171	2.67	1.188	3.338	0.010
	一级教师	494	2.96	1.251		
	二级教师	287	2.69	1.182		
	三级教师	5	2.60	1.342		
	高级教师	145	2.94	1.287		
您所在学校教师流失情况严重	无职称	171	3.08	1.018	3.281	0.011
	一级教师	494	2.82	1.125		
	二级教师	287	2.71	1.095		
	三级教师	5	2.60	1.517		
	高级教师	145	2.93	1.116		
您所在学校专任教师年龄趋于老龄化	无职称	171	3.24	1.186	5.322	0.000
	一级教师	494	3.62	1.226		
	二级教师	287	3.32	1.216		
	三级教师	5	3.60	1.140		
	高级教师	145	3.66	1.144		
您所在学校有青年教师（35岁以下）	无职称	171	3.92	1.122	7.343	0.000
	一级教师	494	3.52	1.246		
	二级教师	287	3.78	1.179		
	三级教师	5	3.80	1.304		
	高级教师	145	3.30	1.275		
您所在学校的工作负担繁重	无职称	171	3.75	0.995	2.442	0.045
	一级教师	494	3.96	0.990		
	二级教师	287	3.95	0.947		
	三级教师	5	3.80	1.095		
	高级教师	145	4.08	1.090		

如表5-26所示，专任教师年龄结构趋于老龄化、学校有青年教师在教师职务上存在差异，而专任教师不足、在编在岗教师能满足学校教学需求、学校教师流失情况严重、教师工作负担繁重在教师职务上均不存在显著性差异（此处过程略），表明教师职务对这四个变量没有影响。

表 5-26　教师职务在优化目标达成认识上的差异性分析

题项	职称	N	平均值	标准偏差	F	显著性
您所在学校专任教师年龄趋于老龄化	校长	30	3.63	1.351	2.479	0.042
	副校长	39	3.59	1.272		
	中层领导干部	110	3.80	1.210		
	普通教师	903	3.44	1.209		
	其他	20	3.65	1.040		
您所在学校有青年教师（35岁以下）	校长	30	4.03	1.098	2.612	0.034
	副校长	39	3.15	1.368		
	中层领导干部	110	3.50	1.353		
	普通教师	903	3.64	1.206		
	其他	20	3.70	1.218		

第四，教师年均收入在优化目标达成认识上的差异性分析。义务教育学校专任教师数量、教师资源流失情况、教师工作负担在教师年均收入上不存在显著性差异（此处过程略），教师年均收入会对教师年龄结构的认识产生一定影响（表5-27）。

表 5-27　教师年均收入在优化目标达成认识上的差异性分析

题项	年均收入	N	平均值	标准偏差	F	显著性
您所在学校专任教师年龄趋于老龄化	小于1万	110	3.57	1.245	6.271	0.000
	1万—3万	215	3.13	1.147		
	4万—6万	544	3.57	1.235		
	7万—9万	161	3.65	1.201		
	10万及以上	72	3.50	1.075		
您所在学校有青年教师（35岁以下）	小于1万	110	3.70	1.223	3.618	0.006
	1万—3万	215	3.84	1.134		
	4万—6万	544	3.51	1.226		
	7万—9万	161	3.57	1.340		
	10万及以上	72	3.83	1.175		

第五，教师性别在优化目标达成认识上的差异性分析。如表5-28所示，教师资源流失、教师年龄结构在性别上存在显著性差异，而专任教师数量、教师工作负担在性别上则不存在显著性差异（此处过程略）。

第五章 县域内义务教育教师资源配置优化的调查研究

表 5-28 教师性别在优化目标达成认识上的差异性分析

题项	性别	数字	平均值（E）	标准偏差	t	显著性（双尾）
您所在学校教师流失情况严重	男性	337	2.96	1.162	2.308	0.018
	女性	765	2.79	1.078		
贵校专任教师年龄趋于老龄化	男性	337	3.65	1.211	2.994	0.003
	女性	765	3.42	1.212		
您所在学校有青年教师（35岁以下）	男性	337	3.49	1.244	-2.409	0.016
	女性	765	3.68	1.218		

2. 教师个体特征在配置主体权责认识上的差异性分析

第一，教师年龄在配置主体权责认识上的差异性分析。如表 5-29 所示，教师年龄在配置主体权责认识上存在显著性差异，P 值均小于 0.05。然而，经过单因素方差分析与独立样本 t 检验，教师教龄与性别在配置主体权责认识上不存在显著性差异，故不呈现具体分析过程。

表 5-29 教师年龄在配置主体权责认识上的差异分析

题项	年龄	N	平均值	标准偏差	F	显著性
教育行政部门拥有一定的人权、事权、财权，将有利于教师资源的管理与建设	20—30 岁	226	3.53	1.003	2.593	0.035
	31—40 岁	322	3.39	1.048		
	41—50 岁	372	3.39	1.207		
	51—60 岁	174	3.44	1.160		
	61 岁及以上	8	4.50	0.756		
区域内教师资源配置优化需要县级以上教育行政部门主导	20—30 岁	226	3.50	1.017	3.943	0.003
	31—40 岁	322	3.51	1.018		
	41—50 岁	372	3.48	1.119		
	51—60 岁	174	3.52	1.106		
	61 岁及以上	8	2.00	1.414		
学校在教师资源配置方面应该拥有部分自主权	20—30 岁	226	3.83	0.961	2.421	0.047
	31—40 岁	322	3.78	0.992		
	41—50 岁	372	3.75	1.083		
	51—60 岁	174	3.56	1.034		
	61 岁及以上	8	3.25	0.463		

续表

题项	年龄	N	平均值	标准偏差	F	显著性
社会力量的参与有利于教师资源配置优化	20—30岁	226	3.19	1.013	2.531	0.039
	31—40岁	322	3.01	0.946		
	41—50岁	372	3.13	1.003		
	51—60岁	174	3.05	1.044		
	61岁及以上	8	3.88	1.642		

第二，教师受教育程度在配置主体权责认识上的差异性分析。如表5-30所示，学校应该拥有部分自主权，在受教育程度上不存在显著性差异（此处过程略），对教育行政部门权责与社会权责的认识在教师受教育程度上存在显著性差异。

表5-30 教师受教育程度在配置主体权责认识上的差异性分析

题项	受教育程度	N	平均值	标准偏差	F	显著性
教育行政部门拥有一定的人权、事权、财权，将有利于教师资源的管理与建设	大专及以下	301	3.51	1.139	4.181	0.006
	本科	759	3.39	1.099		
	硕士	37	3.43	1.168		
	博士	5	5.00	0.000		
区域内教师资源配置优化需要县级以上教育行政部门主导	大专及以下	301	3.58	1.085	10.314	0.000
	本科	759	3.47	1.057		
	硕士	37	3.32	1.029		
	博士	5	1.00	0.000		
社会力量的参与有利于教师资源配置优化	大专及以下	301	3.14	1.008	6.530	0.000
	本科	759	3.07	0.993		
	硕士	37	3.16	1.014		
	博士	5	5.00	0.000		

第三，教师职务在配置主体权责认识上的差异性分析。如表5-31所示，教育行政部门拥有人权、事权与财权、学校应该拥有部分人事自主权与社会力量的参与在教师职务变量上存在显著性差异，而县域内义务教育教师资源配置优化由县级以上教育行政部门主导在教师职务上不存在显著性差异（此处过程略）。此外，通过单因素方差分析，教师职称与收入在配置主体权责认识方面不存在显著性差异，故这里不呈现具体分析过程。

表 5-31 教师职务在配置主体权责认识上的差异分析

题项	职务	N	平均值	标准偏差	F	显著性
教育行政部门拥有一定的人权、事权、财权，将有利于教师资源的管理与建设	校长	30	3.73	1.285	3.006	0.018
	副校长	39	3.72	1.099		
	中层领导干部	110	3.67	1.242		
	普通教师	903	3.38	1.081		
	其他	20	3.50	1.395		
学校在教师资源配置方面应该拥有部分自主权	校长	30	4.13	1.279	5.611	0.000
	副校长	39	3.95	1.075		
	中层领导干部	110	3.99	0.981		
	普通教师	903	3.68	1.010		
	其他	20	4.30	0.923		
社会力量的参与有利于教师资源配置优化	校长	30	3.50	0.630	2.714	0.029
	副校长	39	3.21	1.105		
	中层领导干部	110	2.89	1.112		
	普通教师	903	3.11	0.991		
	其他	20	3.30	1.031		

3. 教师个体特征在实现条件认识上的差异性分析

第一，教师年龄、教龄在实现条件认识上的差异性分析。如表 5-32 所示，对教职工编制标准的认可程度、对教师资源配置政策的了解程度、推行县管校聘改革在不同年龄阶段的教师中存在显著性差异，对学校师生比符合国家教职工编制标准的认识在教师年龄上不存在显著性差异（此处过程略）。

如表 5-32 所示，对教职工编制标准的认可程度在不同教龄的教师中存在显著性差异，而其他三个因子在不同教龄的教师中不存在显著性差异（此处过程略）。

表 5-32 教师年龄、教龄（工龄）在实现条件认识上的差异分析

题项	年龄/教龄	N	平均值	标准偏差	F	显著性
您认可现行中小学教职工编制标准	20—30 岁	226	2.25	0.954	3.576	0.007
	31—40 岁	322	2.52	1.011		
	41—50 岁	372	2.50	0.959		
	51—60 岁	174	2.56	0.952		
	61 岁及以上	8	2.63	0.518		
推行县管校聘改革	20—30 岁	226	3.23	0.890	5.475	0.000
	31—40 岁	322	3.24	0.974		
	41—50 岁	372	3.22	1.061		
	51—60 岁	174	3.05	1.008		
	61 岁及以上	8	1.75	1.035		
您了解国家有关中小学教职工编制、特岗计划等有关政策	20—30 岁	226	3.17	0.988	5.344	0.000
	31—40 岁	322	3.00	0.960		
	41—50 岁	372	3.02	0.972		
	51—60 岁	174	3.18	0.954		
	61 岁及以上	8	4.38	0.916		
您认可现行中小学教职工编制标准	0—3 年	121	2.28	0.942	2.677	0.031
	4—9 年	203	2.39	1.025		
	10—15 年	115	2.60	1.007		
	16—20 年	172	2.41	0.954		
	21 年及以上	491	2.53	0.954		

第二，教师受教育程度在实现条件认识上的差异性分析。如表 5-33 所示，对教师资源配置政策的了解程度、推行县管校聘改革在不同受教育程度的教师中存在显著性差异，而教师受教育程度在其他两个因素上不存在显著性差异（此处过程略）。

表 5-33 教师受教育程度在实现条件认识上的差异分析

题项	受教育程度	N	平均值	标准偏差	F	显著性
您了解国家有关中小学教职工编制、特岗计划等有关政策	大专及以下	301	3.19	0.932	9.131	0.000
	本科	759	3.03	0.981		
	硕士	37	2.86	0.976		
	博士	5	5.00	0.000		
	大专及以下	301	3.19	0.932		
推行县管校聘改革	大专及以下	301	3.28	1.056	9.094	0.000
	本科	759	3.17	0.966		
	硕士	37	3.14	1.004		
	博士	5	1.00	0.000		
	大专及以下	301	3.28	1.056		

第三，教师职称、职务在实现条件认识上的差异性分析。如表 5-34 所示，对教师资源配置政策的了解与学校师生比符合国家教职工编制标准在不同职称教师中存在显著性差异，对教职工编制标准的认可程度与推行县管校聘改革在教师职称中不存在显著性差异（此处过程略）。教师职务在推行县管校聘改革、了解国家教师资源配置有关政策上存在显著性差异，而在其余两个因素上都没有差异性表现（此处过程略）。

表 5-34 教师职称、职务在实现条件认识上的差异性分析

题项	职称/职务	N	平均值	标准偏差	F	显著性
您所在学校师生比符合国家中小学教职工编制标准	无职称	171	3.22	1.226	2.818	0.024
	一级教师	494	3.09	1.141		
	二级教师	287	2.90	1.162		
	三级教师	5	2.40	0.548		
	高级教师	145	2.96	1.269		
您了解国家有关中小学教职工编制、特岗计划等有关政策	无职称	171	3.20	0.964	2.810	0.024
	一级教师	494	3.09	0.957		
	二级教师	287	2.94	0.970		
	三级教师	5	3.00	1.414		
	高级教师	145	3.20	1.031		

续表

题项	职称/职务	N	平均值	标准偏差	F	显著性
推行县管校聘改革	校长	30	4.03	1.098	14.138	0.000
	副校长	39	3.85	0.933		
	中层领导干部	110	3.43	1.036		
	普通教师	903	3.10	0.967		
	其他	20	3.50	1.100		
您了解国家有关中小学教职工编制、特岗计划等有关政策	校长	30	3.80	0.805	6.197	0.000
	副校长	39	3.44	1.165		
	中层领导干部	110	3.14	1.104		
	普通教师	903	3.03	0.939		
	其他	20	3.20	1.196		

第四,教师性别在实现条件认识上的差异性分析。如表5-35所示,教师性别在教职工编制标准的认可度、学校师生比符合国家编制标准、推行县管校聘改革上存在显著性差异,而在教师资源配置政策上不存在显著性差异(此处过程略)。

表5-35 教师性别在实现条件认识上的差异性分析

题项	性别	数字	平均值（E）	标准偏差	t	显著性（双尾）
您认可现行中小学教职工编制标准	男性	337	2.59	0.997	2.766	0.006
	女性	765	2.41	0.961		
您所在学校师生比符合国家中小学教职工编制标准	男性	337	2.91	1.239	-2.469	0.014
	女性	765	3.10	1.148		
推行县管校聘改革	男性	337	3.30	1.117	2.512	0.012
	女性	765	3.14	0.943		

4. 教师个体特征在改进措施认识上的差异性分析

第一,教师年龄、教龄在改进措施认识上的差异性分析。如表5-36所示,教师年龄在参加校级培训、工资福利待遇的满意度上存在显著性差异,而在校长教师交流制度上不存在显著性差异(此处过程略)。对工资福利待遇的满意度在教师教龄上存在显著性差异,在其他两方面都没有差异性表现(此处过程略)。

表 5-36 教师年龄、教龄在改进措施认识上的差异性分析

题项	年龄/教龄	N	平均值	标准偏差	F	显著性
参加过校级以上培训	20—30 岁	226	2.73	0.993	2.750	0.027
	31—40 岁	322	2.98	0.975		
	41—50 岁	372	2.81	0.907		
	51—60 岁	174	2.91	0.957		
	61 岁及以上	8	3.13	0.835		
对现行工资福利待遇的满意程度	20—30 岁	226	2.62	1.049	8.517	0.000
	31—40 岁	322	2.48	0.971		
	41—50 岁	372	2.71	1.031		
	51—60 岁	174	2.97	1.022		
	61 岁及以上	8	1.75	1.165		
对现行工资福利待遇的满意程度	0—3 年	121	2.74	0.971	4.081	0.003
	4—9 年	203	2.53	1.021		
	10—15 年	115	2.46	0.985		
	16—20 年	172	2.56	1.033		
	21 年及以上	491	2.77	1.046		

第二，教师受教育程度在改进措施认识上的差异性分析。如表 5-37 所示，参加培训、对工资福利待遇的满意度在教师受教育程度上均存在显著性差异，而在推行校长教师交流制度方面则不存在显著差异（此处过程略）。

表 5-37 教师受教育程度在改进措施认识上的差异分析

题项	受教育程度	N	平均值	标准偏差	F	显著性
参加过校级以上培训	大专及以下	301	2.73	0.952	2.955	0.032
	本科	759	2.92	0.958		
	硕士	37	2.78	0.917		
	博士	5	3.00	0.000		
对现行工资福利待遇的满意程度	大专及以下	301	2.72	1.038	5.180	0.001
	本科	759	2.64	1.027		
	硕士	37	2.84	0.928		
	博士	5	1.00	0.000		

续表

题项	受教育程度	N	平均值	标准偏差	F	显著性
推行县管校聘改革	大专及以下	301	3.28	1.056	9.094	0.000
	本科	759	3.17	0.966		
	硕士	37	3.14	1.004		
	博士	5	1.00	0.000		

第三，教师职称、职务在改进措施认识上的差异性分析。如表 5-38 所示，参与培训、对工资福利待遇的满意度、推行校长教师交流轮岗在不同职称教师中均存在显著性差异。

工资福利待遇的满意度在不同职务的教师中存在显著性差异，而教师培训、校长教师交流制度在不同职务的教师中不存在显著性差异（此处过程略）。

表 5-38 教师职称、职务在改进措施认识上的差异分析

题项	职称/职务	N	平均值	标准偏差	F	显著性
参加过校级以上培训	无职称	171	2.63	1.073	4.953	0.001
	一级教师	494	2.90	0.946		
	二级教师	287	2.84	0.844		
	三级教师	5	2.20	1.095		
	高级教师	145	3.06	0.995		
对现行工资福利待遇的满意程度	无职称	171	2.54	1.053	8.612	0.000
	一级教师	494	2.64	1.050		
	二级教师	287	2.54	0.985		
	三级教师	5	2.60	0.894		
	高级教师	145	3.10	0.918		
推行校长教师交流制度	无职称	171	3.40	0.986	3.205	0.013
	一级教师	494	3.27	1.076		
	二级教师	287	3.24	1.035		
	三级教师	5	4.20	0.837		
	高级教师	145	3.05	1.186		

续表

题项	职称/职务	N	平均值	标准偏差	F	显著性
对现行工资福利待遇的满意程度	校长	30	3.03	0.809	3.518	0.007
	副校长	39	2.97	0.903		
	中层领导干部	110	2.83	0.966		
	普通教师	903	2.61	1.047		
	其他	20	2.90	0.852		

第四，教师年均收入在改进措施认识上的差异性分析。如表5-39所示，教师培训、对工资福利待遇的满意度在不同年均收入的教师中存在显著性差异，而在推行校长教师交流轮岗制度方面不存在显著性差异（此处过程略）。

表5-39 教师年均收入在改进措施认识上的差异分析

题项	年均收入	N	平均值	标准偏差	F	显著性
参加过校级以上培训	小于1万	110	2.65	1.044	6.520	0.000
	1万—3万	215	2.80	0.935		
	4万—6万	544	2.82	0.915		
	7万—9万	161	3.07	0.905		
	10万及以上	72	3.22	1.129		
对现行工资福利待遇的满意程度	小于1万	110	2.48	1.123	27.757	0.000
	1万—3万	215	2.27	0.964		
	4万—6万	544	2.61	0.985		
	7万—9万	161	3.16	0.959		
	10万及以上	72	3.32	0.853		

第五，教师性别在改进措施认识上的差异性分析。如表5-40所示，参加校级以上培训与校长教师交流制度在不同性别的教师中存在显著性差异，而在工资福利待遇的满意度上则不存在显著性差异（此处过程略）。

表 5-40 教师性别在改进措施认识上的差异分析

题项	性别	数字	平均值（E）	标准偏差	t	显著性（双尾）
参加过校级以上培训	男性	337	2.75	0.907	-2.48	0.013
	女性	765	2.91	0.973		
推行校长教师交流制度	男性	337	3.12	1.105	-2.931	0.003
	女性	765	3.32	1.050		

（二）学校区位在义务教育教师资源配置优化中的差异分析

在本研究中，学校区位的变量有五个，包括县城、乡镇、农村、中心城区、远城区，采用单因素方差分析的方法进行差异性分析。

第一，在优化目标达成方面，如表 5-41 所示，在编在岗教师能满足教学需求、教师资源流失、专任教师年龄结构在学校区位上有显著性差异，$P<0.05$。由于教师资源短缺与教师工作量在学校区位上无差异性表现，故没有在表中呈现出来。

表 5-41 学校区位在优化目标达成情况方面的差异性分析

题项	区位	N	平均值	标准差	F	P
贵校在编在岗教师能满足实际教学需求	县城	343	2.71	1.214	2.993	0.018
	乡镇	289	2.97	1.266		
	农村	144	2.66	1.224		
	中心城区	258	2.90	1.239		
	远城区	68	2.71	1.214		
您所在学校教师流失情况严重	县城	343	2.61	1.034	16.893	0.000
	乡镇	289	3.14	1.129		
	农村	144	3.24	1.122		
	中心城区	258	2.64	1.017		
	远城区	68	2.74	1.167		
贵校专任教师年龄趋于老龄化	县城	343	3.13	1.188	23.284	0.000
	乡镇	289	3.99	1.136		
	农村	144	3.61	1.218		
	中心城区	258	3.31	1.135		
	远城区	68	3.60	1.236		

续表

题项	区位	N	平均值	标准差	F	P
您所在学校有青年教师	县城	343	3.79	1.127	14.156	0.000
	乡镇	289	3.24	1.305		
	农村	144	3.55	1.182		
	中心城区	258	3.93	1.153		
	远城区	68	3.37	1.303		

第二，在配置主体权责方面，如表5-42所示，学校所在区位在配置主体权责各因素上都没有差异性表现，$P>0.05$，说明学校区位对配置主体权责没有影响。

表5-42 学校区位在配置主体权责方面的差异性分析

题项	区位	N	平均值	标准差	F	P
教育行政部门拥有一定的人权、事权、财权，将有利于教师资源的管理与建设	县城	343	3.46	1.086	1.860	0.115
	乡镇	289	3.34	1.186		
	农村	144	3.38	1.090		
	中心城区	258	3.57	1.097		
	远城区	68	3.29	1.037		
区域内教师资源优化配置需要县级以上教育行政部门主导	县城	343	3.46	1.042	0.968	0.424
	乡镇	289	3.55	1.083		
	农村	144	3.57	1.088		
	中心城区	258	3.40	1.102		
	远城区	68	3.53	1.085		
学校在教师资源配置方面应该拥有部分自主权	县城	343	3.71	1.029	1.444	0.217
	乡镇	289	3.67	1.087		
	农村	144	3.74	1.056		
	中心城区	258	3.87	0.886		
	远城区	68	3.71	1.134		

续表

题项	区位	N	平均值	标准差	F	P
社会力量的参与有利于县域内义务教育教师资源配置优化	县城	343	3.12	0.953	1.659	0.157
	乡镇	289	3.08	1.066		
	农村	144	2.97	0.999		
	中心城区	258	3.21	0.998		
	远城区	68	2.99	0.985		

第三，在实现条件方面，如表5-43所示，对教职工编制标准的认可程度与对教师资源配置政策的了解程度在学校区位上存在显著性差异，$P<0.05$，而学校师生比符合国家标准在学校区位上不存在显著性差异（此处过程略）。

表5-43 学校区位在实现条件方面的差异性分析

题项	区位	N	平均值	标准差	F	P
您认可现行中小学教职工编制标准	县城	343	3.49	0.945	4.959	0.001
	乡镇	289	3.57	0.970		
	农村	144	3.50	0.982		
	中心城区	258	3.28	0.994		
	远城区	68	3.53	0.985		
您了解国家有关中小学教职工编制、特岗计划等有关政策	县城	343	3.13	0.958	3.405	0.009
	乡镇	289	3.03	0.957		
	农村	144	3.17	0.931		
	中心城区	258	3.05	1.061		
	远城区	68	3.03	0.914		

第四，在改进措施方面，如表5-44所示，参加校级以上培训、对工资福利待遇的满意程度在学校区位上存在显著性差异，而校长教师交流制度在学校区位上不存在显著性差异（此处过程略）。

第五章 县域内义务教育教师资源配置优化的调查研究

表 5-44 学校区位在改进措施方面的差异性分析

题项	区位	N	平均值	标准偏差	F	显著性
参加过校级以上培训	县城	343	2.74	0.970	5.548	0.000
	乡镇	289	2.83	0.892		
	农村	144	2.76	0.802		
	中心城区	258	3.07	1.080		
	远城区	68	3.01	0.801		
对现行工资福利待遇的满意程度	县城	343	2.46	0.969	5.957	0.000
	乡镇	289	2.69	1.060		
	农村	144	2.81	1.003		
	中心城区	258	2.83	1.061		
	远城区	68	2.54	0.999		

（三）学校类别在义务教育教师资源配置优化中的差异分析

在本研究中，学校类别的变量有两个，包括小学与初中，采用独立样本 t 检验的方法进行差异性分析。

第一，在优化目标达成方面，如表 5-45 所示，教师资源流失、教师工作负担在学校类别上不存在显著性差异，其 P 值均大于 0.05（此处过程略）；而在专任教师不足、在编在岗教师能满足实际教学需求、专任教师年龄老化、学校有青年教师等变量上存在显著性差异。

表 5-45 学校类别在优化目标达成情况方面的差异性分析

题项	学校类别	数字	平均值（E）	标准偏差	t	显著性（双尾）
专任教师不足	小学	615	3.56	1.191	6.043	0.000
	初中	487	3.12	1.230		
在编在岗教师能满足实际教学需求	小学	615	2.62	1.185	-6.538	0.000
	初中	487	3.10	1.244		
专任教师年龄趋于老龄化	小学	615	3.23	1.251	-8.125	0.000
	初中	487	3.81	1.087		
您所在学校有青年教师（35 岁以下）	小学	615	3.74	1.242	3.538	0.000
	初中	487	3.47	1.196		

第二，在配置主体权责方面，如表 5-46 所示，教育行政部门应拥有的

权责在学校类别上存在显著性差异，而其余三个变量在学校类别上并不存在显著性差异。

表 5-46 学校类别在配置主体权责方面的差异性分析

题项	学校类别	数字	平均值（E）	标准偏差	t	显著性（双尾）
教育行政部门拥有一定的人权、事权、财权，将有利于教师资源的管理与建设	小学	615	3.54	1.068	3.765	0.000
	初中	487	3.29	1.157		
区域内教师资源优化配置需要县级以上教育行政部门主导	小学	615	3.54	1.051	1.793	0.073
	初中	487	3.42	1.103		
学校在教师资源配置方面应该拥有部分自主权	小学	615	3.78	1.012	1.484	0.138
	初中	487	3.69	1.039		
社会力量的参与有利于县域内义务教育教师资源配置优化	小学	615	3.14	0.987	1.421	0.156
	初中	487	3.05	1.023		

第三，在实现条件方面，如表 5-47 所示，对教师资源配置政策的了解程度在学校类别上存在显著性差异，而其他三个变量在学校类别上则不存在显著性差异。

表 5-47 学校类别在实现条件方面的差异性分析

题项	学校类别	数字	平均值（E）	标准偏差	t	显著性（双尾）
您认可现行中小学教职工编制标准	小学	615	3.44	0.975	1.014	0.311
	初中	487	3.50	0.975		
您所在学校师生比符合国家中小学教职工编制标准	小学	615	3.06	1.213	0.696	0.486
	初中	487	3.01	1.137		
您了解国家有关中小学教职工编制、特岗计划等有关政策	小学	615	3.17	0.971	0.208	0.000
	初中	487	2.96	0.972		

续表

题项	学校类别	数字	平均值（E）	标准偏差	t	显著性（双尾）
推行县管校聘改革	小学	615	3.19	1.010	0.177	0.860
	初中	487	3.18	0.992		

第四，在改进措施方面，如表5-48所示，参加校级以上培训、推行校长教师交流制度在学校类别上没有显著性差异，对工资福利待遇的满意度在学校类别上存在显著性差异。

表5-48 学校类别在改进措施中的差异性分析

题项	学校类别	数字	平均值（E）	标准偏差	t	显著性
参加过校级以上培训	小学	615	2.85	0.995	-0.420	0.675
	初中	487	2.87	0.904		
对现行工资福利待遇的满意程度	小学	615	2.60	1.057	-2.309	0.021
	初中	487	2.74	0.992		
推行校长教师交流制度	小学	615	3.31	1.047	1.729	0.084
	初中	487	3.20	1.099		

第六章 县域内义务教育教师资源配置优化存在的问题及原因分析

第一节 12个县（区）义务教育教师资源配置优化存在的问题

经过问卷调查与访谈，发现中部三省12个县（区）义务教育教师资源配置优化主要存在以下四方面的问题：第一，县域内义务教育教师资源配置优质均衡的目标尚未达成；第二，县域内义务教育教师资源配置主体权责高度分割，缺乏有效激励相容机制；第三，县域内义务教育教师资源配置的实现条件不能满足义务教育学校实际教学需求；第四，县域内义务教育教师资源配置优化的改进措施执行效果不佳。

（一）优质均衡的配置目标尚未达成

首先，被调研县（区）存在专任教师不足、校际间差异较大的问题。以Y县县城3所小学与2所初中教师资源配置情况为例。如表6-1所示，YQS学校拥有22个教学班，在校生1088名，专任教师80人，该校师生比为1：13.6，而YQE学校拥有33个教学班，在校生1672人，专任教师137名，该校师生比为1：12.2。YQS学校作为县城唯一一所寄宿制初中，该校在生活教师短缺的情况下，平均每名教师比YQE学校教师还要多负担1.4名学生，由此进一步反映出教师资源配置数量不均衡、校际差异大的问题。同样地，Y县中的3所小学，教师资源配置也存在较大差异。

表6-1 Y县小学和初中教师配置情况

学校	班级数	在校生数	专任教师数	行政人员	教辅人员	工勤人员
XYJ小学	40	2061	116	8	3	2
CDL小学	36	1789	99	3	1	0

续表

学校	班级数	在校生数	专任教师数	行政人员	教辅人员	工勤人员
YX 小学	21	875	52	2	0	0
YQS 初中	22	1088	80	5	4	0
YQE 初中	33	1672	137	6	1	0

资料来源：根据调研整理所得。

此外，在调研走访的学校中，安徽省 QS 初中 B 校长表示，他们所在县城的初中教师资源配置不均衡，教师资源配置体现出向优质学校倾斜的问题。"我们有在校生 1080 个，其中 730 个住校生，有编制的教师只有 90 个，缺编至少 12 个老师。我这不仅缺生活老师，去年唯一的一个信息技术老师也被县里另一个好初中调走了。人家既没有住校生，也不用请代课教师，教师可比我们充裕了，这就一点也不公平。"（B 校长）

其次，12 个县（区）义务教育学校均存在年龄结构普遍偏大问题，年龄在 40—50 岁区间的教师占据部分学校专任教师总数的 40%左右，年轻教师补给不及时，会导致部分学校出现教师年龄结构断层现象，如表 6-2 所示。

表 6-2 部分小学与初中专任教师年龄结构情况表

省份	学校	专任教师数	其中：女教师数	教师年龄结构			
				30 岁以下	31—40 岁	41—50 岁	51 岁以上
山西省	XE 初中	262	115	9	83	102	68
	MX 小学	17	10	10	2	2	3
	XX 初中	40	14	0	4	25	11
	SX 小学	87	62	41	27	9	10
安徽省	SX 初中	27	16	6	7	10	4
	SK 初中	191	111	10	64	90	24
	LX 小学	111	60	39	15	37	20
	JX 小学	16	12	10	2	1	3
湖北省	XY 初中	199	97	8	61	97	33
	HQ 初中	45	21	9	13	17	6
	DE 小学	179	127	30	55	65	29
	DS 小学	67	33	1	31	28	7

资料来源：根据实地调研整理所得。

表6-2为调研的部分小学与初中学校专任教师年龄结构情况，如表中所示在山西省4所学校中，初中教师老龄化程度比小学更为严重，如XX初中41—50岁年龄区间的教师占专任教师总量的62.5%，其次为XE初中，占比为38.9%，值得注意的是XX初中没有30岁以下的教师，31—40岁的教师也仅有4名。

安徽省也是相同的情况，初中专任教师年龄老化程度比小学教师突出。SX校长表示，"我们学校教师年龄结构不合理，2007年就没有来过老师，教师平均年龄48周岁，而且女老师居多，70%都是女老师，30岁以下老师仅有1名，30—40岁的有7名。"在湖北省的4所学校中，初中教师与小学教师年龄老化问题同样普遍，如XY初中41—50岁年龄段的教师占教师总数的48.7%，DE小学41—50岁年龄段的教师占教师总数的36.3%。

在与当地教育行政部门有关负责人的访谈过程中，笔者了解到：乡镇、农村小学、初中专任教师老龄化现象更为严重，一位教育行政部门有关人员表示，"乡镇和农村留不住年轻教师，即使有特岗教师招聘或教师交流轮岗，服务期一到，这些教师就通过各种途径离开农村，所以，最后留在这里的都是一些年纪大的教师，这里与县城、市里相比条件差很多，生源也不是很好，他们（年轻教师）还年轻，都想谋得更好的出路。"

再次，被调研县（区）小学与初中教师学历结构有待提升。如表6-3所示，除YL小学外，大多数义务教育学校专任教师学历以本科为主，但硕士学历的专任教师较少，只有1—2名，除NZL小学、SK初中、LX小学、WF小学、HQ初中、DE小学之外，其他学校均没有硕士学历的专任教师。

表6-3 部分义务教育学校专任教师学历结构

省份	学校	合计	教师学历结构		
			本科以下	本科	硕士
山西省	NZL学校	70	15	54	1
	SE初中	98	13	85	0
	SA初中	40	0	40	0
	SX小学	87	27	60	0
	XQ小学	36	15	21	0
	CDL小学	103	0	103	0

续表

省份	学校	合计	教师学历结构		
			本科以下	本科	硕士
安徽省	YQS 初中	80	2	78	0
	SX 初中	27	5	22	0
	SK 初中	191	10	180	1
	LX 小学	111	10	100	1
	JX 小学	16	3	13	0
	WF 小学	115	0	114	1
湖北省	SY 学校	170	43	125	2
	HY 初中	199	1	198	0
	HQ 初中	45	5	39	1
	DE 小学	179	9	168	2
	DS 小学	67	5	62	0
	YL 小学	127	84	43	0

最后，部分被调研县（区）学校出现优质教师资源流失、优质师资集中于优质校、县城或城区的问题，其实质上是优质均衡的配置目标并没有落到实处。在访谈过程中笔者了解到，部分流失或跳槽的在编教师，一般是从县城中的薄弱学校流失到优质学校，或者由乡镇的中小学跳槽到县城，这种教师流动体现出城镇化对义务教育教师资源的影响以及优质教师资源向优质学校集聚的趋势。Y县YQS初中B校长表示，"现在是乡镇学校全面萎缩，像我们乡镇的DHS中学和GC中学都没学生，只留下一个校长、一个会计守摊子的，多余的老师都被调回县城，农村基本就没人了，好多学校都荒草丛生。"与此同时，该校长也向我们表达了该校目前的困境，即生源逐年减少、在编教师几乎每年都有流失的情况，"我校的人在减少，2012年1300多个学生，之后1290个学生、1244个学生，去年（2018年）一下变成1088个学生，那面（这里指该县城另外一所初中）人家扩招；我从2013年干校长至今，在编制内的老师累计流失了20多个，编制在我这的，人不在，出去了。"

此外，W市远城区SY学校一副校长也向我们表达了同样的问题，"流出的主要以中青年、骨干教师为主。我们学校有两个华师的免费师范生，去年辞职了，去市里考编。我们华师免费师范生来了8个，走了2个，调出了2

个"。由此可知，县城中办学质量好的学校会吸引更多生源与更优秀的教师，特别体现在薄弱学校的优质教师或紧缺学科教师流向优质校这一方面，这将对薄弱学校的办学造成一定的冲击。"我们信息技术老师就短缺，去年有一个信息老师还被另外一个好学校调走了，他们那边初一开物理、初二开化学，人家进行课程改革，我们老师都缺的，教师配置很不均衡。"（Z校长）

（二）配置主体权责高度分割，缺乏激励相容机制

县域内义务教育教师资源配置优化涉及政府、学校、社会、教师等众多主体，而这些主体职能与权责的有效发挥需要明晰的权责设置与有效的激励相容机制。然而，中部三省12个县（区）义务教育教师资源配置存在主体权责高度分割、激励相容机制缺乏等问题，主要表现在以下四个方面。

第一，长期以来，我国教师资源配置实行的是人权、事权与财权相分离的配置格局，进而导致教育主管部门作为教师资源的管理部门，在教师招聘、岗位管理、工作调动、职称评定、绩效工资发放等方面没有完全裁决权。我国教师资源的分配与使用受四个部门的牵制——机构编制委员会办公室（编办）、人力资源和社会保障部门（人社局）、财政局和教育行政部门。目前，我国的编办负责拟定其所在县（市、区）党政机关、事业单位等人员编制规定，科学配置职责、机构、人员编制和处（科）级领导职数等基本职能，公立中小学作为基本事业单位，其教师编制由编办拟定。人社局负责建立覆盖城乡的社会保障体系，落实事业单位工资收入分配政策、人员福利政策和离退休政策，核定教师岗位数等。公立中小学有正式编制的教师薪酬统一由财政部门发放。教育行政部门负责招聘、管理教师资源。这四个部门权责高度分割、高度分化，其中教育行政部门"管事不管钱"，财政局"管钱不管事"，编办"只管教师编制"，这就导致了作为教师资源管理部门的教育局，在教师招聘、岗位管理、工作调动、职称评定、绩效工资发放等方面没有完全的裁决权。

正如H市教育局组织人事处有关负责人所言，"每个教师编制都是经过编办、人事部门批准才定在学校的，教师要调动，必须经过编办和人事，教育部门说了不算。"教育行政部门在人权、财权方面的"失权"地位不仅容易导致教师资源的建设与优化在程序冗长、繁文缛节的部门规程之间推迟搁

置，而且使得教育行政部门丧失其应有权威，不能集中力量系统解决教育领域中的资源分配问题。

第二，在教师编制核定方面，县（区）教育局并没有履行好编制核定的基本职能。山西省Y县B校长表示，"教师资源配置之所以出现种种难以解决的问题，主要是教育行政部门没有履行好自己的职责。如果它能每年核编，分科、分学校核编，并提前做好师资配置的顶层设计与制度规划，有可能就不会出现现在这些问题。"在笔者调研的部分学校中，义务教育教师资源配置体现出市属重点学校（优质学校）教师编制数量充沛乃至过剩的现象，这在某种程度上反映出县（区）教育局在教师编制核定方面的不称职行为。

如表6-4所示，E市有市教育局直管小学12所，拥有289个班级数，班师比为2.9:1，其中美术专任教师共33名，音乐专任教师38名，科学教师39名，体育专任教师44名，综合实践活动专任教师共计40名，远远高出E市其他区学校所拥有的专任教师数；H区和L区所拥有的96所小学均为区教育局管理学校，这些学校所拥有的艺术类与综合实践类专任教师数均达不到一校一人的最低标准，难以实现国家提出的"配足配齐老师"的基本要求，教师资源配置体现出鲜明的校际差异。

表6-4　E市直管学校与区管学校专任教师对比情况表

地区	校数	班数	体育	科学	艺术	音乐	美术	综合实践活动		
								计	信息技术	劳动与技术
市直	12	289	44	39	20	38	33	40	25	15
H区	42	308	30	29	12	16	15	33	20	13
L区	54	376	23	25	5	17	14	22	19	3

资料来源：根据实地调研整理所得。

第三，县域内义务教育教师资源配置缺乏有效的激励相容机制。一方面，有效激励相容机制的缺乏，致使不同部门之间、上级部门与下级部门之间信息不对等、监督渠道不畅通，因而导致权责的履行常常出现"灰色地带"。如在访谈过程中，有校长反映区教育局根本不核编，"学区没有真正的核过编，我这超编，就可以调到缺编的地方。现在国家教育主管部门都没有发挥真正的作用，教育局没有尽到应尽的职责。"从中可知该县（区）缺乏公开透明的政务执行清单与监督机制，区教育局"不作为"现象无人问津。

在与山西省 Y 县一名初中校长交谈的过程中，了解到教育行政部门在推行"县管校聘"管理体制改革过程中，存在推脱责任的现象。这位校长反映，"我们一个带队的局领导，到山东学习回来了。人家（这里指带队的局领导）说县管校聘就是校长的事，校长聘任教师了，绩效工资也是学校定了，都是学校弄了，不是我们教育局了，我们教育局出一个方案就行了。"接着他又表示，"对这个（'县管校聘'改革）我们得有一个正确的认识，我们校长的压力可大了。学校定什么方案必须依据上面（教育局）的大方案，不能把事情全给了校长。"

另一方面，学校与教育行政部门之间存在信息不对等、力量不均衡的问题，中小学校没有人事自主权，因而缺乏解决义务教育教师资源配置困境的动力与积极性。教育行政部门是教师资源的管理部门，学校作为教师资源的使用单位，两者之间的关系从来不是平等的、合作的，"而是以行政性（上下级的）、管理性（管与被管）、习惯性（随意的、人际的）为根本特征。"❶在此关系网中，教育行政部门作为国家管理教育事业的行政单位，具有法律赋予的绝对权威，在义务教育资源配置、政策执行等方面拥有较为全面的决策与统计信息，而学校作为下级、被管理单位拥有的信息则较为片面，在教师资源的管理、使用方面要符合上级教育行政部门的有关规定，却没有实际人事调动权，使得义务教育学校面临的用人困境难以解决。

第四，义务教育教师资源配置优化的社会力量尚未得到有效挖掘。社会力量参与教师资源配置主要通过社会性的经济组织或社会性的社会组织，最常见的是市场中介、非营利性的社会组织或工会。其中，市场中介主要是指独立于政府或市场之外的第三方服务型企业或组织，它们在积极参与经济社会事务的过程中，能有效推动政府职能转变，促进政府依法行政。如一些劳动派遣公司或就业服务中心能为求职者提供各种各样的招聘信息及有关服务，并积极促成求职者和企事业单位之间的合作。但是，目前在我国的县城或农村，这类机构不仅较为罕见，即使存在这类机构或组织，它们的作用也并没有得到有效的发挥。正如下面这位代课教师所说："县城里好像有大学生就业服务中心，但这个感觉跟我没什么关系。我自己找工作就是通过学校

---

❶ 蒲蕊. 政府与学校关系重建：一种制度分析的视角 [J]. 教育研究，2009（3）：81-85.

或一些熟人发的信息，这个服务中心好像就是之前没工作的时候档案在这里寄存过，其他的并没有什么，一般人也不会去注意它，感觉没什么用。"

（三）义务教育教师资源配置的实现条件不能满足学校发展诉求

1. 以编制总量配置教师资源不能满足学校学科需求

自2001年国家明确核定中小学教职工编制标准至今，我国中小学教职工编制标准呈现不断提高的特点。2001年中央编办会同教育部、财政部制定了中小学教职工编制标准，规定城市初中师生比为1∶13.5，小学师生比为1∶19，农村初中师生比为1∶18，小学师生比为1∶23。2009年在关于进一步落实《国务院办公厅转发中央编办、教育部、财政部关于制定中小学教职工编制标准意见的通知》有关问题的通知中，国家将农村中小学教职工编制标准提高到县镇标准。2014年在《关于统一城乡中小学教职工编制标准的通知》中国家将县镇、农村小学、初中教职工编制标准提高至1∶19、1∶13.5，分别提高了10.5%、18.5%。在使用与调整中小学教职工编制时，遵循的基本原则是"总量控制、城乡统筹、结构调整、有增有减"。

然而，笔者在调研过程中发现，被调研县（区）教育局主要按照编制总量核定小学与初中教职工的编制数量。教师资源配置以编制总量为依据最大的问题就在于学校超编，教育局不会给超编学校分配教师；学校缺编，教育局也不一定能给学校分配所缺岗位的教师。也就是说，教师编制总量与学校所需专任教师之间并不契合，教师编制总量是从数量上来衡量教师资源供给情况，而学校所需专任教师是从结构上反映教师需求情况，两者之间并不匹配，由此导致以下两种情况。

其一，教师总量超编、学科性缺编的学校，县（区）教育局不会给这所学校分配新教师，该校学科性缺编问题只能让校内其他专任教师兼任来解决。由于中小学校编制是编办核定好的，教育局只负责定期核查编制数量，清点退休、离职教职工人数，并根据编制空缺数的多少发布招聘信息。因而，中小学教师编制相当于"一个萝卜一个坑"，只有在编教师自然退、减，学校才会有分得新教师的机会。

如Y市XQ小学校长所说，"我们学校有音乐教师1人、美术教师1人、体育教师2人。1个体育老师经常请病假，音乐和美术老师一请假，学校就没人带课了，音乐还能兼任，美术专业性太强，根本不行。但我们学校是超编学校，只能让学校其他有兴趣的老师临时带一两节课。"X区SY小学一副校长也表达了同样的情况，"我们学校原来生源比较多，但这些年生源逐渐流失、减少，教师流动又不大，就导致学校教师数量超编。我们的化学老师就差人，但是由于我们是超编单位，又不能招聘代课教师，就只能通过教师换科的方式来解决，如学校的化学课让物理老师带。"

其二，教师总量缺编、结构也缺编的学校面临的主要问题是教育行政部门不一定能满足其缺编需求，因而，他们只能请临时代课教师或由校长（副校长）或书记兼任部分主课来缓解师资紧张矛盾。如前所述，县（区）教育局并不是某个学校或地区缺多少教师、缺哪些科目的教师，就将招聘的教师都分到这个学校或地区，县（区）教育局会将新教师优先分配到农村地区锻炼实习3年，然后将剩余一部分教师分流至高中、初中和小学，最后，分到缺编单位的教师只有1—2名，根本不能填补其较大的师资缺口，也不一定能满足其学科性缺编需求。

由此看来，义务教育教师编制标准与学校对教师资源实际需求之间是"貌合神离"，县（区）义务教育教师编制总量呈现的是该县（区）义务教育教师资源总量，不能如实反映小学学段或初中学段教师资源超编或缺编情况，也不能如实反映义务教育各个学校教师资源编制具体情况。因而，就会出现县（区）义务教育教师编制总量合理，县（区）内小学、初中超编与缺编共存的情况以及小学或初中教师结构性缺编等问题。

2. 小规模学校实际教学需求被忽视

国家在有关统一城乡教职工编制标准或教师资源配置的政策文件中，多次明确提出"要按照班额、生源等情况，充分考虑乡村小规模学校、寄宿制学校和城镇学校的实际需求，统筹分配各校教职工编制和岗位数量"。然而，笔者在调研过程中发现，一些教育行政部门并未根据国家政策规定制定有针对性的政策，一些县或区存在义务教育教师资源配置"一刀切"的现象。

"一刀切"配置方案使生源数量成为决定教师数量多少的关键因素，在校生数量越多，教师数量就会按相应比例增加；在校生数量少于300人的小规模学校，所能配备的教师数量就较为有限，甚至难以保证开足开齐课程、配足配齐教师的基本要求。

山西省Y市NZL学校校长就表达了这样的担忧，"但对于一些小规模学校，就得考虑实际情况，特别是单轨学校就不合适，像中学一个班语文合适，但是数学就不行了，音体美更不行。你像这个地方就不行，一个英语老师带三个年级，怎么带，三个年级同时带，三个年级怎么备课，工作量上来了，每个年级只讲1次，其他学校的英语老师备一次课讲4次、5次或6次。"Y市XQ小学语文W老师表示："按照这个配比，像我们这样的小学校（在校生300名），一个老师可能跨年级带好几个班，对学生的发展不利。也可能出现一个老师带一年级、二年级，也有可能带6个年级的情况。一个老师跨年级带，不仅对学生发展不利，而且极大加重了教师的备课、教学负担。"

Y县YQ初中B校长也提出了相同的看法。他以Y县一所初中为例，说明了"一刀切"配置方案中存在的弊端。Y县NT中学是位于农村的一所初中学校，截止到2019年9月该校三个年级只有11名学生，如果按照国家1∶13.5的配置标准，该校只能配备1名专任教师。然而，1名专任教师根本没有办法满足学校不同学段学生的教学需求，也无法达到国家"开足开齐课程、配足配全教师"的要求。

3. "县管校聘"改革尚不完善

"县管校聘"作为解决义务教育教师资源配置中人浮于事、教师资源利用率低、实现教师由"学校人"向"系统人"转变的一种体制改革方式，其目的旨在使国家改革教师管理体制与学校优化教师资源配置及教师实现自我发展三者相统一与契合。

通过调研走访，笔者发现目前只有山西省在全省范围内逐步推广与实行"县管校聘"制度改革，安徽省和湖北省虽有一到两个县（区）被选为义务教育教师队伍"县管校聘"管理改革示范区，如安徽省M市B区、H市F县被选为首批改革示范区，湖北省Y市D市、J市J区被选为第二批改革示范区，但大部分县市均未开展"县管校聘"改革，部分被调研的校长表示并没有得到确切消息，表示将要在本省开展义务教育师资管理改革。

通过进一步的访谈了解到："县管校聘"改革在山西省得到部分义务教育学校校长的支持与推崇，但50岁以上的老资历教师对其持消极态度。表6-5为调研整理的义务教育学校校长与教师对"县管校聘"的态度与看法。如表6-5所示，大部分校长支持"县管校聘"改革，其目的主要在于优化学校教师资源配置，解决学校教师总体超编、学科性缺编等问题，使全区的教师资源"活化"、实现教师资源互通有无；而普通教师则是结合自己的年龄、可以承受的工作量以及岗位设置等方面表明他们的态度，大部分50岁以上的老资历教师认为，"县管校聘"对自己十分不利，一是他们承受不了太大的工作量，二是50岁以上的女教师已接近退休年龄，他们在聘任期限上存有疑虑。由此看来，目前在中部开始推行的"县管校聘"改革并没有妥善处理好个人利益与整体利益、改革与稳定之间的关系。

表6-5 部分校长、教师对"县管校聘"改革的态度

人物	对"县管校聘"改革的态度	
	支持	反对
数学W老师	这种改革挺好的，充分的调查，尤其是薄弱学校特别是小学校，综合考虑，1∶19是怎么出来的。我们马上要实行县管校聘，县管校聘就是按这个比例配教师	县管校聘也存在弊端，我是老教师，你快退休了，聘你按正常工作量给你，你受不了；照顾你给你少点工作量，编制在那
语文W老师	—	县管校聘对老教师是一个冲击，1∶19纯数字化的理论来源和依据是什么，尤其是应该照顾到小学校。我们很快就退休了，剩下三四年怎么聘？
体育Z老师	我们学校2019年4月15日就县管校聘方案召开会议，县管校聘方案是一年签一次，最多聘用95%，最少10%。学校负责设岗解决编制中人浮于事的问题	—
B校长	现在的情况是因为生源问题、出生率的情况和农民工进城、城镇化、学龄儿童少，老师多，实际上是用人出现了问题，县管校聘就是要重新用人	县管校聘设置岗位是一个难题，难题之二是岗位的跟踪考评，与经济挂钩，即与绩效挂钩，就涉及教师们的利益再调整问题
L副校长	现在局里在商量县管校聘方案，这个方案下来学校会有聘用的权力，落实得好的话会学校发展有好处，但是能想到的、可预设的问题也说不准	—

续表

	对"县管校聘"改革的态度	
G校长	现在的情况是资源配置比较固定,比较死,存在总体超编,学科性缺编,这个问题不好解决。实行县管校聘就可能好一点,如临时缺编、短期缺编,生病、生孩子,实行县管校聘全区就可以调配,对教师的积极性有一定调动作用	—

资料来源:根据访谈资料整理。

4. 教师管理体制改革亟须推进

在国家有关义务教育发展与教师队伍建设的政策文件中,均提出要积极推进教师管理体制改革,改革旨在通过建立人权、事权、财权相统一的教师管理体制,实现县域内义务教育教师资源的优质均衡配置。如《国务院关于统筹推进县域内义务教育一体化改革发展的若干意见》(2016)、《中共中央、国务院关于全面深化新时代教师队伍建设改革的意见》(2018)等文件规定要在5年内(2023年之前)普遍建立人权、事权、财权相统一的教师管理体制,实现县域内义务教育教师资源在规模、结构、素质能力等方面的基本均衡,保证教师资源能够满足县域内义务教育学校基本教学需求。

然而,笔者在与部分政府工作人员或校长访谈的过程中提出"您认为当前义务教育教师资源管理人权、事权、财权相分离的现状是否有利于教师资源配置优化"这一问题时,大部分受访对象都避而不谈或者委婉表达自己的意见。例如,NZL小学G校长表示,"国家这么做有它的道理,要是教育局又管人又管钱那它的权力就大了,它(教育局)一下弄这么大的摊子,那财政局、人社局其他部门干什么呀。教育行政部门做好自己分内的事情就好了,它就安安心心搞教育。现在我们这里开展'县管校聘'改革,你说给学校赋权(这里指学校聘用教师的权力)到底好不好,最后这压力全都到我们校长这了。"另外一位教育行政部门的有关工作人员谈道,"其实这个县域内义务教育教师资源配置,在很大程度上与一个县或省市的经济发展、教育发展有很大关系,像经济发展落后的地区,教育自然跟不上,那些地方,特别是农村的年轻老师根本留不住,没人愿意待在那里。教育管理体制改革是为了更好地管住老师,可是它还应该考虑如何提高教育质量,我觉得这个是最根本的问题。"

由此可知，在教师资源管理体制改革过程中仍有许多问题需要解决，如政府部门工作人员与校长教师对传统教育行政体制存在思维惯性与依赖，教师资源配置有关部门之间权责的重新划分与调整等。

此外，国家还要求形成科学高效的教师管理体制机制，以教师队伍治理体系和治理能力现代化保障县域内义务教育教师资源优化均衡配置。然而，在调研走访的部分义务教育学校中，义务教育教师信息管理大多集中在县级教育行政部门，教师基础信息库与教师系统大多均在建设中，受访学校还未享受到教师系统管理带来的便利。还有部分地区因为缺乏有关信息管理方面的专业人员，导致教师基础信息库的建设进展缓慢。安徽省S县教育行政部门有关工作人员谈道，"你也看到了，我们教育局人手有限，中小学教师信息采集工作也是一个比较系统的工程，因为目前还没有一个统一的信息采集系统，我们只能让下面的学校统计好以后上报，这就出现了有的学校统计不符合要求，信息不完整等问题，教师信息又需要反复校对、核实，这个信息采集工作需要消耗大量的时间。我们也没有一个专业人员，上面也没有派人来指导，这工作自然就慢下来了。"

（四）义务教育教师资源配置优化的改进措施执行效果不佳

1. 义务教育教师轮岗交流制度执行效果不良

县域内义务教育校长教师轮岗交流是国家进一步促进义务教育均衡发展、加强城乡义务教育教师队伍建设、提升义务教育质量做出的重要举措。在调研中发现，校长教师交流轮岗制度在执行过程中主要存在以下两个问题。

第一，12个县（区）义务教育校长教师交流轮岗政策没有被有效执行。通过调研发现，一些县（区）为了保证当地优质学校的升学率，往往并不会派遣优秀教师到乡村学校交流，派出的教师多为表现不佳的教师或新手教师。还有甚者，将教师的流动视为"教师交流"的一部分，学校为了完成上级下达的有关教师交流任务，为了交流而强行交流，并没有真正起到强校带弱校、大校帮小校的作用，反而造成学校教师队伍不稳定、部分教师流失的情况。

山西省Y市C区中小学校长反映：其所在区义务教育教师交流并没有真正起到促进学校均衡发展的作用，部分区域的校长并没有交流、轮岗，而教师交流在上级行政命令的影响下被强制执行，但执行效果不尽如人意。XQ

小学李校长说:"校长没有交流,没有到农村,教师可以到农村支教。现在的支教都是假的,补补教案,没有真正到农村驻一个学期、带课,没有按照学校一个学期进行考核……轮岗交流大多数是一种形式,有的教师是升职称、有关系交流交流。学校老师出去交流3年,没有办法考核,也不好管理,教师交流根本没有起到交流的作用。"YQS初中B校长也表示,该县校长基本没有交流轮岗,"我现在在这个学校当校长有6年的时间了,人家也没让交流。我2017年就提交交流申请了,我认为校长任期三年就行了,有俗语'当家三年狗还嫌'。"从这段访谈材料中可以看出,义务教育校长、教师交流轮岗政策执行情况并不理想,部分地区的教师交流异化为教师评职称、减轻工作量的手段,有的地方甚至会为了完成任务而虚报交流情况。

湖北省W市X区SY学校一位副校长表示,该区校长并没有交流轮岗,教师有扶贫交流;该区YL小学一副校长为我们描述了该区义务教育教师交流情况,他谈道:"交流肯定是有一定作用的,但目前对我们学校来说是有困难的,我们要派教师出去的话,本身我们学校教师缺编人数严重。所以交流的人数有时候根本没办法保证,我们派10个人出去交流,我们自己的教育教学活动没办法保证,我们都缺四五十个人,这不是很矛盾的事情吗?你叫我们派出去10个人,如果对方也来10个人,那还差不多。这个交流就相当于是扶贫,你派的是骨干教师他肯定欢迎,你派的是年龄大、工作态度不好的教师他一般都不欢迎。"区域内不对等的教师交流势必会影响输出学校正常的教育教学工作。

第二,校长、教师交流轮岗缺乏必要的监督。义务教育学校是校长教师交流轮岗政策的落实者,县域内的各个学校根据本县(区)教育行政部门出台的义务教育教师交流轮岗政策和计划,制订出该校本学年校长教师交流轮岗计划与人数,并报送上级教育行政部门。在此过程中,教育行政部门应对本县(区)义务教育学校交流情况监督、指导并负责,然而,在调研过程中发现,县级教育行政部门存在权责履行不到位的情况。山西省Y市教育行政部门有关负责人表示,"国家规定全县每年义务教育交流轮岗的教师比例不得低于符合交流条件教师总数的10%,这个数字基本上都能达标,最差的也保证在10%左右。因为每个学校制定的交流人数和时间不太一样,我们不可能一个一个去监督、检查,一般是到一个学年结束的时候统计各个学校的交流情况,各个学校上报今年交流任务的完成情况。"由此可见,教育行政部门并未制定或采取行之有效的监督措施对校长教师交流轮岗进行规范，因而容易导致交流结果虚高、交流效果良好的假象。

此外，由于进行交流教师的所有信息、考评、工资发放都在原学校，因而其处于被交流学校与原学校人员考核管理的"真空地带"，被交流学校碍于各种因素通常并不会对其教学工作做出实质性的"好坏"评价，原学校因其并不在本校任教不对其做出评价或将交流学校对其做出的评价作为考核结果，因而，不管交流教师在轮岗交流期间的表现如何，他（她）都能利用学校管理上的漏洞，以交流为借口有效规避对自己的不利因素，轻松拿到薪酬。这也就出现了前文部分校长所说的教师交流都是一种形式，是教师升职称、有关系、找轻松才交流的情况。

2. 部分义务教育学校教师培训经费达不到国家规定标准

教育部在 2007 年发布《关于进一步做好农村义务教育经费保障机制改革有关工作的通知》，文件明确指出"教师培训费要按照学校年度公用经费预算总额的 5% 进行安排"，因而，从国家层面来说，中小学教师培训专项经费要严格执行"公用经费的 5%"，以此保证教师培训经费的充足。在《县域义务教育优质均衡发展督导评估办法》（2017）中，对义务教育质量评估的一项指标为"全县所有学校按照不低于学校年度公用经费预算总额的 5% 安排教师培训经费"。

在实地调研过程中发现：在教师专业发展的经费支出方面，大部分学校基本能达到国家要求，但也有部分中小学校不足 5% 的情况，经费不足会导致义务教育学校教师在专业发展上受限、教师质量不能得到有效提升。

如 W 市 X 区 SY 学校 2018 年教育经费 268 万元（人员经费+公用经费+专项经费），其中教师培训专项经费为 10 万元，占 3.7%，低于国家标准；YL 小学 2018 年教育经费 362 万元，教师培训专项经费 18 万元，约占 5%，基本符合国家要求。山西省 Y 市 XQ 小学的 L 校长谈道，"我的经费一年 11 万元，去年花了 3 万元。主要用于听课、观摩、培训（国家举办的培训），订一些老师们需要的书本、杂志"。当问及"其他学校是不是也是这个情况时"，L 校长答道："我这个是最多的。我一年十几万元的经费在整个区是倒数第三，BDJ 小学一百多万元，一千多学生，SZ 小学也一百多万元。我去年搞各种活动、文化节活动、表彰，光是活动就花费 1 万元。"安徽省 Y 县 QS 初中（见表 6-6），其校长表示学校经费紧缺，由于该校是一所寄宿制初中，住校生只出伙食费、不出住宿费，因而该校开支比较大，教师培训经费达不到国家要求的 5%，"用电、用水、用气（天然气三块钱），这些耗费开支一年 45 万元，一年生均公用经费 941 块钱，我 1088 个学生才 102 万元，住宿生开支 45 万元（占 40%），学校其他运行、办公经费也需要钱，教师专业发展国家要求公用经费的 5%，我们学校都达不到。"

表 6-6　部分学校教师培训经费情况

学校	教育经费（元）	教师培训经费（元）	所占比例（%）
QS 初中	9706037	339800	3.5
SY 学校	2680000	100000	3.7
YL 小学	3620000	180000	4.97

第二节　12 个县（区）义务教育教师资源配置优化问题的原因分析

本研究认为，造成义务教育教师资源配置优化过程中诸多问题的原因是复杂多样的，其中既有义务教育教师资源共享文化缺失、教师资源配置优质均衡的理念未得到充分彰显、政府行政官员的官僚经济等主观原因，也有经济社会发展与学校所处区位、高度集权的教育管理体制、教师资源配置有关政策等客观原因。

（一）义务教育教师资源配置优化文化缺失

义务教育教师资源配置优化文化在理念、方向等方面指导县域内义务教育教师资源配置优化工作，有利于县域内义务教育教师资源配置优化目标的达成。我国县域内义务教育教师资源配置之所以存在上述各种问题，原因之一是义务教育教师资源配置优化缺少文化引领。

1. 义务教育教师资源共享文化尚未形成

县域内义务教育教师资源配置数量不均、质量不齐、结构不均衡等问题一直难以解决的原因之一是县域内义务教育教师资源配置中共享文化缺位。在调研走访过程中笔者发现，12 个县（区）在教师资源配置过程中共享意识淡薄。一方面，县域内义务教育学校之间，特别是优质学校与薄弱学校之间交流、互动较少，即使两者之间有教师交流，优质学校也不会完全派出自己的骨干教师，也不会传授全部的"成功秘诀"；在学区内，不同中小学、相同学科之间的教师交流也较少，除了区教研室举办的各学科培训与研讨之外，学区内学校间的实质性教师交流并不多见。共享意识的缺失加剧了县域内义务教育教师资源配置不均衡的"马太效应"，在优质校与薄弱校之间建立难以逾越的藩篱，不利于学区内教育资源共享与义务教育均衡发展。

另一方面，县（区）内并没有建立明确的有关义务教育教师资源共享政策和制度。教师资源共享政策和制度能够有效指导县域内义务教育教师资源共享工作的开展与落实，在教师资源共享的思想、行动与方法等方面给予指导、帮助与支持，是县域内义务教育教师资源共享工作开展的主要依据。目前，我国还没有出台有关义务教育教师资源共享的专门政策或法规，而国家大力提倡并持续推进的县域内义务教育校长教师交流轮岗可以视为教师资源共享的一种形式。但如前所述，由于校长、教师交流轮岗缺乏相应的保障与监督，导致义务教育校长教师交流轮岗实效不佳，优质校与薄弱校之间的教师资源互换并没有起到实质性的帮扶与带动作用。

2. 义务教育教师资源配置优质均衡的价值理念仍有待彰显

调研中出现的各种悖离教育公平的问题，其症结之一在于我国义务教育教师资源配置优质均衡的价值理念尚未充分贯彻到实践中。国家义务教育教师资源配置政策中"按照班额、生源等情况统筹考虑乡村小规模学校、寄宿制学校与城镇学校教职工比例与岗位数量"的规定可以看作国家运用"差别原则"引导农村特殊地区教师资源配置，目的是使特殊规模学校的教师资源配置更为合理。然而，截止到2020年5月，中部三省发布的教师资源配置政策文件大多为校长教师交流轮岗、乡村教师队伍建设、对口支教等有关内容。虽然湖北省2017年发布的《关于调整全湖北省中小学幼儿园教师岗位结构比例规范岗位聘用工作的通知》中对湖北省教师岗位等级和结构比例做出了调整，同时还指出规模小、人员少的教学点或中小学可以按照学区统筹岗位总量，并提出要尝试探索教师资源配置动态调整机制，但是特殊规模学校到底该如何配置教师，县域内义务教育教师资源动态调整机制该如何实施并没有给出具体的说明与执行方案。

由此可知，国家政策旨在通过"差别原则"有效引导农村特殊地区教师资源配置，由于缺少具体的实施方案与相应的保障措施，导致优质均衡的价值理念并未落实到教师资源配置实践中。

此外,义务教育教师资源配置优质均衡的价值理念尚未完全渗透到政策执行者或行政官员的思维与行动中,在一些政府官员身上仍残存着浓厚的行政主义、管理主义、官僚主义等不良风气,由此导致我国义务教育教师资源配置存在低效、不合理的风险。

其一,官本位思想容易导致义务教育教师资源配置效率低下。如在教育人事任免或教职工配置方面,容易出现任人唯亲、以权谋私、滥用权力等不正之风,教育行政官员利用自己的职权安排自己的亲属或其他请托的人成为学校职工;在学校建设方面,教育行政官员以政绩为重,重标准化建设、外部条件的改善,轻资源的有效利用与内部教育教学质量的提升,投身于明显见效的教育指标建设中,缺乏对区域内学校教师资源配置的整体规划与协调统筹。

其二,政府在依据"国家中小学教职工编制标准"配置教师资源时,陷入"标准化公平"的假象中,将优质均衡的价值理念异化为标准化、统一化,突出表现为教师资源配置需求被物化、供给侧被概念化。需求被物化,即行政官员将义务教育学校对教师资源的需求转化成国家中小学教职工编制标准,初中为 1∶13.5,小学为 1∶19,他们只依据被数字化的需求进行教师资源配置,没有妥善考虑数字背后不同学校的实际情况,不分类别、分规模、分层次、分学科进行教师资源配置,只核定该县(区)义务教育教师资源编制总量,普遍导致该县(区)内中小学校教师学科性缺编与专任教师年龄结构老化。供给侧被概念化,主要是指政府所要分配的义务教育教师资源不单纯被视为教育者劳动力资源,还是一种"终身铁饭碗"的象征,是某种地位和身份的象征。因而,容易出现部分行政官员滥用职权、以权谋私的现象。

(二) 传统的高度集权型教育管理体制的惯性作用

我国教育事业的发展不仅受到中央及各级教育行政部门的直接管理与指导,还要接受党与各级人民政府的领导以及其他有关行政单位的制衡与影响。在这种权力架构及集权型教育管理体制惯性的影响下,导致我国义务教育学校与教育行政部门拥有的权力十分有限。

第一,高度集权型的教育管理体制,导致学校的人事自主权极为有限。

在20世纪80年代政府简政放权浪潮的影响下，我国教育体制改革也遵循放权这一思路。从《中共中央关于教育体制改革的决定》（1985）首次提出"坚决实行简政放权，扩大学校办学自主权"以来，基础教育管理改革的一个基本方向就是落实并扩大中小学校办学自主权。1995年《中华人民共和国教育法》第29条规定，学校按章程自主管理，并赋予了学校人、财、事三方面的基本权利。时至今日，有研究表明，我国公办义务教育学校在"教学方法选择""校内考试标准制定"以及"日常运转开支"等事项上自主程度最高，而在"教师的招聘""教师的解雇""教科书的选择""借贷"等事项上自主程度较低。❶之所以我国中小学教师招聘、教师解雇等办学自主权程度较低，主要原因是教师资源的变动要牵涉编办、教育局、人社局、财政局等多个部门，在多个部门的力量制衡下，学校很难在教师资源的人事自主权上取得真正的突破，这同时也体现出我国传统的集权型教育管理的体制烙印。由此可知，虽然我国义务教育学校办学自主权的改革进行了多年，但是目前中小学校的办学自主权依然十分有限，有些地方政府仍然偏好以直接、微观、具体的手段来行使职权，使得中小学校该落实的自主权没有得到很好的落实。❷

在访谈过程中，部分校长也表达了学校在教师资源管理方面几乎没有什么权力。湖北省远城区一副校长表示："老师来是教育局分配，他来学校带什么课我有权力，我能决定他是带语文还是带数学；他要是干得不好，我想辞掉他也没有这个权力，学校没有解聘教师的权力。学校可以请代课老师，现在一般也不让聘请代课老师，但是如果老师实在不够用也没有办法，代课老师的去留学校可以决定，他们没有编制。"

第二，从属型的教育行政体制类型，决定了教育行政部门的有限权力。以县为主的基础教育行政管理体制被正式确立是在2001年，2006年新修订的《中华人民共和国义务教育法》中"义务教育实行国务院领导，省、自治区、直辖市人民政府统筹规划实施，县级人民政府为主管理的体制"为以县为主的义务教育管理体制提供法律依据。然而，教育行政部门这种被授予的

---

❶ 冯大鸣. 我国义务教育学校办学自主权的实证分析 [J]. 中国教育学刊，2018（10）：55-60.

❷ 蒲蕊. 新中国基础教育管理体制70年：历程、经验与展望 [J]. 中国教育学刊，2019（10）：48-53.

法定权力拥有其内在限度：一方面，政府"有限授权"。国家将发展、管理教育事业的基本权力委托给教育行政部门，教育行政部门代表国家行使管理教育的各项义务。在这一授权过程中，政府只将管理教育事业的具体事务性权力下放给教育行政部门，而有关教师人事管理、财务使用等方面的权力并未一同授予，致使各级教育行政部门责任大权力小，不能有效统筹、合理优化县域内义务教育教师资源。另一方面，中国的地方权力是地方党委领导下的一元化权力架构，教育行政部门在接受地方政府统领的同时就意味着也接受了其被赋予的有限法定权力，只能在政府划定的职权范围内行使权利、履行职责。

（三）历史沿革的教育政策惯性加剧了教师资源配置的不均衡

重点学校政策是我国在特定历史条件下为发展基础教育而制定的专门政策，主要是指政府根据特定的标准在普通中小学中选出比例很小的一部分学校作为重点发展对象，通过行政规划（计划）、政策干预等方式把当下有限的办学资源集中投放到这些学校，让这些学校的教育优先发展起来。❶ 重点学校就成为重点学校政策的直接产物，多年来其累积的资源优势是导致教师资源配置不均衡的原因之一。

第一，重点校政策是特定历史时期国家对基础教育发展做出的战略部署，对我国义务教育的发展与提高起到了至关重要的作用。然而，这种差序格局严重不均衡式的发展影响了此后义务教育学校的基本格局。在重点校政策影响下，义务教育学校优劣格局俨然定型，无论是之前的重点校还是现在的示范学校都已累积了优越的教育资源，树立了自己的口碑、释放了影响力，这不仅影响了潜在教师劳动力的就业选择，而且会吸引一部分普通学校或薄弱学校的优秀专任教师跳槽任教，继续为其"锦上添花"，拉大校际间的教育不公平。

第二，重点校政策、城乡二元政策使义务教育教师资源配置形成路径依赖与思维惯性，在很长一段时间内教师资源配置体现出重城市、轻农村，重优质、轻薄弱的取向。如在2001年《关于制定中小学教职工编制标准意见的通知》中规定城市初中师生比为1∶13.5，农村为1∶18，城市小学师生比为

---

❶ 柯政，陈霜叶，任友群．重点学校与非重点学校的校长领导行为比较 [J]．北京大学教育评论，2013（1）：63-82．

1∶19，农村为1∶23。从中可以看出：在初中阶段，城市每一名教师负担学生数为13.5名，农村每一名教师负担学生数为18名；在小学阶段，城市每一名教师负担学生数为19名，农村每一名教师负担学生数为23名，由此表明无论在小学还是初中，城市每一名教师所负担的学生数均少于农村教师的负担量，体现出教师资源配置在重点校政策惯性的支配下呈现重城市轻农村的价值取向与行为模式。此外，如表6-7所示，国家在城市、县镇与农村义务教育专任教师的数量配置上保持一致，但在职工数上有差异，城市初中职工的平均配置数量是县城的3倍以上，是农村的10倍，城市小学职工的平均配置数量是县城的2倍以上，在同样班额的情况下城乡中小学教职工配置体现较大的差异。

表6-7 中小学班标准额与每班配备教职工数参考表

学校类别	地域	班额（人）	教职工（人）	教师（人）	职工（人）
初中	城市	45—50	3.3—3.7	2.7	0.6—1
	县镇	45—50	2.8—3.1	2.7	0.1—0.4
	农村	45—50	2.5—2.8	2.7	0.1
小学	城市	40—45	2.1—2.4	1.8	0.3—0.6
	县镇	40—45	1.9—2.1	1.8	0.1—0.3
	农村		各地斟酌		

资料来源：国办发〔2001〕74号文件附表《中小学教职工编制标准》折算，http://old.moe.gov.cn/publicfiles/business/htmlfiles/moe/moe_26/200206/316.html。

由此可知，实施多年的重点校政策和城乡二元政策所形成的思维惯性导致义务教育教师资源配置形成重城市轻农村、重优质轻薄弱的路径依赖，拉大了城乡义务教育发展的差距，加剧了教育不公平现象。

（四）经济社会发展与学校所处区位使教师资源配置矛盾更为尖锐

首先，经济社会的快速发展加速了城镇化进程，人民对美好生活的追求随着经济社会的飞速发展也发生了深刻变化，资源配置的矛盾促使人们对优质公平教育资源的需求更加强烈，因而就出现了义务教育学校"城镇挤、农村弱"的局面。"城镇挤"不仅表现在城镇义务教育学校生源普遍暴涨、班额变大、班数增多，而且体现在逐年攀高的生师比、增加的负担学生数等方面；"农村弱"一方面描绘了乡村学校、农村小规模学校、教学点生源逐步减少，甚至消失的现象；另一方面则讲述了农村学校师资力量老化、素质偏低、专业能力有待提升等问题，农村地区的教育"常常像半干旱的教育荒漠一样没有教育质量可言，不但教师通常都是水平最低的，而且贫穷儿童的比例也很高，他们得到的家庭支持也极小，这些儿童才真正需要最好的老师"❶。农村学校与城市学校在义务教育教师资源配置数量、质量方面存在巨大差距，城镇化进程不仅加剧了城乡义务教育教师资源供给与需求之间的矛盾，拉大城乡义务教育质量差距，而且促使农村学校生源流失、加速乡村学校的衰败，还助长了家长们的择校风气。

在"城镇挤、农村弱"的局面下，我国义务教育教师资源配置还体现出鲜明的地缘结构特点。费孝通先生在《乡土中国》中用"差序格局"诠释了中国的亲属关系、地缘关系与社会结构，在他看来，我们的社会关系就是"这种丢石头形成同心圆波纹"，在以"己"为中心形成的亲疏远近网络中，中心权力的大小决定了同心圆的伸缩能力与弹性。这种"差序格局"不仅决定了不同的道德观念，而且使乡土社会的生活富于地缘性，人们的活动范围局限于地域界限，区域间彼此接触少、区域内人们保持着自己独立的社交圈。❷ 因而，在此社会结构的影响下，我国义务教育教师资源配置体现出明显的本土化现象，本土教师在工作、生活与社交方面会比来自外地的教师有明显的优越感。

在以地域为界的熟人社会中，教师资源供给呈现以县城为中心的本土化、集中化趋势，来自本县城、乡镇的教师更愿意在当地学校任教，特别是一些优质学校任教。在调研过程中笔者发现，调研学校的校长基本来自当地，且任职时间较长，如 E 市 X 区一初中校长反映，其所在区内中小学校长基本没有交流，该校长至今年已在该校任职 9 年；Y 县一初中校长至今年也任职满 6 年，但是也没有被安排进行交流；Y 市一小学校长已经任职 11 年，他在访谈中提出资源配置固化并不利于学校发展，"国家的新规定校长最长 9 年。时间长了固有的思维模式对学校发展不利，不好管理，思想观念陈旧，不利于学校变革，校长应该大大进行交流，好校长应该到最基层的学校进行交流"。

其次，乡镇与农村落后的经济发展与科学技术导致教育系统中的固有矛

---

❶ [美] 库姆斯. 世界教育危机 [M]. 赵宝恒，等译. 北京：人民教育出版社，2000：126.
❷ 费孝通. 乡土中国 [M]. 上海：上海人民出版社，2007：9.

盾更为突出，由此进一步加剧了县域内义务教育教师资源配置不均衡的问题。教育是社会诸多子系统中的一部分，它的进步与发展不仅受到国家意识形态的影响与控制，而且要服从于社会、经济结构变革给教育带来的转变。在这一相互影响过程中，教育系统固有的惰性使其适应周围环境变化的速度过于缓慢，由此产生的教育系统与周围环境之间的各种不平衡引发了教师资源配置的各种矛盾。其中，最为关键的是教育劳动力密集的特性与教育技术之间的矛盾，多年来教育技术在教育教学方法上更新与运用的缓慢速度妨碍了教学效率与学生/教师比例的提高，也妨碍了教师工资与收入的增长。然而，雇用相同学历层次的许多其他产业却因不断更新生产技术而稳步地提高它们的生产效率❶。因而，教育领域中的这一根本性矛盾就使得教师资源配置始终存在供给与需求不匹配、学科结构矛盾突出的难解症结，并使得这一现象在封闭落后的乡镇与农村教育中更为显著。

虽然国家在持续推进义务教育学校标准化建设，尝试为乡镇或农村学生打造和城镇学生一样的就学环境，配备标准化教学设施和无线网络等，但值得注意的是：一方面，这种标准化建设只是物质形态方面的标准化，是教室、操场、座椅板凳、教学工具的标准化，而不是乡镇、农村学校软实力的改变与提升。乡镇和农村学校欠发达的经济状况与较为恶劣的地理环境是其吸引并留住年轻教师、优秀教师最大的障碍。正如一些校长在访谈材料中所述，国家在大力推进义务教育学校标准化建设的同时并没有考虑未来这些农村学校是否有生源，在城镇化进程加速发展的过程中，县城学校班额暴增，而一些农村标准化学校因为没有生源而被废弃。这就是教育发展与经济社会发展悖离的一个典型，由于教育自身发展并不能完全适应周围环境的变化，直接造成教育资源的浪费与教师资源的流失。

另一方面，乡镇或农村地区学校缺乏先进技术生长、发展与运用的环境，妨碍了教学效率的提高、教师工作负担的减轻，不利于教师资源管理的系统化、科学化，由此进一步加剧了教师资源配置不均衡问题。再加上，乡镇或农村义务教育学校或教学点距离远、较为分散、信息闭塞、技术短缺等现实问题，导致这些地方的教师成为管理的"真空地带"，用一位校长的话表达就是："上面（教育行政部门）的人想起你了，来管一下，想不起

---

❶ ［美］库姆斯. 世界教育危机［M］. 赵宝恒，等译. 北京：人民教育出版社，2000：152.

你，就根本不管。我们这些学校最需要国家特别关注，学生少、老师少，大部分能待在这的都是四五十岁的老教师，他们家就是这里的，在这待了快一辈子了。年轻老师基本看不到，一些特岗教师在这待几年，服务完就走了。我倒是希望国家有个系统能监测我们农村学校教师的变化与流向，这样管理起来更科学，也能看出哪里教师资源问题更为严重。"

第七章　县域内义务教育教师资源配置优化的创新策略

第一节　以观念创新实现义务教育教师资源配置优化

(一) 树立以人为本理念

以人为本理念是科学发展观的核心，是党的十八大推动美丽中国建设的价值理念，也是党的十九大报告中"人与自然是生命共同体"价值理念的逻辑基点。

县域内义务教育教师资源的配置优化要树立以人为本的理念：一方面，教师资源不同于物力资源与财力资源，教师资源具有能动性、动态性与社会性，他们拥有基本的生活、娱乐、社交需求与权利，也具备对组织运行发展有利的基本特性，如利他性、合作性等。县域内义务教育教师资源的配置优化会切实触及教师利益，并对教师编制数量、岗位、工作量、学科结构等做出调整，因而，县域内义务教育教师资源的配置优化要树立以人为本的理念，要在充分尊重教师劳动、情感与主观意愿的基础上实现资源的优化配置，这样才能有效激发教师主体的工作积极性与主动性。另一方面，树立以人为本的理念，体现出我国在推动经济建设与教育发展的过程中尊重劳动、尊重人才、尊重知识的理念。教师是教育发展的第一资源，是各级各类教育中最为重要的教育者资源，是推进义务教育优质均衡发展的关键力量，要树立教师资源是第一资源的观念，就要将以人为本的理念深入贯彻到义务教育教师资源配置优化过程中。

为了在县域内义务教育教师资源配置优化的过程中树立以人为本的理念，第一，要深入实践，掌握县（区）义务教育教师现状与需求。要了解现有县（区）义务教育学校教师资源配置情况，深入了解他们的工作状态与基本诉求；要进一步了解地处不同地区、不同县（区）、不同规模小学与初中教师工作的重点与难点，了解他们对教师资源配置优化工作的看法与疑虑；要特别关注农村小规模学校、教学点义务教育教师资源配置、教育教学与生活状况，倾听他们对县域内义务教育教师资源配置优化的看法与建议，主动关心他们的专业发展与职业前景，并为其创造有利条件。

第二，教师资源不仅是县域内义务教育教师资源配置优化的对象，同时也是县域内义务教育教师资源配置优化的重要参与者，因而，要为教师的参与和意见的表达建立有效渠道，为学校的民主化管理创造条件。在县域内义务教育教师资源配置优化过程中保障教师的知情权、参与权与监督权是以人为本理念融入实践的最好体现。例如，县（区）内义务教育学校应该健全与完善学校教职工代表大会制度，学校有关岗位调整、人事调动、职务晋升等事宜均应通过学校教职工代表大会进行，确保全体教师的知情权与参与权。同时，若教师对学校人事调动或岗位调整存在异议，可以通过教职工代表大会提出。此外，还要确保学校政务信息的公开与透明，使小学或初中教师能及时了解国家、其所在省、市、县（区）政府及教育行政部门发布的有关教师资源配置的法律法规或政策文件，同时义务教育学校要选择适当的时间组织学校教师对这些法律法规或政策文件进行学习，以进一步提升他们的政策敏感性。

第三，教师是学校教育教学的主体，要满足不同县（区）义务教育学校教师专业发展诉求。县域内义务教育教师资源的配置优化，首先要优化校际间、学校内义务教育教师资源配置的构成，因而，要提升县（区）现有义务教育教师的素质，满足其专业发展需求。尊重教师的专业发展与自主权是以人为本理念在县域内义务教育教师资源配置优化中的体现，教师的专业素质与水平决定了一所学校教育教学水平，因此，学校要为教师的专业发展提供平台与物质支持。如为更多的年轻教师与骨干教师提供学习与进修的机会，为教师创造各种自我展示与参加教学研讨的机会，鼓励学校教师以在职进修的方式提升学历，鼓励教师积极申报省、市、县各级课题，将教学与科研有机结合。此外，义务教育学校还要做好学习型校园创建活动，将"终身学习"的理念融入教师的学习、教学与生活中，使教师将自我提升与专业发展作为一种内在驱动力。

（二）树立共享理念

共享发展理念是我国新时代特色发展的要求，也是中国化马克思主义关于发展问题的最新论述。共享发展概念蕴含了对弱势群体与社会公平的关注，体现了以人为本、公平发展的价值选择。共享发展体现过程与结果的双向作用，它不仅体现在参与机会的平等、参与能力的提升，还表现在最终分配中获得与其付出劳动相对等的收益。因而，共享发展是规则、参与机会与成果三者的共同分享。树立县域内义务教育教师资源共享理念，不仅能从思想层面提升校长教师交流轮岗的积极性，而且能改变县（区）优质教师资源集中分布的现象，打破优质教师资源为某所学校或某地区独有的现状，实现优质教师覆盖县（区）每一所学校、每一门学科的理想局面。

县域内义务教育教师资源共享理念主要包含规则共享、参与机会共享与结果共享三个方面：

其一，义务教育教师资源规则共享理念主要是指县（市、区）内义务教育学校有关校长、教师交流、轮岗的政策文件，有关义务教育教师资源配置标准与政策文件等所适用的主体无差别，所规定的权利与要履行的义务无差别，也即有关教师资源的政策适用于该县（市、区）内的所有义务教育学校。需要澄清的是，这里所指的义务教育教师资源政策的普遍适用性，并不是不考虑学校的实际情况而僵化执行的政策，而是不搞特殊化、重点化，不针对特殊群体、不孤立其他。

其二，义务教育教师资源参与机会共享理念，主要是指县域内义务教育教师都有机会参与不同级别、不同类别的教师专业培训与教学研究，同一学段不同学校的教师都应该有互相学习的机会，不同学段、不同类型的义务教育学校之间也可以进行项目合作与教学研讨，所有的在职教师都应该有相同的权利参与各种活动，在活动中进一步获得专业成长与发展的机会。

其三，义务教育教师成果共享理念，主要是指县（市、区）内义务教育教师获得与其付出对等劳动的收益，如荣誉称号、职称晋升、物质奖励等以及共享教学成果、办学经验、课程改革经验、教师专业发展与成长经验、优秀校园文化等。成果共享是以规则共享与参与共享为前提的，规则共享是教师资源共享的前提与基础，参与机会共享是教师资源共享的核心，结果共享是教师资源共享的目的与归属，因而只有做到规则共享、参与机会共享，才能最终实现教师资源共享，达到义务教育教师资源配置优质均衡的目标。

此外，为了更好地实现县域内义务教育教师资源共享理念，要搭建县域内义务教育教师资源信息共享平台，通过"互联网+"、大数据、云平台等方式为义务教育教师资源共享提供技术支持。义务教育教师资源信息共享平台是以大数据、云平台作为依托，以县（区）内义务教育教师资源配置基本信息、国家及各省市义务教育教师资源配置政策为主要内容，通过法律文件、政策文本、县域内义务教育教师资源配置数据的实时更新与共享，达到信息共用共享、公开透明的目的。县级政府、县级教育行政部门、人社局、编办、学校等可以通过义务教育教师资源信息共享平台共享数据信息，尤为重要的是县级政府根据共享平台掌握义务教育教师资源流动、变化情况，调配、共享所在县（区）义务教育教师资源，并制订该区域义务教育教师资源配置短期规划。

（三）树立生态发展理念

生态发展理念是在新时代、新环境下，在马克思主义关于人与自然论述的指导下，我国在探索生态文明建设过程中所形成的新理念、新思想。党的十八大将生态文明建设纳入中国特色社会主义事业五位一体总布局，习近平总书记提出"生态兴则文明兴，生态衰则文明衰"，生态发展理念已成为指导我国各项事业发展的重要思想。

为了实现县域内义务教育教师资源配置优质均衡的目标，要树立教师资源配置生态发展理念。其一，生态发展理念要求县域内义务教育教师资源配置优化要处理好整体与局部之间的关系，也即义务教育教师资源配置优化既要实现县（区）内任何一所小学与初中教师资源在数量、结构、质量配置方面的优质均衡，还要实现县（区）内义务教育教师资源在校际间的优质均衡配置。其二，生态发展理念要求县域内义务教育教师资源配置优化要处理好内部与外部之间的关系，也就是说，在教师资源配置优化过程中，不仅要妥善处理好政府有关部门、学校、社会、教师等主体之间的关系，同时还要为县域内义务教育教师资源配置优化营造有利的外部环境，提供政策、制度与机制等方面的支持。其三，生态发展理念要求在县域内义务教育教师资源配置优化过程中，教师资源配置要满足不同县（区）、不同规模小学与初中教育教学发展要求，要兼顾不同教师的发展诉求与需求，教师资源配置应体现出差异性与个性化。生态发展理念要求我们尊重客观事物的发展规律、顺应其生长的内外部环境。因而，在义务教育教师资源配置优化过程中，要尊重不同学校对教师的个性化需求，尊重教师的主体地位与法定权利，对特殊地区与特殊规模的小学与初中实行个性化与差异化师资配置。

为了树立县域内义务教育教师资源配置生态发展理念，首先，应加强政府部门工作人员与教职工对本县（区）义务教育教师资源配置情况的认知，深入学习习总书记有关生态发展理念的论述，领会国家有关义务教育教师资源配置政策文件中的指示精神，提高战略定位，将生态发展理念贯彻到义务教育教师资源配置优化的具体工作与学校教育教学中。

其次，要建立县域内义务教育"教师资源共同体"，利用教师资源共同体合作性、开放性等特点，实现县（区）小学与初中优质教师资源的共享共建、融合发展。教师资源共同体可以视为县域内义务教育教师资源的人才储备库，由县（区）内所有小学与初中专任教师组成，这些教师通过教师资源共同体不仅可以获得专业成长与发展的机会，更为重要的是教师资源共同体弥补了薄弱学校优质教师资源不足的短板，实现了县（区）内义务教育教师资源在校际间的优质均衡。

最后，为了针对性地落实义务教育教师资源配置生态发展理念，使县域内义务教育教师资源配置更符合学校、教师发展诉求，要在对本地区义务教育教师资源配置情况进行充分调研与考察的基础上，制定符合不同县域义务教育教师资源配置方案。义务教育教师资源配置之所以会出现区域性、阶段性和结构性短缺问题：一方面是由于现行义务教育教师资源配置标准"一刀切"现象，农村小规模学校、教学点师资配置并没有明确的执行措施与政策保障；另一方面则是当地教育行政部门对一线中小学专任教师数量、结构没有清晰的把握，缺乏一线义务教育学校教师资源配置的真实图景。基于此，十分有必要深入实践了解不同县（区）义务教育学校教师资源配置情况，在深入调研、充分考察的基础上，研讨适合本县域义务教育教师资源配置方案。

第二节　以制度创新实现义务教育教师资源配置优化

如前所述，当前我国县域内义务教育教师资源配置优化中出现的问题，不仅是观念理念的问题，而且其中很多涉及义务教育教师资源配置相关制度。因此，有必要创新义务教育教师资源配置相关制度，为县域内义务教育教师资源配置优化提供行为准则与参考依据。

（一）完善中小学教职工编制标准

针对调研过程中所发现的以编制总量配置教师资源导致学校学科性缺编以及小规模学校专任教师数量配置不足等问题，本研究认为，首先应从完善中小学教职工编制标准来解决县（区）义务教育教师资源配置中存在的问题，进而通过差异化师资配置标准、教师编制动态核定、教师编制细化等方式实现义务教育教师资源的优质均衡配置。

第一，设立县域内义务教育差异化师资配置标准，特别是为农村小规模学校设置机动编制，以破解城乡统一标准导致的农村小规模学校教师数量配备不足、科目教师配备不全等问题。县域内义务教育师资配置的差异化配置标准应分为两类：其一，县城按照国家教职工编制标准小学1：19，初中1：13.5配置教师，并设置机动编制。其二，乡镇、农村学校的教师应结合生师比、班师比进行配置，并设置机动编制。机动编制主要用来解决教师休产假、重疾病、进修等导致的学校岗位空缺。

第二，实行教师编制动态核定与调配。邬志辉、陈昌盛在研究义务教育教师编制管理矛盾基础上，提出应建立以持居住证学龄人口为依据的教师编制动态核定机制。❶ 同样地，县域内义务教育教师编制动态核定，首先要由政府核算每一年县域内义务教育适龄人口，根据每年县域内义务教育适龄人数对县（区）内小学与初中教职工编制实行动态核定。其次，政府要核算县（区）内每年小学与初中校长、教师交流轮岗人数，明确县域内义务教育学校实际在编在岗教师人数。最后，县级政府根据核算的学生数、在编在岗教师数对本县（区）教师进行动态调配，将超编学校的教师调配到缺编学校，并且要尽量地根据学校岗位需求进行调配。

第三，对教师编制进行细化。一方面，要按照2014年发布的《中小学教职工编制标准》中初中45—50人，小学40—45人的班额标准，严格控制班级容量。另一方面，应根据我国义务教育发展的具体情况，进一步细化小学

---

❶ 邬志辉，陈昌盛.我国义务教育阶段教师编制供求矛盾及改革思路［J］.教育研究，2017（8）：88—100.

与初中教职工编制。在此，可以借鉴日本的相关做法。如日本有关法律规定教职员编制标准要根据学校的不同类型和规模进行调整，一般要求所有中小学要配备校长、教头（副校长）、教谕（教师）、养护教谕（保健教师）和事务职员等，每所学校设校长和教头各1名，小学的编制系数为1—1.292，中学为1.483—4，如一所小学有10个班级，最低应该配备10个教师，最多为13个，中学若有10个班级，最少应配备15个教师，最多为40个，中小学教职工编制系数的差异体现分科教学的差异，中学教学科目的增加要求教师数量的增加。特别教员编制主要是为中小学校配备的营养师、保健员和事务职员，保健教师和事务职员的配置以班级为依据，营养师的配备以在校用餐学生数为依据，如单独供餐的学校，就餐学生数在1000人以上，就配备1名营养师，数所学校共用的就餐中心，学生数达2500人以上配置1名营养师等。[1]

具体到我国，小学与初中教职工编制配备至少应细化为校长（包含副校长）、专任教师、生活教师（针对寄宿制学校）、保健教师四类。校长（副校长）负责领导学校教育教学与发展方向，专任教师负责具体的课程教授与学生良好品德的培养，生活教师和保健教师从学生的日常生活起居、营养卫生、身心保健等方面对学生进行指导。中小学教职工编制的细化有利于教师编制的规范化、教师管理的专业化，弥补了中小学教师编制被侵占的弊端。

（二）完善县域内义务教育校长教师交流轮岗制度

在党的十八届三中全会上，我国做出了推进校长教师交流轮岗的决策部署。尽管校长教师交流轮岗制度已经实施多年，但是，如前文所述，被调研县（区）义务教育教师轮岗交流制度执行效果并不理想，突出表现为学校不愿意派出优秀教师、骨干教师交流轮岗，派出去的优秀教师在教学生活等方面缺乏必要保障，校长教师轮岗交流缺乏必要的监督措施，部分被调研校长与教师对轮岗交流持消极态度等。针对上述问题，笔者认为，至少应该从以下三个方面进行完善。

第一，建立县域内义务教育教师资源交流管理、评价、考核跟踪机制，促使教师交流良性有序开展。实地调研发现，之所以部分学校校长对义

---

[1] 戴家干.从日本教育人力资源配置看教师编制管理的特点[J].比较研究研究，1999（1）：55-57.

务教育教师交流持消极、否定态度，一方面是由于他们认为教师交流并没有起到促进学校内部教育教学发展的目的，还易导致教师队伍不稳定；另一方面则是教育行政官员或学校相关负责人利用政策漏洞寻租，为各种请托关系获取1—3年为期不等的轮岗交流资格，使其在交流结束后获得评职称、评先进的资格。因而，建立县域内义务教育教师资源交流管理、评价考核跟踪机制就成为当务之急。

具体来说，首先要在县（市、区）内各小学、初中成立专门的教师交流考核评价中心，评价中心对每个申请交流、正在交流的中小学教师建档立卡（"交流卡"），具体包括该教师的基本信息、所交流的学校、在交流学校任教科目、交流学校的学生和教师对其评价、科研情况等。其次，在每个学期的开学、期中、期末分三次对交流教师进行考察，考察形式可多样，如访谈（学生和教师）、问卷、公开课、民意测评等，考察内容要全面，教育教学、师德师风、学生工作等，考察小组将每次考察结果记录在这名教师的"交流卡"中，以此作为交流结束最终考评的依据之一。最后，根据交流教师交流的年限及每次考核等级对其做出最终的评价，若考核合格，则可作为评优评先的依据；若不合格，则取消其这次交流记录，接受教师专业培训后再进行二次交流。

此外，还要完善义务教育教师流动程序，使教师有序合理流动。不管在编在岗义务教育教师是在教师劳动力领域内进行轮岗交流，还是要退出劳动力市场，教师都要提前3—6个月向学校提出离职（调动）申请。学校在编在岗教师有辞职意向（6个月）、有跳槽意向（3个月），应提前向其所在学校提出流动（辞职）申请，学校根据教师提交的申请，先在其现有教师资源储备库中寻找替代资源，若没有相应的教师资源，学校将岗位空缺情况上报至区教育局，教育局通过在全区内调拨或招聘教师资源弥补学校岗位空缺，接替人员到岗之后，即刻熟悉学校环境与教学工作，要离职的教师与其进行工作交接，完成其在离职前所应负责的常规工作，待离职期限一到即可离任。若教师没有按照学校规定履行相应职责，相关负责人要在离职申请或报告上如实呈现教师离职表现，离职申请会一同放入教师档案，成为其职业生涯发展的参考。

第二，建立健全义务教育校长教师交流轮岗的监督问责机制，成立专门的工作小组，对县（区）义务教育学校校长教师交流轮岗实行严格管理与积极激励相结合的工作制度。监督小组要对县（区）开展义务教育校长教师交流轮岗的学校开展定期、不定期的检查，并设立监督举报信箱，对弄虚作假的学校进行严厉处罚。与此同时，监督小组要对本年度县（区）内小学与初中教师交流轮岗达到国家标准的学校进行表彰，给予一定的荣誉奖励，对表现格外突出、交流轮岗效果受到广大教师与学生好评的学校进行表彰与宣传，以进一步激发小学与初中校长、教师参与轮岗交流的积极性。

第三，有条件的县（区）可以逐步扩大实施义务教育校长教师轮岗交流的规模，提高交流轮岗校长与教师的工资福利待遇，并为其专业发展、教育教学研究等提供专门的人力、财力与政策支持。为了使交流轮岗的校长与教师在保障基本生活的基础上积极地开展教学与研究，国家应根据交流校长教师的职称、教龄、所处环境给予不同等级的补助，如教师职称越高补助越多，教龄级别越高补助越多，所处地区环境越恶劣补助也应越多。同时，在教师专业发展、课题申报等方面对交流轮岗校长教师进行倾斜，在同等条件下给予县（区）交流轮岗校长与教师优先培训与课题申报的机会。为了进一步保障交流校长教师专业培训与教学研究的有序开展，县级政府要出台专门政策或措施予以保障，使教师专业培训与教学研究的相关具体工作落到实处。

（三）创新义务教育教师资源编制管理制度

"编制是指确定一定组织机构人员的数量、标准、职务、比例、结构、限额等。"❶中小学教职工编制的多少与学校规模、在校生人数有直接关系，如何在有限的编制数量内合理配置教师资源，就成为解决县域内义务教育教师资源配置问题的关键。

其一，简政放权，重新界定政府对义务教育教师资源管理权限。义务教育教师资源配置优化需要县级政府的宏观指导与协调，需要政府的统筹管理与服务。要进一步加强政府对县域内义务教育教师资源配置的顶层设计与长远规划，改革义务教育教师资源管理体制，并赋予县级政府、学校、校长一定的人事自主权。一方面，要将中小学教职工编制管理、调配的权限交给县级政府，由县级政府根据本县（区）教师资源变化情况进行统一调配与管理。这样县级政府可以根据不同小学与初中的实际情况，有针对性地进行差

---

❶ 孙绵涛. 教育行政学（第三版）[M]. 武汉：华中师范大学出版社，2007：170.

异化教师配置。另一方面，政府要赋予义务教育学校适当的人事自主权，在教师资源管理方面，给予学校校长解聘、转岗不合格教师的基本权力。学校作为义务教育教师资源的使用单位与教师资源配置优化的主体，有责任与义务提高教师资源使用效率、优化教师资源配置，责任与义务的履行需要权力保障。因此，义务教育学校需要一定的人事管理实权。

其二，完善县（区）政府间管理教师资源的权责划分。通过建立完善的权力清单制度，规范机构编制委员会、人力资源和社会保障部、财政局、教育行政部门等部门在义务教育教师资源配置优化中的权责，明确各部门的权力边界并将权责的履行置于公众与社会的监督下。此外，通过建立有效的激励相容机制，打破不同机构与部门之间的信息壁垒，使义务教育教师资源配置优化的有关部门在履行好各自职权的基础上加强统筹合作与互相监督。

其三，对义务教育教职工编制进行单列管理。义务教育教师编制实行单列管理，地方政府则可以根据当地义务教育学校实际需求做出编制调整，适当增加或减少编制名额，有利于教师安心教学、学校稳定发展。对农村教师编制进行单独管理，可以吸引更多年轻教师到农村学校任教，解决农村学校留不住人的根本问题。

其四，建立动态的编制核查机制。要进一步规范县域内义务教育教师编制的使用，加强对义务教育学校编制使用的监督。县级教育行政部门要全面清查县域内学校编制情况，对于编制被挤占、挪用、截留的情况进行整顿，对于教师编制在学校，人不在学校的情况进行整改，对"吃空饷"的问题要严肃查处。县级教育行政部门要将教师编制的清查工作制度化、规范化，成立专门的核查领导小组，每年定期核查、监督教师编制的使用情况。

其五，在坚持教师编制"总量控制、统筹城乡、结构调整、有增有减"的原则下，要深化县域内义务教育教师轮岗交流，使所有符合轮岗交流条件的校长教师全部参与轮岗交流，进一步促进县域内义务教育教师资源的交流互通，打破教师编制固化藩篱，使编制"活起来""动起来""流起来"。

（四）全面推进"县（区）管校聘（用）"改革

在国务院办公厅 2015 年 6 月发布的《乡村教师支持计划（2015—2020 年）》中明确要求全面推进义务教育教师队伍"县管校聘"管理体制改革，为组织城市教师到乡村学校任教提供制度保障。此后，国家分别于 2015

年6月、2017年7月确立了首批和第二批义务教育教师队伍"县（区）管校聘"管理体制改革示范区，两次共确立49个县（市、区）作为先行改革示范单位。"县（区）管校聘（用）"改革是以促进义务教育均衡发展、统筹城乡义务教育资源为根本目的的教育管理体制改革，主要是指将公立中小学教职工编制统一由县级政府管理，教师由过去的"学校人"转变为"系统人"，县级政府可以统筹调配全区义务教育教师编制与教师资源，学校拥有设岗聘任教师的权力。

如前所述，通过调研发现，"县（区）管校聘（用）"改革虽然得到部分校长的支持，但50岁以上的专任教师对其持消极态度，"县（区）管校聘（用）"改革并没有妥善处理改革与稳定、个人利益与整体利益之间的关系。此外，在推行"县（区）管校聘（用）"的其他地区，还存在小学教师比初中教师更为抵触改革的情况、女教师对改革的支持度低于男教师的情况；❶与"县管校聘"相匹配的协调机制尚未建立、教师归属感降低、城乡教育差距拉大等问题。❷

为了全面推进"县（区）管校聘（用）"改革，解决目前"县（区）管校聘（用）"实施过程中出现的问题，有必要在以下方面实现创新。

第一，成立县级以上"县（区）管校聘（用）"改革的督查机构。成立专门的督查机构：一方面有利于检查各个县"县（区）管校聘（用）"方案执行与落实情况，县级政府职责履行情况、学校落实与整改情况等；另一方面有利于校长或教师及时反映"县（区）管校聘（用）"改革中出现的问题、表达自身诉求，从而有利于改善"县（区）管校聘（用）"改革中一些尚未完善的问题。

第二，建立校长、局长的保护机制，鼓励校长、局长积极开展改革，探索更为适合本县（区）、本校的聘用方案。由于"县（区）管校聘（用）"涉及教师利益再调整与学校岗位重新分配这两个核心问题，切实触及在编教师利益。如何妥善处理改革与稳定之间的关系，如何真正发挥"县（区）管校聘（用）"改革提高教师资源使用效率的目的，就需要校长、局长大胆改

---

❶ 林佳, 等. 国家级试点P县"县管校聘"各方态度研究[J]. 上海教育科研, 2020（9）: 12-17.

❷ 李国强, 邵光华. 县管校聘背景下教师交流现状分析与对策[J]. 教学与管理, 2019（12）: 8-11.

革，打破本县（区）教师身份固化、教师编制被占用、教师资源不流动等困境，优先聘用能力强、素质高的教师，对连续表现欠佳、编制在学校人不在学校的教师予以转岗或解聘。

第三，进一步完善义务教育学校校长管理制度。义务教育学校的校长要按照国家法律法规政策、教育方针履行自己的职责，深入学习与领会"县管校聘"改革有关精神与具体做法，探索适合本县（区）义务教育"县管校聘"改革方案、教师竞聘方案、教师转岗方案等。同时，要赋予校长在组建学校管理团队、聘用优秀教师方面的基本权力。

第四，完善"县（区）管校聘（用）"改革的相关配套制度。"县（区）管校聘（用）"要解决学校在人事方面没有实权的问题，要解决教师岗位的跟踪考评问题，要解决没有被聘任的教师如何安置的问题，要解决偏远农村地区教师职业吸引力低等问题，这些问题都需要相应的配套措施来解决。

广东省南雄市在建立"县管校聘"教师保障措施方面的做法值得我们借鉴。南雄市根据学校的地理位置和生活条件，按照"以岗定补、在岗享有、离岗取消、实名发放、动态管理"的办法，对条件艰苦的地区、村小及教学点的农村教师实行不同程度的生活补助；同时，南雄市着力改善学校办学条件，通过加强学校信息化工作建设、安全食堂建设、农村教师周转宿舍建设等进一步完善教师工作生活配套设施。

因而，本研究认为，可以从以下方面完善"县（区）管校聘（用）"配套制度：建立学校和县级政府"县（区）管校聘（用）"权力清单制度，强化义务教育教师资源的统筹协调。建立教师岗位的跟踪考评机制，将教师岗位表现与教师绩效工资挂钩。建立教师轮岗、转岗机制，提高县（区）内义务教育教师资源的使用效率，如对于教学考核两学期不合格的教师，可由初中转至小学，或由小学转至幼儿园，或者从教师岗转为一般教学辅助岗或工勤岗等。建立"县（区）管校聘（用）"教师教学与生活保障制度，增加教师待遇、改善条件艰苦地区学校教师生活与教学条件，增强经济欠发达县（区）教师的职业吸引力，加强学校信息化建设为偏远贫困地区教师专业发展创造有利条件等。

第三节 以机制创新实现义务教育教师资源配置优化

县域内义务教育教师资源配置优化需要相应的机制创新，以更好地实现优质均衡的目标。具体而言，县域内义务教育教师资源配置优化需要建立动力机制、协同联动机制、优化质量提升机制、建立健全共享机制与督查跟踪机制。

（一）建立动力机制激发教师资源配置优化各主体的积极性

政府、社会、学校与教师等是义务教育教师资源配置优化的重要主体，为了充分激发各主体在教师资源配置优化中的积极性与主动性，实现县域内义务教育教师资源优质均衡的配置目标，需要建立动力机制，通过内外部动力的共同推动，实现义务教育教师资源的配置优化。

第一，通过利益驱动激发教师资源配置优化各主体在义务教育教师资源配置优化中的动力。为了使各主体在教师资源配置优化过程中实现利益最大化，要建立奖惩相结合的利益驱动机制。一方面，可以通过物质奖励、荣誉奖励、宣传推广、媒体公示、交流学习等方式激发教师资源配置主体工作的积极性与主动性。如对在县域内义务教育教师资源配置优化中取得显著成效的县（区）进行宣传推广与鼓励表彰，使县级政府及相关部门与学校在肯定自身所做工作的同时，积极探索更有效的、值得推广的经验与做法。通过媒体公示与宣传第三方人力资源服务机构在临聘教师服务购买中的成功经验，逐步凝聚社会力量参与义务教育教师资源配置优化的共识等。另一方面，对在义务教育教师资源配置优化中权责履行不到位、推诿塞责、懒政惰政、消极改革的县（区）或学校进行通报批评，并对直接负责人进行批评教育或做出相应的降职处理。

第二，通过政策、法律推动各主体权责的履行。教师资源配置相关政策或法律规定了政府、学校、社会乃至教师等主体在义务教育教师资源配置中的合法地位与应履行的权责，界定了各主体履职的最低标准。目前，我国还尚未出台教师资源配置的专门法律与政策，只有加快推进教师资源配置的立法进程与法制建设，将各主体的权力置于法律与政策的框架之下，才能从根本上改变政府履职不到位、学校消极改革、社会力量未能有效参与、教师满意度低等问题。如设定教师定期流动为法律义务,明确将教师身份界定为公务员,在《教师法》中明确提出义务教育教师应接受政府统一调配的法律义务;出台专门的教师资源配置有关主体权责的法律——《教师资源配置法》,明确县级政府、教育行政部门、学校、社会力量等主体的职责、享有的权利与应履行的义务等。

第三,激发教师资源配置优化各主体的内部驱动力,使其自觉参与到县域内义务教育教师资源配置优化过程中。内部驱动力主要是指树立教师资源配置优化各主体自我发展的主观意识与理想,具体而言:其一,建设服务型政府,满足广大人民对优质公平教育的诉求、实现教育公平、办人民满意的教育,这是各级政府在义务教育教师资源配置优化中应具备的自我发展意识,因而,要在教师资源配置优化过程中激发政府的内在驱动力,使其将教师资源配置优化与办人民满意的教育、实现教育公平联系起来。其二,社会组织等多元主体的参与,使教师资源的选择多样化、管理更加专业化。社会组织参与义务教育教师资源配置优化是政府公共教育服务的转型与部分权力下放的结果,是我国在义务教育教师资源配置优化方面有益的实践探索。因而,要进一步激发社会组织参与教师资源配置的内在动力,使其探索更有效的参与方式。其三,学校通过优化教师资源配置,提高教师资源使用效率、提升教育教学质量,实现学生全面发展。学校作为教师资源的直接使用单位与教师资源配置优化的直接受益者,有充分的内在动力进行教师资源配置优化的改革。其四,教师通过资源的配置优化实现自我价值、获得专业发展。县域内义务教育教师资源配置优化旨在提高县(区)小学与初中教师资源使用效率,提升教师质量,促进教师资源交流共享。县(区)内义务教育教师只有不断提升自身专业素养与基本技能,努力成为优秀教师、骨干教师,在教师资源配置优化的过程中才有可能不被淘汰或转岗。

(二)通过协同联动机制,实现教师资源配置优化主体的有效整合

县域内义务教育教师资源的配置优化需要政府、社会、学校、教师等相关主体的协同配合与联合行动,只有将教师资源配置优化相关各方的力量有效整合起来,才能形成一张破解义务教育教师资源配置诸多问题的"大网",进而全面、系统地实现县域内义务教育教师资源配置优质均衡的目标。

首先,县域内义务教育教师资源配置优化的各主体要根据优质均衡的配

置目标、结合县（区）义务教育学校实际教育教学需求，加强信息互通、履行好各自权责、促进协同联动。具体而言，教育行政部门要每年核定该县（市、区）教师编制总量情况，并将县（市、区）教师编制总量情况报送至机构编制委员会和财政局，机构编制委员会根据上报的编制总量与结构，结合实际教师供给、需求与学龄人口，及时对该辖区内的义务教育教师编制总量进行适当的调整。财政部门根据机构编制委员会调整的编制情况下拨教师专用经费。学校根据机构编制委员会的部署做出相应的岗位调整，以达到优化教师资源配置的目的。社会组织根据教育行政部门或学校发布的教师岗位空缺情况，选择符合条件的临聘教师人员信息反馈给用人单位，用人单位再根据需要择优录取，以实现教师资源的有效利用。学校教师通过政府政务信息公开栏、学校信息公开栏、所召开的会议等渠道获得与教师专业发展、编制调整、岗位变化等的相关信息，教师在行使知情权、监督权的同时增强了其在义务教育教师资源配置优化中的主体意识与责任感。

其次，发挥社会组织与企业的优势与特长，实现不同主体之间的优势互补。社会中介，如劳务派遣公司或就业服务中心等在义务教育教师资源配置优化中起着独特的作用。劳务派遣公司或就业服务中心能够有效实现人才输出，提供符合条件的临聘教师信息，快速满足政府或学校的用人需求，同时也能更好地实现对临聘教师的专业化管理。青岛市的做法值得推广和借鉴。青岛市在对公办教师临聘的管理中，使用了第三方人力资源服务机构。青岛市教育局在《关于印发青岛市公办中小学校临聘教师管理办法的通知》中规定，公办中小学校招聘临时教师，要通过第三方人力资源服务机构购买服务来实现，学校根据第三机构提供的人员信息与服务选择最为合适的第三方人力资源服务机构，中小学校根据岗位空缺对第三方人力资源机构提供的人员信息展开招聘，招聘遵循公平竞争、择优录取的原则。

此外，政府和学校可以利用企业建立多元化的教师培训模式，提升县域内义务教育教师的实践技能与专业素养，如校企合作、集团办学等。通过建立企业与学校之间的长效合作机制，由企业聘请县域内小学、初中高级教师进行讲学与授课，或学校邀请知名企业家进行办学经验的介绍等交流活动等，可以丰富现有义务教育教师培训方式与途径，打破义务教育学校与企业、市场之间"零交流"的现状，使校长与教师真正"走出去"与"引进来"。

最后，优化县级政府职能，对教师资源配置优化实行统筹管理。县域内义务教育教师资源配置优化需要县级政府的统筹管理与协调：一方面，县级政府应依据中央发布的有关教育、义务教育、教师队伍建设、中小学教职工编制标准等宏观发展的指导性政策文件，制定教师资源配置协同联动方案。协同联动方案主要包括协同联动的目标、相关各主体的权责、协同联动各主体所要遵循的一般规则、注意事项等内容，以进一步细化协同联动工作，使各主体的行动有据可依。另一方面，县级政府要对本县（区）义务教育教师资源配置进行顶层设计与长远规划，并制定本县域内义务教育教师资源配置的总体目标、阶段目标、当下目标，分层次、有计划地将义务教育教师资源配置工作推向科学化、规范化。义务教育教师资源配置不是短期工程，它的变化会受到国家有关教育改革方针政策、城镇化进程、区域经济发展、适龄儿童入学数量（包含随迁子女）、专任教师年龄结构、教师供给数量等多种复杂因素的交互影响，因而，义务教育教师资源配置需要制订长远规划、设立阶段目标，这样才能保证义务教育教师资源配置朝向持续优化的方向改进。

（三）优化质量提升机制，实现教师专业素养与技能的整体跃升

义务教育教师资源质量的差异，是导致县域内不同义务教育学校教育教学质量差异的因素之一，因而要从提升教师队伍准入门槛、优化培养规模与专业布局，优化县域内义务教育教师资源结构，为教师专业发展搭建制度平台等方面解决义务教育教师资源供给质量问题。

第一，逐步提高教师队伍准入门槛，要调整教师队伍存量，优化增量。根据《关于全面深化新时代教师队伍建设改革的意见》的新要求，未来要"逐步将小学教师学历提升至师范专业专科和非师范专业本科，初中教师学历提升至本科，有条件的地方将普通高中教师学历提升至研究生"。在提升教师队伍准入门槛方面，不仅是我国，国外一些发达国家也在致力于提高教师学历，以适应不断变化的教育需求。例如，法国要求小学教师应获得教育学士学位，中学教师应获得硕士学位，并取得教师资格证，为了提高教师水平，法国还将师范学院学制由四年改为五年。❶ 日本早在20世纪70年代设立了"教育研究生院大学"，并计划通过这种形式将中小学教师学历提升至

---

❶ 侯耀先．国外对中小学教师素质要求综述［J］．新疆石油教育学院学报，2002（4）：65-67．

硕士水平。❶ 欧盟委员会对中小学教师学历的要求为"应毕业于高等教育机构或具备相同水准",同时为了保障教师专业发展与深造,将教师教育项目拓展至本、硕、博三阶联动的层面。❷

为了逐步提升我国不同县（区）义务教育教师队伍准入门槛,要根据不同地区的地域特点设定教师选拔聘任标准,通过撤、并、转等手段逐步减少低层次、低学历的教师培养,逐步增加教师研究生层次培养规模,努力提升教师学历和专业素养,为县域内义务教育教师资源配置优化奠定坚实的人力基础。

第二,要进一步优化中部地区教师培养规模及专业布局。为了进一步提升中部地区县域内义务教育质量：一方面,要加强中部地区的教师培养与教师队伍建设。根据《教育部关于实施卓越教师培养计划》（2014）、《教育部关于实施卓越教师培养计划2.0的实施意见》（2018）中的有关内容,卓越中学教师培养要"重点探索本科和教育硕士研究生阶段整体设计、分段考核、连续培养的一体化模式",卓越小学教师培养要"重点探索小学全科教师培养模式……能够胜任小学多学科教育教学需要的卓越小学教师"。因而,要变革现有教师资源培养方式,分模式、有计划、有针对性地开展义务教育教师培养。具体来说,可以通过与东部发达地区学校建立长期、稳定的优秀教师轮换政策,逐步形成优秀教师带领下的青年教师成长共同体,使青年教师以较快的速度成长为学科领域的能手或专家。还可以通过高校、企事业单位与义务教育学校合作的方式,聘请小学与初中教师担任卓越教师培养工作,形成"协同教研""双向互聘"等长效合作机制,保障教师资源培养质量。

另一方面,还要优化我国教师培养专业布局。从专业上来说,要增加音乐、体育、美术等专业教师的培养,适当控制主科教师的培养数量,破解县域内义务教育教师资源学科结构性缺编窘境。从学科视角来看,要注重小学全科教师的培育,加强对小学与初中专任教师综合素质的培养与锻炼。从专业技能来说,要加强对所有教师教学技能及信息化技术的培训,使其具备基

---

❶ 刘文华. 国外中小学教师素质研究述评 [J]. 外国教育研究, 1998 (5): 48-51.
❷ 苗学杰, 秦妍. 欧盟教师核心素养框架及其培育路径探析 [J]. 外国教育研究, 2020 (7): 18-30.

本的信息素养，能够熟练运用现代化教学设备进行在线教学与学习。

第三，要在提升义务教育教师资源供给质量的基础上进一步优化教师资源供给结构，主要包括以下三个方面：

其一，建立县域内不同区域或同一区域义务教育学校教师年龄结构的动态调配与监测机制。县域内义务教育教师资源年龄结构应符合正态分布的基本特征，即24岁以下55岁以上教师数量应较少，30—50岁年龄区间的教师资源应占该校专任教师总量的大多数，只有年龄结构分布符合正态分布特征，教师资源才不会出现年龄断层、教师资源老化以及中、青年教师缺乏等问题。因而，教育行政部门应通过教师招聘对教师年龄做出具体要求，并通过教师招聘频次控制准入教师年龄结构，进而达到优化义务教育教师年龄结构的目的。

其二，县级教育行政部门根据人力投入指标合理调配、优化县域内义务教育学校教师学历、职称结构。首先，要根据人力投入指标确定义务教育学校教师资源学历结构与职称结构基本情况。具体来说，可以采用以下指标：A_1人力投入指标为：a. 学历达标率，b. 超过规定学历教师的比率，c. 合格教师外流率，通过这三个指标计算县域内义务教育教师资源学历与职称情况，掌握县域内义务教育教师资源的具体分布。其次，县级教育行政部门以此为基础进行全县（区）的统筹调配，如适当增加薄弱学校本科及以上学历专任教师数量，为薄弱学校调配1名小学高级教师、1名中学一级教师，合理控制县区内优质学校高学历专任教师与名师数量；或者为薄弱学校聘请优质名师，让名师定期到薄弱学校开展教育教学活动，指导并帮扶薄弱学校教师开展教学研究、课程研讨、教学赛讲等活动。

其三，采取多种方式增加男性教师在义务教育学校教师资源中的比例。国家于2015年开始全面实施"二孩政策"，"二孩政策"的推行不仅会极大增加未来农村、城镇学校义务教育适龄儿童入学人数，而且会使一部分在职女教师暂时脱离教学岗位，这将对以女教师占大多数的小学或初中产生极大影响。因而，要逐步增加男性教师在小学与初中专任教师中的比例，形成男、女教师资源互补的局面。基于此，国家就要增加师范教育对男性的吸引力，要让更多男性热爱教育事业、热爱师范专业，让更多男性投身到中小学教学中去。首先，要鼓励当地师范院校或职业技术学校加大对本地学生的招生力度，特别是男性学生，并给予师范类的男性学生额外的生活补贴，以此吸引更多优秀学生。其次，地方政府可以出台师范毕业生在本地就业或到当地偏远农村就业的优惠政策，在政策中要特别给予师范类男性毕业生特别的优惠，如在当地买房、贷款的优惠，在服务期限与职称评聘方面的适当优惠等。最后，县级教育行政部门在教师招聘时，可以将部分科目的任教老师性别首选为男性。如小学体育、数学、综合实践活动等科目，初中阶段随着物理、化学、生物等教学科目的增加，男性教师数量会随之上升，而小学教师中男性教师偏少。因而，教育行政部门可以加强对小学部分科目专任教师的性别要求，以保证小学专任教师性别结构的基本均衡。

第四，为教师专业发展搭建制度平台。一方面，要构建县域内义务教育教师专业学习共同体。教师专业学习共同体可根据该县域内义务教育学校数量分成若干小型学习共同体，学习共同体成员至少应包含不同类型、不同规模的学校，吸纳所有学校的专任教师，共同制定学习共同体教师专业发展的短期阶段目标与长远规划，采用"结师徒对"、同伴互助学习、团体研修等学习方式开展专业学习，定期参与或举办校级及以上教师专业培训或技能大赛，为新、老教师专业发展提供平台。

此外，教师专业学习共同体成员要制定学习规章或制度，将学习共同体的运行与管理纳入制度化规范中，并以此作为约束共同体成员的准则。

另一方面，注重专任教师特色发展，构建多元化教师评价制度。教师作为义务教育中的重要资源，其专业能力与水平会直接影响一所学校教育教学质量。目前，教师评价存在的最大问题是评价标准"一刀切"，无论是教师职称评聘还是评优评先，都存在评价标准僵化、评价条件苛刻、评价主体单一等弊病，由此严重挫伤了部分专任教师的教学积极性，因而，学校要探索适合不同类型教师发展的个性化评价标准，充分挖掘教师的内在潜能。

学校可以实行基础性评价与个性化评价相结合的多元教师评价制度。首先，学校要制定基础性评价与个性化评价框架与量表，为教师评价提供具体的、可操作性的方法指导。在基础性评价中应包括仪容仪表评价、师德师风评价、学生事务管理评价、教育教学评价等内容，在个性化评价中可以包括技能特长评价、科研专利评价、学生对教师的评价以及同行评价等内容。其次，在征得广大教师意见的基础上，确定基础性评价与个性化评价在总体评价中相应的权重，为教师评价提供可量化的数据支持。最后，根据基础性评价与个性化评价与总体评价的得分，分别选出在不同评价类别中排名靠前的教师，并给予其一定的物质或荣誉奖励，以发挥教师评价的正向激励作用，进一步激发小学与初中教师的工作积极性与主动性。

（四）建立健全共享机制，扩大优质教师资源在县（区）的覆盖面

要打破县（区）义务教育教师数量不均、质量不齐、结构失衡等根本性问题，就需要建立健全教师资源共享机制。教师资源共享机制，能够降低县域内义务教育教师资源配置，优化各主体信息获取与传递的成本，提高教师资源利用效率，打破优质教师资源集中聚集的现象。教师资源共享机制应包括教师资源共享规则、教师资源共享平台以及教师资源共享的相关保障措施等。具体而言：

第一，教师资源共享应遵循以下三条基本原则：

其一，教师资源共享的前提是要保证县（区）内小学与初中教师能基本满足该校教育发展需求，学校的教师资源配置要满足国家"开足开齐课程，配足配齐老师"的要求。

其二，不同县（区）义务教育教师资源共享要遵循因地制宜、区别对待的原则。由于不同省份、不同县域经济与教育发展存在一定的差异，因而，在教师资源共享时要依据该县（区）符合共享条件的教师实际情况开展，学校要切实派出符合共享条件的优秀教师。

其三，教师资源共享要在尊重教师个人意愿的基础上进行，并力求精简与高效。教师资源是宝贵的人力资源，是"活"的生产要素，只有在尊重教师个人意愿的基础上才能有效激发共享教师工作的积极性。此外，教师资源共享要在确立合理的共享教师数量、教师劳动定额等的基础上实现教师资源共享的最优化。❶

第二，教师资源共享平台是教师资源共享得以实现所依托的技术力量。教师资源共享平台包括政府端、学校端与教师端三个不同的端口。其中，教师资源共享平台的政府端口主要包括国家级、省级、市级、县级义务教育共享教师资源数据，对教师资源共享进行统筹管理。教师资源共享平台的学校端口，主要是指义务教育学校教师资源共享数据管理中心。义务教育学校教师资源共享数据管理中心负责建立本县（区）符合共享条件的教职工数据资

---

❶ 孙绵涛. 教育行政学（第三版）[M]. 武汉：华中师范大学出版社，2007：171.

料，它不仅能及时掌握基层共享教师的流向与分布，同时为上级政府部门数据共享平台提供数据资料。教师资源共享平台的教师端是为所有符合共享条件的教师开发的一款智能 APP 或线上平台。教师通过共享 APP 可以进行个人资料的填报与完善、提交共享申请、查看审核情况与获得相应的反馈等。教师资源共享 APP 为教师共享提供技术支持，使教师与学校能随时掌握共享动态，同时将共享教师的相关信息电子化。

第三，教师资源共享的相关保障措施。一方面，要强化资源共享理念在教师资源共享平台中的应用。义务教育教师资源共享平台需要及时使用与更新，这就要求不同部门的相关工作人员对数据库中的信息进行维护、更新与分享。也就是说，义务教育教师资源共享平台的工作人员要遵循共享数据库使用规则、不同层级共享数据平台之间要进行信息传输共享、要树立共享平台共建成果共享的理念。另一方面，要制定或发布教师资源共享的有关法律或政策。教师资源共享机制需要法律法规或相关政策的规范与引导，教师资源共享平台的运行也需要相关法律或政策的支持与保障。因而，我国应出台教师资源共享的相关法律或政策，明确规定教师资源共享的主体、对象、原则、实施过程、保障条件等。

此外，我国还可以建立专门的共享教师培训与发展平台，从共享教师应遵守的原则、共享教师应具备的专业技能、共享教师教学经验分享等方面强化共享教师的专业性、开放性等特点。

（五）以督查跟踪机制完善义务教育教师资源配置优化工作

县域内义务教育教师资源配置优化是一项系统工程，是一个持续改进的优质均衡状态，因而，本研究认为十分有必要建立县域内义务教育教师资源配置优化的督查跟踪机制，对义务教育教师资源配置优化工作进行督查与跟踪。

其一，建立县域内义务教育教师资源配置的跟踪调研机制。一方面，若要准确掌握本县域内义务教育教师资源配置情况，就要对本地区义务教育教师资源配置情况进行充分调研与考察。只有在获得基层义务教育学校教师资源配置实际情况的基础上，才能妥善解决义务教育教师资源配置中存在的问题，找出本县域内义务教育教师资源配置的个性化解决方案。如县级教育行政部门要在每一学年核一次编，并根据义务教育学校具体情况进行适当调整。

另一方面，要对已经被评为全国义务教育发展基本均衡县（市、区）的地区，进行跟踪调研，以确保入选县（区）的均衡水平。

其二，建立县域内义务教育教师资源配置优化的督查保障机制。上级督查领导小组要在国家政策方针的指导下，定期或不定期地督促下级教师资源配置优化领导小组根据国家政策要求制定出符合本县（区）义务教育教师资源配置优化的改革指导方案。对于已经通过审议的改革方案要进行上门调研与跟进服务，改革方案要针对本县域内义务教育教师资源配置中存在的问题，提出有针对性的改进策略。

此外，国家、省、市要对县（区）义务教育教师资源配置优化工作提供适当的资金、人力与智力支持。

结束语

县域内义务教育教师资源配置优化体现了我国政府公共教育服务水平逐步完善的过程，彰显了将公共利益、人民对优质公平教育的诉求逐步置于行动逻辑中心的过程。在县域内义务教育教师资源配置优化过程中，政府必须关注广大人民的需求与利益，关注校长教师需要解决的问题、关注义务教育教师资源配置有关部门权责配置与职能履行情况等，因而，县域内义务教育教师资源配置优化是一个牵涉多个部门、众多主体的系统工程。在《中国教育现代化2035》战略发布之后，"全面发展、融合发展、共享共建"的教育发展理念成为推动我国教育事业发展的指导思想，在此背景下，只有进一步优化义务教育教师资源配置、提升政府公共教育服务职能才能切实解决教师资源在结构性、阶段性、区域性不均衡的问题，进而实现基本公共教育服务均衡化、推进城乡义务教育优质均衡发展。因此，在未来的研究中，仍有以下问题需要解决。

第一，本研究目前只调查了中部三个省12个县（区）的义务教育教师资源配置情况，东部、西部义务教育教师资源配置情况并未涉及。这些省份义务教育教师资源配置情况是否均衡、合理？在已经开展"县（区）管校聘（用）"试点的省份其实施情况如何？在推进过程中存在哪些问题，是否达到预期目标？对于没有实施"县（区）管校聘（用）"改革的省份，其县域内存在的义务教育教师资源配置问题是如何解决的，是否有值得推广的经验与做法？各级政府在解决义务教育教师资源配置问题与矛盾的过程中是如何协作的？学校对于政府解决教师资源配置失衡的做法与推行的有关政策有何想法以及在应对本校教师资源配置问题时的具体做法有哪些？这些彼此关联的问题都是未来值得进一步明晰与探究的对象。

第二，本研究构建的县域内义务教育教师资源配置优化"GSST"模型及其运行机制，在构建指标的选取上可能存在一定的主观性，且模型对学生、学生家长、市场等主体的关注较少，在后续研究中有待进一步修正与完善。

此外，在问卷题项与指标的选取上可能会遗漏一些指标，这些问题都有待完善。

第三，义务教育教师资源配置优化是一个持续改进的优质均衡状态，也就是说，义务教育教师资源配置在某一阶段可能趋向合理或达到最优，但随着经济社会的发展、城镇化进程的推进以及适龄儿童人口的变化等外部因素的影响，义务教育教师资源配置优化又会有新的增长点，因而这就需要根据不断变化的各种内、外部因素对义务教育教师资源配置优化目标做出适当调整，以期符合实际需求。基于此，本研究并不是县域内义务教育教师资源配置优化的终点，而是起点，在未来只有进一步加强对县域内义务教育教师资源配置优化的系统研究，才能实现我国教育现代化2035年的基本目标，实现教育公平。

参考文献

1. 中文文献

[1] 布坎南. 公共财政 [M]. 北京：中国财政经济出版社，1991.

[2] 布坎南. 公共物品的需求与供给 [M]. 上海：上海人民出版社，2009.

[3] 布莱恩·巴里. 正义诸理论 [M]. 孙晓春，等译. 长春：吉林人民出版社，2011.

[4] 陈文博. 教育系统人力资源配置与学校编制管理研究（下）[M]. 北京：北京师范大学出版社，2009.

[5] 陈孝彬. 教育管理学（修订版）[M]. 北京：北京师范大学出版社，1999.

[6] 陈振明，等. 公共服务导论 [M]. 北京：北京大学出版社，2011.

[7] 戴维·W. 约翰逊，罗杰·T. 约翰逊. 领导合作型学习 [M]. 唐宗清，等译. 北京：北京师范大学出版社，2004.

[8] 道格拉斯·C. 诺思. 经济史上的结构和变革 [M]. 北京：商务印书馆，1992.

[9] 道格拉斯·C. 诺思. 西方世界的兴起 [M]. 北京：华夏出版社，1989.

[10] 道格拉斯·C. 诺思. 制度、制度变迁与经济绩效 [M]. 杭行，译. 上海：格致出版社：上海人民出版社，2008.

[11] 戴维·奥斯本，特德·盖布勒. 改革政府：企业家精神如何改革着公共部门 [M]. 周敦仁，等译. 上海：上海译文出版社，2006.

[12] 范先佐. 教育经济学新编 [M]. 北京：人民教育出版社，2010.

[13] 方福前. 当代西方经济学主要流派 [M]. 北京：中国人民大学出版社，2004.

[14] 费孝通. 乡土中国 [M]. 上海：上海人民出版社，2007.

[15] 傅禄建．义务教育均衡发展程度测评：综合教育基尼系数方法[M]．上海：华东师范大学出版社，2013．

[16] 高丽．教育公平与教育资源配置[M]．北京：中国社会科学出版社，2009．

[17] 高丽．中国义务教育阶段教师资源配置问题研究[M]．北京：中国社会科学出版社，2014．

[18] 郭继东．教育人力资源管理[M]．北京：北京大学出版社，2013．

[19] 韩媛媛．大卫·李嘉图：古典政治经济学集大成者[M]．北京：人民邮电出版社，2009．

[20] 亨利·勒帕日．美国新自由主义经济学[M]．北京：北京大学出版社，1985．

[21] 霍布斯．利维坦[M]．黎思复，等译．北京：商务印书馆，2009．

[22] 靳希斌．教育经济学（4版）[M]．北京：人民教育出版社，2008．

[23] 珍妮特·V. 登哈特和罗伯特·B. 登哈特．新公共服务：服务而不是掌舵[M]．丁煌，译．北京：中国人民大学出版社，2010．

[24] 康宁．中国高等教育资源配置转型程度指标体系研究[M]．北京：教育科学出版社，2010．

[25] 康宁．中国经济转型中高等教育资源配置的制度创新[M]．北京：教育科学出版社，2005．

[26] 库姆斯．世界教育危机[M]．赵宝恒，等译．北京：人民教育出版社，2000．

[27] 莱昂·狄骥．公法的变迁：法律与国家[M]．沈阳：辽海出版社、春风文艺出版社，1999．

[28] 兰伯特．资源配置[M]．北京：清华大学出版社，2004．

[29] 李玲，等．构建城乡一体化的教育体制机制研究[M]．北京：经济科学出版社，2015．

[30] 理查德·H. 芬克．供给经济学经典评读[M]．沈国华，译．上海：上海财经大学出版社，2018．

[31] 刘亚荣．从双轨到和谐：中国高等教育资源配置机制的转轨[M]．杭州：浙江大学出版社，2010．

[32] 罗伯特·K. 殷. 案例研究：设计与方法 [M]. 周海涛，等译. 重庆：重庆大学出版社，2004.

[33] 罗尔斯. 正义论 [M]. 何怀宏，等译. 北京：中国社会科学出版社，2014.

[34] 罗纳德·哈里·科斯. 企业、市场与法律 [M]. 盛洪，陈郁，译. 上海：格致出版社：上海人民出版社，2009.

[35] 迈克尔·J. 桑德尔. 自由主义与正义的局限 [M]. 万俊人，等译. 南京：译林出版社，2001.

[36] 曼昆. 经济学原理（第6版）微观经济学分册 [M]. 梁小民，等译. 北京：北京大学出版社，2012.

[37] 马克思. 资本论（第一卷）[M]. 北京：人民出版社，2018.

[38] 马克思. 资本论（第三卷）[M]. 北京：人民出版社，2018.

[39] 马克思. 政治经济学批判序言、导言 [M]. 北京：人民出版社，1971.

[40] 闵维方. 教育投入、资源配置与人力资本收益：中国教育与人力资源问题研究 [M]. 北京：经济科学出版社，2009.

[41] 裴娣娜. 教育研究方法导论 [M]. 合肥：安徽教育出版社，1995.

[42] 蒲蕊. 政府与学校关系的重建：一种制度分析的视角 [M]. 武汉：武汉大学出版社，2009.

[43] 蒲蕊. 公共教育服务体制探索 [M]. 武汉：武汉大学出版社，2015.

[44] 琼·罗宾逊，约翰·伊特韦尔. 现代经济学导论 [M]. 北京：商务印书馆，1982.

[45] 任剑涛. 政治哲学讲演录 [M]. 桂林：广西师范大学出版社，2008.

[46] 萨缪尔森. 经济学（第18版）[M]. 萧琛，译. 北京：人民邮电出版社，2008.

[47] 萨缪尔森. 经济学 [M]. 北京：华夏出版社，1999.

[48] 史万兵. 教育行政管理 [M]. 北京：教育科学出版社，2005.

[49] 孙绵涛. 教育行政学（第三版）[M]. 武汉：华中师范大学出版社，2007.

[50] 王善迈．教育投入与产出研究［M］．河北：河北教育出版社，1996．

[51] 王善迈．经济变革与教育发展：教育资源配置研究［M］．北京：北京师范大学出版社，2014．

[52] 王善迈．教育经济学简明教程［M］．北京：高等教育出版社，2000．

[53] 吴骏．SPSS统计分析从零开始学［M］．北京：清华大学出版社，2014．

[54] 西奥多·J.科瓦尔斯基．教育管理案例研究［M］．北京：中国人民大学出版社，2013．

[55] 休谟．休谟政治论文选［M］．张若衡，译．北京：商务印书馆，2010．

[56] 亚当·斯密．《国民财富的性质和原因的研究》（上）［M］．北京：商务印书馆，1972．

[57] 亚当·斯密．《国民财富的性质和原因的研究》（下）［M］．郭大力，王亚南，译．北京：商务印书馆，2009．

[58] 杨东平．中国教育公平的理想与现实［M］．北京：北京大学出版社，2006．

[59] 杨培雷．当代西方经济学流派［M］．上海：上海财经大学出版社，2003．

[60] 于中鑫．亚当·斯密：经济学鼻祖［M］．北京：人民邮电出版社，2009．

[61] 余永定，等．西方经济学［M］．北京：经济科学出版社，1972．

[62] 张传萍．义务教育资源配置标准研究［M］．武汉：武汉大学出版社，2013．

[63] 张培刚．微观经济学的发展与发展［M］．长沙：湖南人民出版社，1997．

[64] 郑崴．学习共同体：文化生态学习环境的理想架构［M］．北京：教育科学出版社，2007．

[65] 中国教育年鉴编辑部．中国教育年鉴（1949—1981）［M］．北京：中国大百科全书出版社，1984．

[66] 艾伦, 刘强. 我国义务教育装备投入均衡性分析——基于对全国六省市的调查数据 [J]. 教育科学研究, 2018 (8): 30-37.

[67] 安雪慧. 县域内城乡义务教育教师资源配置差异和政策建议 [J]. 教育发展研究, 2013 (8): 50-56.

[68] 蔡金花, 胡劲松. 论县级教育行政部门均衡配置师资的法律义务 [J]. 教育理论与实践, 2008 (5): 3-4.

[69] 蔡明兰, 高政. 基础教育阶段城乡教师资源差距之审视 [J]. 中国教育学刊, 2010 (7): 5-8.

[70] 曹正汉, 薛斌锋, 周杰. 中国地方分权的政治约束——基于地铁项目审批制度的论证 [J]. 社会学研究, 2014, 29 (3): 30-55, 242.

[71] 陈彬, 李明星. 教育制度变迁中路径依赖的成因及对策——从"应试教育"模式向"素质教育"模式转换困境说开 [J]. 教育科学, 2012, 28 (3): 1-4.

[72] 陈纯槿, 郅庭瑾. 我国基础教育信息化均衡发展态势与走向 [J]. 教育研究, 2018 (8): 129-140.

[73] 陈福中. 凯恩斯主义、供给经济学与中国供给侧改革实践 [J]. 管理学刊, 2018, 31 (3): 11-22.

[74] 陈晓华, 周显伟. 国家级新区基于人口发展的教育资源配置研究 [J]. 上海经济, 2017 (5): 20-32.

[75] 陈岳堂, 赵婷婷, 杨敏. 乡村小学教师资源配置的现实困境与优化策略: 以湖南省为例 [J]. 教育研究与实验, 2018 (3): 61-65.

[76] 陈岳堂, 赵婷婷. 义务教育资源配置效率实证研究——以湖南省为例 [J]. 湖南社会科学, 2018 (5): 178-185.

[77] 成俊华, 王爱玲. 我国教师资源配置研究的现状及反思 [J]. 教育理论与实践, 2018 (14): 36-39.

[78] 程天君. 以人为核心评估域: 新教育公平理论的基石——兼论新时期教育公平的转型 [J]. 华东师范大学学报(教育科学版), 2019, 37 (1): 116-123, 169-170.

[79] 崔国涛, 张聪. 新时期基础教育校际师资均衡: 本体、必要与可行

[J]. 东北师大学报（哲学社会科学版），2012（1）：177-181.

[80] 崔延强，权培培，吴叶林. 基于大数据的教师队伍精准治理实现路径研究[J]. 国家教育行政学院学报，2018（4）：9-15.

[81] 戴国强，吴许均. 价格粘性理论在银行金融市场中的应用[J]. 经济学动态，2005（6）：107-111.

[82] 戴家干. 从日本教育人力资源配置看教师编制管理的特点[J]. 比较研究研究，1999（1）：55-57.

[83] 邓涛，孔凡琴. 关于推进基础教育师资配置均衡化的思考——吉林省城乡师资差异和教师流动意愿的调查与分析[J]. 中国教育学刊，2007（9）：34-37，41.

[84] 邓泽军，李敏，刘先强. 论城乡幼儿教师均衡配置体制机制创新[J]. 基础教育，2015，12（6）：39-45.

[85] 丁学森，邬志辉. 新型城镇化下对城市义务教育资源承载力的省思[J]. 现代教育管理，2015（3）：21-25.

[86] 丁任重，李标. 供给侧结构性改革的马克思主义政治经济学分析[J]. 中国经济问题，2017（1）：3-10.

[87] 董世华，范先佐. 我国县域义务教育均衡发展监测指标体系的建构：基于教育学理论的视角[J]. 教育研究，2011（9）：25-29.

[88] 董世华，付义朝. 我国中小学教师资源配置失衡的实证分析及对策[J]. 现代教育管理，2010（8）：95-98.

[89] 杜永红，张艳. 县域内义务教育师资均衡配置的阻碍因素分析[J]. 湖南科技大学学报（社会科学版），2012（4）：111-114.

[90] 段忠桥. 基于社会主义立场对自由至上主义的批判——科恩对诺奇克"自我—所有权"命题的反驳[J]. 中国社会科学，2013（11）：4-24，202.

[91] 范先佐. 教育资源的合理配置与教育体制改革的关系[J]. 教育与经济，1997：7-15.

[92] 方奇敏，熊才平. 舟山市教师资源配置非均衡发展：现状、对策与实证[J]. 中国电化教育，2006（12）：13-15.

[93] 方长春. 义务教育"资本化"：成因及社会影响[J]. 江苏行政学院学报，2018（5）：62-67.

[94] 冯建军. 后均衡化时代的教育正义：从关注"分配"到关注"承认"[J]. 教育研究, 2016, 37 (4): 41-47.

[95] 冯文全, 夏茂林. 从师资均衡配置看城乡教师流动机制构建[J]. 中国教育学刊, 2010 (2): 18-21.

[96] 冯文全, 夏茂林. 四川省城乡义务教育师资配置问题与对策探讨[J]. 教育与经济, 2009 (2): 25-29.

[97] 佛朝晖. 县域义务教育师资均衡配置政策执行现状、问题及建议：基于县市教育局长的调查分析[J]. 教育发展研究, 2011 (11): 13-18.

[98] 付卫东, 范先佐.《乡村教师支持计划》实施的成效、问题及对策——基于中西部6省12县（区）120余所农村中小学的调查[J]. 华中师范大学学报（人文社会科学版）, 2018, 57 (1): 163-173.

[99] 高宁, 李景平, 张记国. 基于相关性和DEA的西部地区教育资源投入配置的评价与优化研究——以甘肃省为例[J]. 教育科学, 2015, 31 (1): 10-17.

[100] 关荐, 王平. 积极心理资本：西部农村教师资源稳定的本源[J]. 北方民族大学学报（哲学社会科学版）, 2015 (1): 93-95.

[101] 关松林. 区域内义务教育师资均衡配置：问题与破解[J]. 教育研究, 2013 (12): 46-51.

[102] 管培俊. 论教育人力资源配置的二元结构[J]. 高等教育研究, 2008 (8): 60-66.

[103] 郭熙保. 从需求经济学到供给经济学——供给学派述评[J]. 湖南社会科学, 1989 (5): 9-13, 1.

[104] 贺静霞. 高考教育功能的异化及其回归[J]. 中国教育学刊, 2016 (5): 26-30.

[105] 贺静霞, 张庆晓. 新中国成立以来义务教育教师资源配置有关政策变迁历程、特征与展望[J]. 现代教育管理, 2020 (3): 78-84.

[106] 贺静霞. 研究生教育中师生导学关系研究——以武汉大学十届

"我心目中的好导师"参评材料为例[J]. 江汉大学学报(社会科学版), 2020, 37 (6): 114-123, 128.

[107] 霍龙霞, 徐国冲. 走向合作监管: 改革开放以来我国食品安全监管方式的演变逻: 基于438份中央政策文本的内容分析 (1979—2017). 公共管理评论, 2020 (1): 68-91.

[108] 洪熊, 曾菊新. 教育公平视角下基础教育师资均衡配置问题研究: 以江西省为例[J]. 江西社会科学, 2013 (3): 238-242.

[109] 胡斌武, 沈希, 吴杰, 钱贤鑫. 中等职业学校师资配置存在的问题及其解决策略[J]. 教师教育研究, 2011, 23 (4): 27-32.

[110] 胡建渊. 新凯恩斯主义理论的演变途径探析[J]. 当代经济研究, 2005 (3): 17-20.

[111] 胡友志. 发展式均衡: 区域基础教育师资均衡化的新路向; 基于基础教育优质均衡发展的政策变革[J]. 教育科学研究, 2012 (8): 11-14.

[112] 黄亮. 学校资源的均衡配置是否能够促进城乡教育结果的均等?——来自我国四省市的证据[J]. 教育科学研究, 2018, (10): 30-39.

[113] 黄先政, 黄媛媛. 基础教育师资配置的城乡一体化路径——以成都市为例[J]. 人民论坛·学术前沿, 2016, (23): 122-123.

[114] 教育部五措施大力推进校长教师交流轮岗用3至5年实现县域内教师校长资源均衡配置[J]. 教育发展研究, 2013, 33 (22): 61.

[115] 金志峰, 庞丽娟, 杨小敏. 编制约束下的中小学教师队伍建设困境与政策改进策略[J]. 中国教育学刊, 2017 (7): 53-56.

[116] 靳俊友, 陈芳. 河南省义务教育阶段教师资源配置制度现状研究[J]. 中国教育学刊, 2018 (S1): 37-40.

[117] 景小涛, 余龙. 农村义务教育教师补充机制探析: "为美国而教"的生命力与启示[J]. 外国中小学教育, 2013 (12): 33-38.

[118] 柯政, 陈霜叶, 任友群. 重点学校与非重点学校的校长领导行为比较[J]. 北京大学教育评论, 2013, 11 (1): 63-82, 191.

[119] 孔凡琴, 邓涛. 日、美、法三国基础教育师资配置均衡化的实践

与经验[J]. 外国教育研究, 2007 (10): 23-27.

[120] 况红, 彭露. 影响教师资源均衡的原因分析与对策研究——以重庆市为例[J]. 教育探索, 2011 (3): 24-25.

[121] 赖秀龙, 杨杏利. 论义务教育师资均衡配置政策问题的内涵与特征[J]. 教育理论与实践, 2012 (35): 18-20.

[122] 赖秀龙, 周翠萍. 论国外义务教育师资均衡配置的政策支持系统[J]. 外国中小学教育, 2012 (12): 7-15.

[123] 赖秀龙. 谁主沉浮: 国外义务教育师资均衡配置政策的影响因素分析[J]. 外国中小学教育, 2011 (10): 1-6, 26.

[124] 赖秀龙. 义务教育师资均衡配置的政策工具分析[J]. 教育发展研究, 2010 (23): 42-47.

[125] 雷万鹏, 张雪艳. 农村小规模学校师资配置政策研究[J]. 教育研究与实验, 2012 (6): 8-12.

[126] 李刚, 蔡钰卿, 邓峰. 教师因素对新疆双语现代远程教育资源配置效率影响的多层线性分析[J]. 中国电化教育, 2017 (4): 137-140, 145.

[127] 李刚, 邓峰. 我国义务教育资源配置效率实证研究1——基于DEA-Tobit模型[J]. 现代教育管理, 2016 (11): 22-27.

[128] 李桂荣, 姚松. 义务教育师资均衡配置的政策工具: 分型检视与改进建议[J]. 河南大学学报 (社会科学版), 2016 (1): 114-122.

[129] 李桂荣, 李向辉. 中国义务教育均衡发展政策的演进历程及其制度逻辑[J]. 河南师范大学学报 (哲学社会科学版), 2017, 44 (5): 147-151.

[130] 李剑, 肖甦. 试论经济全球化背景下的教师资源配置[J]. 教育与经济, 2000 (3): 45-48.

[131] 李均. 我国教师资源配置结构性失衡现象考察——兼论当前农村教师队伍建设的制度选择[J]. 深圳大学学报 (人文社会科学版), 2008 (1): 148-153.

[132] 李立国. 省级教育统筹的权力约束机制[J]. 国家教育行政学院学报, 2015 (5): 3-8.

[133] 李玲,陶蕾.我国义务教育资源配置效率评价及分析——基于DEA-Tobit模型[J].中国教育学刊,2015(4):53-58.

[134] 李玲,杨顺光,韩玉梅.我国城乡义务教育资源需求探析——基于学龄人口的预测[J].教育科学,2014,30(5):1-6.

[135] 李贤智.教育公平视野下教师资源配置的反思与建设[J].湖南师范大学教育科学学报,2011(3):32-35.

[136] 李新翠.我国中小学教师配置标准政策变迁的制度逻辑[J].教育研究,2015(10):72-77.

[137] 李子芬.义务教育师资"无校籍"管理制度构建[J].中国教育学刊,2012(4):15-18.

[138] 李子秦,吴昊.我国少数民族地区人均产出、资本深化与教育不平等——基于改进的教育基尼系数测算[J].西北民族大学学报(哲学社会科学版),2018(4):141-148.

[139] 李祖超.我国教育资源短缺简析[J].高等教育研究,1997(6):37-38.

[140] 刘复兴.教育政策的边界与价值向度[J].清华大学教育研究,2002(1):70-77.

[141] 刘辉雄.义务教育师资均衡配置的制度安排[J].教育评论,2008(6):39-41.

[142] 刘善槐,邬志辉.我国农村教师编制的关键问题与改革建议[J].人民教育,2017(7):13-16.

[143] 刘善槐,朱秀红,李昀赟.农村教师编制制度改革研究[J].中国教育学刊,2019(1):7-12.

[144] 刘善槐.我国农村教师编制结构优化研究[J].教育研究,2016(4):81-88.

[145] 刘小强.教师资源空间分割下的农村教师地缘结构特征及影响机制研究[J].教育与经济,2019(3):73-77.

[146] 刘云生.供给侧结构性改革:教育怎么办?[J].教育发展研究,2016,36(3):1-7.

[147] 罗纳德·哈里·科斯.生产的制度结构[J].经济社会体制比较,1992(3).

[148] 罗若飞. 西部地区基础教育师资县域内均衡配置模型 [J]. 四川师范大学学报（社会科学版），2011，38（5）：77-80.

[149] 吕吉. 义务教育师资失衡的现状分析及对策 [J]. 河北大学学报（哲学社会科学版），2011，36（4）：137-142.

[150] 马费成，王晓光. 信息经济学（十）第十讲信息资源的优化配置与共享效率 [J]. 情报理论与实践，2003（4）：381-384.

[151] 马青，焦岩. 省域城乡师资失衡：实践表征、政策归因、改进策略：以宁夏为例 [J]. 教育发展研究，2012（12）：11-15.

[152] 马骁. 民族地区教师资源配置的城乡考察：基于2003年和2013年省际数据的比较分析 [J]. 西南民族大学学报（人文社科版），2017（9）：220-225.

[153] 孟辉. 论社会保障制度对教师资源合理配置的影响 [J]. 社会科学辑刊，2007（6）：67-71.

[154] 慕彦瑾，段晓芳. 后免费时代西部农村中小学教师资源配置及使用困境：基于西部农村87所学校的调查 [J]. 农村经济，2016（2）：112-117.

[155] 蒲蕊. 政府与学校关系重建：一种制度分析的视角 [J]. 教育研究，2009（3）：81-85.

[156] 蒲蕊. 新中国基础教育管理体制70年：历程、经验与展望 [J]. 中国教育学刊，2019（10）：48-53.

[157] 邱均平，邹菲. 关于内容分析法的研究 [J]. 中国图书馆学报，2004（2）：12-17.

[158] 祁占勇，王君妍，司晓宏. 我国西北地区义务教育均衡发展的现实困境与政策选择——基于国家教育督导《反馈意见》的研究 [J]. 中国教育学刊，2017（10）：53-58.

[159] 钱立青，郑德新. 省域统筹教育资源均衡发展研究 [J]. 中国教育学刊，2015（9）：55-58.

[160] 秦玉友. 城乡义务教育师资配置均衡化：巩固成就与跨越陷阱 [J]. 教育与经济，2016（6）：30-35.

[161] 阮成武. 城乡义务教育资源均衡配置的省级统筹机制——基于A省的调查分析 [J]. 湖南师范大学教育科学学报，2016，15

(5)：63-69.

[162] 沈满洪，谢慧. 公共物品问题及其解决思路：公共物品理论文献综述 [J]. 浙江大学学报（人文社会科学版），2009（6）：133-144.

[163] 沈有禄，谯欣怡. 全国分地区普通小学教师资源配置差异分析 [J]. 教育与经济，2010（2）：57-63.

[164] 沈有禄，谯欣怡. 印度基础教育教师资源配置差异分析 [J]. 上海教育科研，2012（3）：50-52，72.

[165] 沈有禄. 教师资源配置不均衡的实证研究：湖北、甘肃、北京小学教师队伍状况比较研究 [J]. 教育科学，2007（1）：55-59.

[166] 沈有禄. 教师资源配置差异的实证研究——全国分地区普通初中生师比比较研究 [J]. 上海教育科研，2007（10）：13-15.

[167] 司晓宏. 义务教育均衡发展研究热点的统计分析与展望 [J]. 教育学报，2015，11（6）：49-59.

[168] 孙志建. 政府治理的工具基础：西方政策工具理论的知识学诠释 [J]. 公共行政评论，2011，4（3）：67-103，180-181.

[169] 童星. 近十年我国小学师资队伍发展状况的区域对比研究 [J]. 上海教育科研，2016（1）：5-9.

[170] 唐铁汉，李军鹏. 公共服务的理论演变与发展过程 [J]. 新视野，2005（6）：38-40.

[171] 汪丽萍. 表征与归因：县域音乐师资失衡问题研究——以湖北省崇阳县为例 [J]. 黄钟（中国. 武汉音乐学院学报），2013（3）：164-169，192.

[172] 王炳明. 乡村教师队伍建设的政策分析：基于湖南省泸溪县落实《乡村教师支持计划》的案例研究 [J]. 中国教育学刊，2017（2）：35-40.

[173] 王昌善，贺青梅. 我国县域义务教育学校教师流动制度：应为、难为与可为 [J]. 湖南师范大学教育科学学报，2015，14（4）：75-80，86.

[174] 王红. 论教育资源配置方式的基本内涵及决定因素 [J]. 教育与经济，1999：15-16.

[175] 王俊,宗晓华. 江苏省义务教育阶段师资配置状况调查报告 [J]. 全球教育展望, 2014 (5): 53-63.

[176] 王鹏炜,司晓宏. 城乡教育一体化进程中的教师资源配置研究: 以陕西省为例 [J]. 陕西师范大学学报(哲学社会科学版), 2011 (1): 156-161.

[177] 王嵘. 贫困地区教育资源的开发利用 [M]. 教育研究, 2001 (9): 39-44.

[178] 王正青. 义务教育均衡发展的公共治理框架与体制机制设计 [J]. 现代教育管理, 2017 (4): 29-34.

[179] 文东茅. 义务教育师资配置均衡化的政策选择 [J]. 教育理论与实践, 2001 (11): 28-30.

[180] 邬志辉,陈昌盛. 我国义务教育阶段教师编制供求矛盾及改革思路 [J]. 教育研究, 2017 (8): 88-100.

[181] 吴春梅,翟军亮. 变迁中的公共服务供给方式与权力结构 [J]. 江汉论坛, 2012 (12): 13-17.

[182] 吴宏超,胡玲. 义务教育如何从基本均衡跨向优质均衡——基于广东省的数据分析 [J]. 教育与经济, 2018 (4): 46-52+60.

[183] 吴晶,宋雪程. 义务教育师资配置的区域差异及空间格局演变研究——以上海市为例 [J]. 宏观质量研究, 2017, 5 (2): 108-118.

[184] 吴晶. 义务教育资源空间分布对学区化办学的影响——以上海市徐汇区为例 [J]. 湖南师范大学教育科学学报, 2016, 15 (6): 86-92.

[185] 吴晓波,姜雁斌. 包容性创新理论框架的构建 [J]. 系统管理学报, 2012, 21 (6): 736-747.

[186] 吴晓波. 能力构建是实现包容性增长的核心 [J]. 人民论坛, 2011 (12): 59-60.

[187] 吴孝. 试论城乡义务教育一体化师资配置政策路径 [J]. 教育评论, 2016 (1): 120-123.

[188] 吴元彬. 优化经济发达县师资配置,促进教育公平——以福建省闽侯县师资配置为例 [J]. 福建论坛(人文社会科学版),

2011,(S1):15-17.

[189] 夏茂林,冯文全.城乡教师资源均衡配置问题探讨[J].教育科学,2010,26(1):75-79.

[190] 夏茂林,冯文全.我国义务教育师资配置的理论思考[J].中国教育学刊,2012(3):9-12.

[191] 夏琪,沈书生,王家文.区域基础教育资源应用现状与建设新思路——基于对南京市江宁区的调研[J].中国电化教育,2018(5):103-109,124.

[192] 谢蓉.中小学优质教师资源区域均衡性研究[J].教育科学,2012(4):47-52.

[193] 谢秀英.教师流动不同方式经济影响分析[J].中国教育学刊,2010(3):8-10.

[194] 熊才平,方奇敏.信息化环境下的教师资源配置城乡一体化:理论与构想[J].电化教育研究,2007(4):11-13.

[195] 熊才平,蒋燕.利用社会性软件促进教师资源城乡一体化均衡发展研究[J].中国电化教育,2006(10):9-12.

[196] 熊才平,吴瑞华.以信息技术促进教师资源配置城乡一体化[J].教育研究,2007(3):83-86.

[199] 熊才平,伍丹.利用Moodle学习平台实现教师资源配置城乡一体化实验研究[J].中国电化教育,2006(11):79-82.

[198] 徐菁菁.重点学校政策的嬗变及其启示[J].教育研究与实验,2014(4):74-78.

[199] 徐群.师资配置:当前农村学前教育发展的要务[J].学前教育研究,2015(6):22-25.

[200] 徐文娜,王晓卉.单独制定农村小规模学校资源配置标准——基于辽宁省农村小规模学校资源配置基础数据的分析[J].现代教育管理,2017(11):42-46.

[201] 薛鞿.马克思主义教育公平观视野下的师资配置均衡化研究——以福建省义务教育师资力量建设为例[J].福建师范大学学报(哲学社会科学版),2018(2):117-127.

[202] 薛二勇,李廷洲.义务教育师资城乡均衡配置政策评估[J].教

育研究, 2015 (8): 65-73.

[203] 薛正斌. 印度义务教育师资队伍建设对中国的启示 [J]. 外国中小学教育, 2011 (1): 37-40.

[204] 苑春荟, 燕阳. 中央环保督察：压力型环境治理模式的自我调适：一项基于内容分析法的案例研究 [J]. 治理研究, 2020 (1): 57-68.

[205] 杨公安. 县域内义务教育资源配置低效率问题研究 [D]. 重庆: 西南大学, 2012: 21.

[206] 杨军, 胡胜霞. 关于少数民族地区师资均衡配置的理论构想 [J]. 民族教育研究, 2010, 21 (5): 117-122.

[207] 杨军. 民族地区师资均衡配置的理论构想 [J]. 西北师大学报 (社会科学版), 2010, 47 (6): 65-69.

[208] 杨军. 西北少数民族地区师资均衡配置的现状、问题与对策 [J]. 中国教育学刊, 2007 (7): 24-27, 35.

[209] 杨军昌, 周惠群. 贵州民族地区基础教育资源配置的问题与优化分析：以黔东南苗族侗族自治州为例 [J]. 贵州民族研究, 2018 (9): 241-246.

[210] 杨挺, 马永军. 县域义务教育师资均衡配置中的政府责任 [J]. 中国教育学刊, 2011 (3): 13-15.

[211] 姚永强. 我国义务教育均衡发展方式转变研究 [D]. 武汉：华中师范大学博士论文, 2014.

[212] 叶冬娜. 以人为本的生态伦理自觉 [J]. 道德与文明, 2020 (6): 44-51.

[213] 于冬青等. 农村学前教师资源配置现状及相关建议：基于十二省份的调研数据 [J]. 教育理论与实践, 2017 (26): 34-37.

[214] 于海英, 秦玉友. 师资配置目标与我国师资配置政策的多层设计 [J]. 现代教育管理, 2014 (9): 78-81.

[215] 袁新宇, 王菲. 高校战略性师资队伍的规划与配置探析 [J]. 兰州大学学报 (社会科学版), 2009, 37 (S1): 168-170.

[216] 袁年兴. 论公共服务的"第三种范式"：超越"新公共管理"和"新公共服务" [J]. 甘肃社会科学, 2013 (2): 219-223.

[217] 张传萍. 普通小学教师资源配置标准研究：以湖北省为例 [J]. 教育与经济, 2011 (1)：10-15.

[218] 张传萍. 我国教育资源配置研究的热点及发展趋势：基于CNKI数据库的词频分析 [J]. 教育科学研究, 2017 (7)：23-27.

[219] 张虹. 我国基础教育教育信息化政策二十年（1993—2013）：以政策文本阐释为视角 [J]. 电化教育研究, 2013 (8)：28-33, 60.

[220] 张岚. 教师资源合理配置的实现 [J]. 教育与经济, 2000 (S1)：85-87.

[221] 张雷, 李华臣. 城乡义务教育教师流动模式探析：以山东省部分市地为例 [J]. 当代教育科学, 2011 (7)：33-36.

[222] 张雷, 张茂聪. 城乡义务教育师资配置不合理诱因及破解策略：以山东省为例 [J]. 中国教育学刊, 2010 (1)：5-7.

[223] 张丽敏, 叶平枝等. 公共话语中的幼儿园教师形象：基于网络媒体新闻的内容分析与话语分析 [J]. 学前教育研究, 2020 (3)：16-30.

[224] 张娜等. 基于文本内容分析法的我国公共信息资源开放政策协同分析 [J]. 情报理论与实践, 2020 (4)：115-122.

[225] 张茂聪, 刘信阳. 县域义务教育均衡发展研究的回顾与展望：基于CNKI文献数据的分析 [J]. 教育科学研究, 2016 (8)：34-43.

[226] 张琦. 布坎南与公共物品研究新范式 [J]. 经济学动态, 2014 (4)：131-140.

[227] 张绍荣, 朱德全. 区域义务教育均衡发展的政策设计与路径选择 [J]. 教育与经济, 2015 (1)：18-22, 51.

[228] 张翔. 城乡统筹背景下中小学教师资源配置及其改革 [J]. 现代教育管理, 2016 (11)：93-97.

[229] 张雅光. 城乡义务教育师资均衡配置的国际经验与启示 [J]. 外国中小学教育, 2017 (1)：8-14.

[230] 张竹林, 张美云. 城乡教育一体化的区域体系构建：基于上海市奉贤区的实践思考 [J]. 教育发展研究, 2017 (20)：14-22.

[231] 赵丹. 教育均衡视角下农村教师资源配置的现实困境及改革对策: 小规模和大规模学校的对比研究 [J]. 华中师范大学学报 (人文社会科学版), 2016 (5): 156-163.

[232] 赵林等. 中国农村基础教育资源配置的时空格局与影响因素 [J]. 经济地理, 2018 (11): 39-49.

[233] 赵丹等. 基于空间公正的县域义务教育质量均衡评估指标体系构建 [J]. 教育与经济, 2018 (2): 27-34.

[234] 赵琦. 基于DEA的义务教育资源配置效率实证研究: 以东部某市小学为例 [J]. 教育研究, 2015 (3): 84-90.

[235] 赵新亮, 张彦通. 新型城镇化进程中城乡学校均衡布局的战略研究 [J]. 教育理论与实践, 2015 (11): 10-12.

[236] 赵长林. 社会分层、文化传统与高考制度改革 [J]. 教育理论与实践, 2008 (3): 22-26.

[237] 赵天睿, 唐栋. 马克思主义政治经济学视域下的供给侧结构性改革 [J]. 经济问题, 2018 (11): 14-18.

[238] 赵忠平, 秦玉友. 农村小规模学校的师资建设困境与治理思路 [J]. 教师教育研究, 2015, 27 (6): 34-38, 33.

[239] 郑秉文. 公共物品、公共选择中的教育 [J]. 世界经济与政治, 2002 (12): 73-78.

[240] 郑展鹏, 岳帅. 我国教育资源配置的区域差异缩小了吗: 基于省际面板数据体系的分析 [J]. 教育发展研究, 2017 (9): 28-36.

[241] 周冬祥. 二元结构型城市教师资源配置的现状分析与对策研究: 以武汉市中小学教师资源配置分析为例 [J]. 教育与经济, 2008 (3): 33-36.

[242] 周海涛, 朱玉成. 教育领域供给侧改革的几个关系 [J]. 教育研究, 2016 (12): 30-34.

[243] 周霖, 邹红军. 县域义务教育学校硬件配置状态及改进对策 [J]. 东北师大学报 (哲学社会科学版), 2017 (6): 161-166.

[244] 朱霁. 共享发展的实现机制探讨 [J]. 当代经济管理, 2018 (12): 6-11.

[245] 王占军. 大学教师科研合作中的知识共享: 制约因素与机制改善

[J]. 江汉大学学报,2019(3):115-124,128.

2. 外文文献

[1] Barr, N. The Economics of Welfare State [M]. Oxford: Oxford University Press, 1988.

[2] Gibbs, R M, Swaim, P L, Teixeira, R. Rural Education and Training in the New Economy: The Myth of the Rural Skills Gap [M]. Ames: The Iowa State University Press, 1998.

[3] Gibbs, R M, Swaim, P. L. , & Teixeira, R. Rural education and training in the new economy: The myth of the rural skills gap [M]. Ames: The Iowa State University Press, 2013.

[4] Ulubasoglu, M A, Cardak, B. A. Urbanization and education [M]. New Delhi: Discovery Publishing House, 2006.

[5] Galen, J, Noblit, G Late to class: social class and schooling in the new Economy [M]. Albany, NY: SUNY Press, 2013.

[6] Wenger, E Communities of Practice: Learning, Meaning and Identity [M]. Cambridge, UK: Cambridge University Press, 1998.

[7] Abayasekara, A, N Arunatilake. School-level resource allocation and education outcomes in Sri Lanka [J]. International Journal of Educational Development, 2018 (61): 127-141.

[8] Adekanmbi, A R and B Y Boadi . Budgeting for library resources in colleges of education: Some findings from Botswana [J]. Library Collections Acquisitions & Technical Services, 2008 (2): 68-75.

[9] Atmono, Dwi; Rahmattullah, Muhammad etc. The Need Analysis of Primary School Teacher in Banjarmasin [C]. Indonesia: University Negeri Padang, 2018: 398-403.

[10] Arsen, D, et al. Which Districts Get Into Financial Trouble and Why: Michigan's Story [J]. Journal of Education Finance, 2016 (2): 100-126.

[11] Arsen, D and Y M Ni. The Effects of Charter School Competition on School District Resource Allocation [J]. Educational Administration Quarterly, 2012 (1): 3-38.

[12] Alderman, H, Kim, J, Orazem, P F Design, evaluation and sustainability of private schools for the poor: the Pakistan urban and rural fellowship school experiments [J]. Economics of Education Review, 2011 (22): 265-274.

[13] Amaya, J, et al. Optimization Modeling for Resource Allocation in the Chilean Public Education System [J]. International Regional Science Review, 2016 (2): 155-176.

[14] Angelopoulos, K, et al. The welfare implications of resource allocation policies under uncertainty: The case of public education spending [J]. Journal of Macroeconomics, 2011 (2): 176-192.

[15] B Bell, B Cowie. The Characteristics of Formative Assessment in Science Education [J]. Formative Assessment in Science Education, 2001 (85): 536-553.

[16] Barlow, Robin. Efficiency Aspects of Local School Finance [J]. Journal of Political Economy, 1970 (78): 1028-1040.

[17] Bastian, K C, et al. Incorporating access to more effective teachers into assessment s of educational resource equity [J]. Education Finance and Policy, 2011 (4): 560-580.

[18] Berard, R M F, et al. A preliminary investigation of high-school counseling resources on the Cape Peninsula [J]. Adolescence, 1997 (126): 373-9.

[19] Betts, J R and J L Shkolnik. The effects of ability grouping on student achievement and resource allocation in secondary schools [J]. Economics of Education Review, 2000 (1): 1-15.

[20] Bevans, K B, et al. Physical Education Resources, Class Management, and Student Physical Activity Levels: A Structure-Process-Outcome Approach to Evaluating Physical Education Effectiveness [J]. Journal of School Health, 2011 (12): 573-80

[21] Brunner, E J. and T. Squires. The bargaining power of teachers' unions and the allocation of school resources [J]. Journal of Urban Economics, 2013 (76): 15-27.

[22] Brunner, Eric J, Squires, Tim. The bargaining power of teachers' unions and the allocation of school resources [J]. Journal of Urban Economic, 2013, 76 (2): 15-27.

[23] Barbieri, A F, Carr, D L. Gender-specific out-migration, deforestation and urbanization in the Ecuadorian Amazon [J]. Global and Planetary Change, 2012 (47): 99-110.

[24] Bezemer, D, Headey, D Agriculture, development, and urban bias [J]. World development, 2008, 36 (8): 1342-1364.

[25] Bondi, L. Education Social Needs and Resource-allocation - A Stdy of primary -school in Manchester [J]. Area, 1987 (4): 333-343.

[26] Bowles, S. Efficient allocation of resources in education [J]. Quarterly Journal of Economics, 1967 (2): 189-219.

[27] Bramley, G., et al. An outcome-based resource allocation model for local education services in Wales [J]. Environment and Planning C-Government and Policy, 2011 (5): 848-871.

[28] BrJunner, E J, T Squires. The bargaining power of teachers' unions and the allocation of school resources [J]. Journal of Urban Economics, 2013 (76): 15-27.

[29] Buckler, A. Reconsidering the evidence base, considering the rural: Aiming for a better understanding of the education and training needs of Sub-Sahara African teachers [J]. International Journal of E ducational Development, 2014, 4 (3): 244-250.

[30] Byrne, E M. Inequality in education discriminal resource-allocation in school [J]. Educational Review, 1975 (3): 179-191.

[31] Chambers, J G, et al. Exploring weighted student formulas as a policy for improving equity for distributing resources to schools: A case study of two California school districts [J]. Economics of Education Review, 2010 (2): 283-300.

[32] Chambers, J G. Impact of collective - bargaining foe teachers on resource-allocation in public-school districts [J]. Journal of Urban Economics, 1977 (3): 324-339.

[33] Cobb-Clark, D A, N Jha. Educational Achievement and the Allocation of School Resources [J]. Australian Economic Review, 2016 (3): 251-271.

[34] Cook, J B. The effect of charter competition on unionized district revenues and resource allocation [J]. Journal of Public Economics, 2018 (158): 48-62.

[35] Craig, S G, et al. Does it pay to get an A? School resource allocations in response to accountability ratings [J]. Journal of Urban Economics, 2013 (1): 30-42.

[36] Chotisukan, S. The role of education in rural—urban migrant: A case study in Chiangmal, Thailand [D]. Hilo: University od Hawaii, 1994.

[37] Craig, L A. Constrained resource-allocation and the investment in the education of Black - Americans - The 1890 land - grant colleges [J]. Agricultural History, 1991, (2): 73-84.

[38] da Silva, G M, et al. Analysis of efficiency of public expenditure on fundamental education in military school in 2014 [J]. Revista Evidenciacao Contabil & Financas, 2016 (1): 50-64.

[39] Darden, E C, E Cavendish. Achieving Resource Equity Within a Single School District: Erasing the Opportunity Gap By Examining School Board Decisions [J]. Education and Urban Society, 2012 (1): 61-82.

[40] De Luca, B M, et al. Are the " Best" Teachers in the " Neediest" Schools? An Urban Intradistrict Equity Inquiry [J]. Education and Urban Society, 2009 (6): 653-671.

[41] Dennison, W F. Resource - allocation of the decisional framework. [J]. Journal of Educational Administration, 1987 (2): 200-211.

[42] Devarajan, Shantayanan; Khemani, Stuti, etc. Can Civil Society Overcome Government Failure in Africa? [J]. Word Bank Research Observer, 2014, 29 (1): 20-47.

[43] Dunn, Delmer D, Jerome S, Legge, Jr. U. S. Local Government Man-

agers and the Complexity of Responsibility and Accountability in Democratic Governance [J]. Journal of Public Administration Research and Theory, 2000, 11 (1): 73-88.

[44] D J Young. Voluntary Purchase of Public Goods [J]. Public Choice, 1982, 38 (1): 73-85.

[45] Epstein, T S Development—There is another way: A rural—urban partnership development paradigm [J]. World Development, 2001, 29 (8): 1443-1454.

[46] Fields, G S. The allocation of resources to education in less developed countries [J]. Journal of Public Economics, 1974 (2): 133-143.

[47] Guha-Khasnobis, B, James, K S. Urbanization and the South Asian Enigma: A case study of India [J]. World Institute for Development Economics Research Working Paper, 2010 (4): 1-15.

[48] Haelermans, C, et al. On the allocation of resources for secondary schools [J]. Economics of Education Review, 2012 (5): 575-586.

[49] Hallinger, P &S N Liu . Leadership and teacher learning in urban and rural schools in China: Meeting the dual challenges of equity and effectiveness [J]. International Journal of Educational Dev elopment, 2016 (51): 661-682.

[50] Hatsor, L. Allocation of resources in educational production : the budget puzzle [J]. Journal of Public Economic Theory, 2014 (6): 854-883.

[51] Houck, E A. Intradistrict Resource Allocation: Key Findings and Policy Implications [J]. Education and Urban Society, 2011 (3): 271-295.

[52] Herath, Tikiri Nimal. An assessment of decentralized government school education in Sri Lanka [J]. Kedi Journal of Educational Policy, 2008, 5 (1): 19-48.

[53] Iatarola, P, L. Stiefel . Intradistrict equity of public education resources and performance [J]. Economics of Education Review, 2003 (1): 69-78.

[54] Ingraham, Patricia W. and Carolyn Ban . Politics and Merit: Can they

meet in a Public Service Model？[J]. Review of Public Personnel Administration, 1988, 8 (2): 7-19.

[55] Jimenez, M. O. Efficiency of public systems in resource allocation to primary education-Quantitative analysis of the national agreement for modernization of education in Mexico [J]. Administration Economic, 1995 (247).

[56] J. M. Buchanan. Joint Supply, Externality and Optimality [J]., Economic, 1996 (132): 404-415.

[57] J. E. Stiglitz. The Theory of Local Public Goods Twenty-five Years After Tie bout: A Perspective [J], NBER Working Paper Series, 1982: 17-53.

[58] J. Falkinger, E. Fehr, S. Gächter, et al. A Simple Mechanism for the Efficient Provision of Public Goods: Experimental Evidence [J]. The American Economic Review, 2000, 90 (1): 247-264.

[59] Kalantaridis, C. In-migration, entrepreneurship and rural-urban interdependencies: The case of East Cleveland, North East England [J]. Journal of Rural Studies, 2010, 26 (4): 418-427.

[60] Kochar, A. Urban influences on rural schooling in India [J]. Journal of Development Economics, 2004 (74): 113-136.

[61] Keithl Dougherty. Public Goods Theory From Eighteenth Century Political Philosophy to Twentieth Century Economics [J]. Public Choice, 2003 (117): 239-253.

[62] Li, L. Experience Overview of Foreign Teachers in the Allocation of Resources of Compulsory Education Stage [C]. 2014 2nd International Conference on Social Science and Health, 2014 (56).

[63] Miles, K. H. Freeing resources for improving schools: A case study of teacher allocation in Boston public schools [J]. Educational Evaluation and Policy Analysis, 1995 (4): 476-493.

[64] Miles, K H, L. Darling-Hammond. Rethinking the allocation of teaching resources: Some lessons from high-performing schools [J]. Educational Evaluation and Policy Analysis, 1998 (1): 9-29.

[65] Monk, D H, S Hussain. Structural influences on the internal allocation of school district resources: Evidence from New York State [J]. Educational Evaluation and Policy Analysis, 2000 (1): 1-26.

[66] Marais, M A. The allocation of resources to education in South-Africa [J]. South African Journal of Economics, 1984 (1): 51-60.

[67] Miles, K H. Freeing resources for improving schools: A case study of teacher allocation in Boston public schools [J]. Educational Evaluation and Policy Analysis, 1995 (4): 476-493.

[68] Ostrom V, Ostrom E. Public Choice: A Different Approach to the Study of Public Administration [J]. Public Administration Review, 1971, 31 (2): 203-216.

[69] P A Samuelson. The pure theory of public expenditure [J]. Review of Economics and Statistics, 1954 (36): 387-389.

[70] Rubenstein, R, et al.. From districts to schools: The distribution of resources across schools in big city school districts [J]. Economics of Education Review, 2007 (5): 532-545.

[71] Richard, M. Rural —urban differences in parental spending on children's primary education in Malawi [J]. Development Southern Africa, 2013, 30 (6): 789-811.

[72] Sher, J P. Education's Ugly Duckling: Rural Schools in Urban Nations [J]. Phi Delta Kappan, 1983, 65 (4): 257-262.

[73] Sims, D P. Suing for your supper? Resource allocation, teacher compensation and finance lawsuits [J]. Economics of Education Review, 2011 (5): 1034-1044.

[74] Sims, D P. Suing for your supper? Resource allocation, teacher compensation and finance lawsuits [J]. Economics of Education Review, 2011 (5): 1034-1044.

[75] Starler, N H, R W. Thomas. Intergovernmental education grants and efficiency of resource allocation in school districts [J]. Applied Economics, 1973 (3): 181-192.

[76] Thompson, G B, J R. Burgon. Principles and practices for equity of

needs assesment and resource-allocation in special education [J]. New Zealand Journal of Educational Studies, 1992 (2): 155–166.

[77] Turner, L, et al. Stretched too thin? The relationship between insufficient resource allocation and physical education instructional time and assessment practices [J]. Teaching and Teacher Education, 2017 (68): 210–219.

[78] Ulubasoglu, M A, Cardak, B A. International comparisons of rural—urban educational attainment: Data and determinants [J]. European Economic Review, 2006 (51): 1828–1857.

3. 网络文献类

[1] International Research & Training Centre for Rural Education. Education for rural transformation: towards a policy framework [EB/OL]. [2017-12-16] https://www.sohu.com/a/210890041_743147.

[2] United State Department of Agriculture, Economic Research Service [EB/OL]. [2017-04]. https://ideas.repec.org/p/ags/uersib/262133.html.

[3] 全国人民代表大会常务委员会. 中华人民共和国教师法 [EB/OL]. http://www.gov.cn/banshi/2005-05/25/content_937.htm.

[4] 国务院. 关于全面深化新时代教师队伍建设改革的意见 [EB/OL]. [2018-01-30]. http://www.moe.gov.cn/jyb_xwfb/xw_zt/moe_357/jyzt_2018n/2018_zt03/zt1803_ls/201810/t2018 1018_352002.html.

[5] 国务院. 关于统筹推进县域内城乡义务教育一体化改革发展的若干意见 [EB/OL]. [2016-07-11]. http://www.gov.cn/zhengce/content/2016-07/11/content_5090298.htm.

[6] 国务院. 关于深化教育教学改革全面提高义务教育质量的意见 [EB/OL]. [2019-09-13]. http://www.gov.cn:8080/zhengce/2019-07/08/content_5407361.htm.

[7] 国务院. 乡村教师支持计划（2015-2020年）[EB/OL]. [2015-06-08]. http://www.gov.cn/zhengce/content/2015-06/08/content_9833.htm.

[8] 国务院. 关于深入推进义务教育均衡发展的意见 [EB/OL].

[2012－09－05]．http：//www.gov.cn/xxgk/pub/govpublic/mrlm/201209/t20120907_65532.html.

[9] 国务院．关于完善农村义务教育管理体制的通知［EB/OL］．[2002－04－14] http：//www.gov.cn/gongbao/content/2002/content_61475.htm.

[10] 中共中央，国务院．中国教育现代化2035［EB/OL］．[2019－02－23]．http：//www.xinhuanet.com/politics/2019-02/23/c_1124154392.htm.

[11] 教育部．2014年全国义务教育发展基本均衡县（市、区）名单［EB/OL］．[2015-04-03]．http：//xiaoxue.eol.cn/news/201504/t20150403_1244105.shtml.

[12] 教育部．2016年全国义务教育发展基本均衡县（市、区）名单［EB/OL］．[2017-02-21]．http：//www.moe.gov.cn/s78/A11/A11_gggs/s8469/201702/t20170221_296888.htm.

[13] 教育部．关于对2013年全国义务教育发展基本均衡县（市、区）名单进行公示的公告［EB/OL］．[2014－02－12]．http：//www.moe.gov.cn/s78/A11/ddb_left/s6437/moe_1789/201402/t20140213_164093.html.

[14] 教育部．关于公布第二批义务教育教师队伍"县（区）管校聘"管理体制改革示范区的通知［EB/OL］．[2017－07－28]．http：//www.moe.gov.cn/srcsite/A10/s7151/201708/t20170804_310658.html.

[15] 教育部．关于确定首批义务教育教师队伍"县管校聘"管理改革示范区的通知［EB/OL］．[2015-06-11]．http：//www.moe.gov.cn/srcsite/A10/s7151/201507/t20150702_192188.html.

[16] 教育部．关于中小学教职工编制管理创新工作案例的通报［EB/OL］．[2017-05-23]．http：//www.moe.gov.cn/srcsite/A10/s7030/201706/t20170606_306506.html.

[17] 教育部．关于全面推进教师管理信息化的意见［EB/OL］．[2017-04-21]．http：//www.gov.cn/xinwen/2017-04/21/content_5187650.htm#1.

[18] 教育部．国家教育事业发展"十三五"规划纲要［EB/OL］．[2017－01－19]．http：//www.gov.cn/zhengce/content/2017－01/

19/content_5161341.htm.

[19] 教育部. 县域义务教育优质均衡发展督导评估办法 [EB/OL]. [2017-04-26] http://www.moe.gov.cn/srcsite/A11/moe_1789/201705/t20170512_304462.html.

[20] 教育部. 关于实施卓越教师培养计划2.0的实施意见 [EB/OL]. [2018-09-30]. http://www.moe.gov.cn/srcsite/A10/s7011/201810/t20181010_350998.html.

[21] 教育部等五部门. 关于印发《教师教育振兴行动计划 (2018—2022年)》的通知 [EB/OL]. [2018-03-22] http://www.moe.gov.cn/srcsite/A10/s7034/201803/t20180323_331063.html.

[22] 民政部. 中华人民共和国行政区划统计表 [EB/OL]. http://xzqh.mca.gov.cn/statistics/2017.html.

[23] 太原市教育局. 山西推行义务教育教师"县管校聘"改革 [EB/OL]. [2019-5-29]. 178http://jyj.taiyuan.gov.cn/doc/2019/05/29/852591.shtml.

[24] 中共中央, 国务院. 关于深化教育教学改革全面提高义务教育质量的意见 [EB/OL]. [2019-07-08]. http://www.gov.cn:8080/zhengce/2019-07/08/content_5407361.htm.

[25] 中华人民共和国财政部. 教育部、国家统计局、财政部关于2017年全国教育经费执行情况统计公告 [EB/OL]. [2018-9-30]. http://www.mof.gov.cn/zhengwuxinxi/caizhengxinwen/201810/t20181016_3046197.htm.

[26] 平定县教育科技局. 2019年全县教育科技工作亮点纷呈 [EB/OL]. [2020-01-21] http://xxgk.pd.gov.cn/xzfgzbm/xjyj/gzdt_28269/rcgzdt_28272/202001/t20200121_969400.html.

[27] 中共中央, 国务院. 关于抓好"三农"领域重点工作确保如期实现全面小康的意见 [EB/OL]. [2020-02-05] http://cpc.people.com.cn/n1/2020/0205/c431391-31572967.html.

附　录

附录1　义务教育学校教师资源配置情况调查表（由学校填写）

序号	指标	2019年数量	填写说明
1	学校规模		按现有教室数计算
2	班级数		按实有班级数计算
3	学生总数		
4	教育经费		教育经费=人员经费+公用经费+专项经费
5	专任教师数		
6	教师年龄结构		按30岁以下；30—40；41—50；51以上分段填写
7	男教师数		按全校在编在岗专任教师数计算
7	女教师数		按全校在编在岗专任教师数计算
8	专任教师本科以下学历数		按照本科以下；本科；硕士；博士填写
8	本科		按照本科以下；本科；硕士；博士填写
8	硕士		按照本科以下；本科；硕士；博士填写
8	博士		按照本科以下；本科；硕士；博士填写
9	高级教师数		
10	主科教师数		按全校在编在岗相应学科专任老师数计算。主科主要为语数外，副科主要为音体美信息技术科学老师
10	副科教师数		按全校在编在岗相应学科专任老师数计算。主科主要为语数外，副科主要为音体美信息技术科学老师

续表

序号	指标	2019年数量	填写说明
11	在编教师数		根据学校实际教师配置状况填写
	缺编数		
	超编数		

附录2 县域内义务教育教师资源配置优化调查问卷（预调查）

尊敬的老师：

您好！这份问卷主要是用来了解当前县域内义务教育教师资源配置现状，所得资料仅用于学术研究。问卷是匿名回答，问卷题目的答案无所谓对错，请根据贵校的实际情况进行回答即可。

第一部分　基本信息

请根据实际情况在相应的选项上打"√"。

1. 贵校所在的区位　　①县城　　②乡镇　　③农村
2. 贵校的类别　　①小学　　②初中
3. 您的性别　　①男性　　②女性
4. 您的年龄　　①20—30岁　　②31—40岁　　③41—50岁
　　④51—60岁　　⑤61岁以上
5. 您的受教育程度　　①大专及以下　　②本科　　③硕士
6. 您的职称　　①无职称　　②二级教师　　③一级教师
　　④高级教师
7. 您的职务　　①校长　　②副校长　　③中层领导干部
　　④普通教师　　⑤其他
8. 您的教龄　　①0—3年　　②4—9年　　③10—15年
　　④16—20年　　⑤21年以上
9. 您的年均收入大约为　　①<1万　　②1万—3万　　③4万—6万
　　④7万—10万　　⑤10万及以上

第二部分　县域内义务教育教师资源配置优化情况

下列题目均为单项选择，请在能反映实际情况的选项上画"√"。

（一）优化目标达成情况

问题	①完全不一致	②不太一致	③一般	④比较一致	⑤完全一致
10. 您所在学校专任教师不足					
11. 您所在学校在编在岗教师能满足学校实际教学需求					
12. 您所在学校教师流失情况严重					
13. 您所在学校专任教师年龄趋于老龄化					
14. 您所在学校有青年教师（35岁以下）					
15. 您所教科目与您所学专业一致					
16. 您所在学校有2位以上优秀教师					
17. 您在学校的工作负担繁重					

（二）配置主体权责

问题	①完全不一致	②不太一致	③一般	④比较一致	⑤完全一致
18. "自上而下"的教师编制核定方式对您有利					
19. 教育行政部门拥有一定的人权、事权、财权将有利于教师资源的管理和建设					
20. 区域内教师资源配置优化需要县级以上教育行政部门主导					
21. 学校在教师资源配置方面应该拥有部分自主权					
22. 社会力量的参与有利于教师资源配置优化					

续表

（三）教师资源配置的实现条件				
23. 您认可现行中小学教职工编制标准				
24. 您所在学校师生比符合国家标准				
25. 您了解国家有关中小学教职工编制、教师资源配置等有关政策				
26. 您所在县（区）推行县管校聘改革				
（四）教师资源配置优化的改进措施				
27. 您参加过校级以上的培训				
28. 您对工资福利待遇持满意的态度				
29. 您所在学校推行校长教师交流制度				
（五）县域内义务教育教师资源配置优化的影响因素				
30. 教师个人意愿				
31. 当前教师供给数量				
32. 学校的实际需求量				
33. 退休教师人数				
34. 政府对城乡义务教育均衡发展的重视程度				
35. 学校领导者在优化师资配置方面的能力				
36. 教师进一步晋升与发展的机会				
37. 社会组织的成熟度与参与度				
38. 学校所在区域经济发展程度				
39. 学校的教育经费				

附录3 县域内义务教育教师资源配置优化调查问卷（正式调查）

尊敬的老师：

您好！这份问卷主要是用来了解当前县域内义务教育教师资源配置现状，所得资料仅用于学术研究。问卷是匿名回答，问卷题目的答案无所谓对错，请根据贵校的实际情况进行回答即可。

第一部分 基本信息

请根据实际情况在相应的选项上打"√"。

1. 贵校所在的区位　　①县城　　②乡镇　　③农村
　　　　　　　　　　④中心城区　　⑤远城区

2. 贵校的类别　　　　①小学　　②初中

3. 您的性别　　　　　①男性　　②女性

4. 您的年龄　　①20—30岁　　②31—40岁　　③41—50岁
　　　　　　　④51—60岁　　⑤61岁以上

5. 您的受教育程度　　①大专及以下　　②本科　　③硕士　　④博士

6. 您的职称　　①无职称　　②三级教师　　③二级教师
　　　　　　　④一级教师　　⑤高级教师

7. 您的职务　　①校长　　②副校长　　③中层领导干部
　　　　　　　④普通教师　　⑤其他

8. 您的教龄（工龄）　　①0—3年　　②4—9年　　③10—15年
　　　　　　　　　　　④16—20年　　⑤21年以上

9. 您的年均收入大约为　　①<1万　　②1万—3万　　③4万—6万
　　　　　　　　　　　　④7万—10万　　⑤10万及以上

第二部分 县域内义务教育教师资源配置优化情况

下列题目均为单项选择，请在能反映实际情况的选项上画"√"。

问题	①完全不一致	②不太一致	③一般	④比较一致	⑤完全一致
（一）优化目标达成情况					
10. 您所在学校专任教师不足					
11. 您所在学校在编在岗教师能满足学校实际教学需求					
12. 您所在学校教师流失情况严重					
13. 您所在学校专任教师年龄趋于老龄化					
14. 您所在学校有青年教师（35岁以下）					
15. 您在学校的工作负担繁重					
（二）配置主体权责					
16. 教育行政部门拥有一定的人权、事权、财权将有利于教师资源的管理和建设					
17. 区域内教师资源配置优化需要县级以上教育行政部门主导					
18. 学校在教师资源配置方面应该拥有部分自主权					
19. 社会力量的参与有利于教师资源配置优化					
（三）教师资源配置的实现条件					
20. 您认可现行中小学教职工编制标准					
21. 您所在学校师生比符合国家标准					
22. 您了解国家有关中小学教职工编制、教师资源配置等有关政策					
23. 您所在县（区）推行县管校聘改革					

续表

	（四）教师资源配置优化的改进措施					
24. 您参加过校级以上的培训						
25. 您对工资福利待遇持满意的态度						
26. 您所在学校推行校长教师交流制度						
	（五）.县域内义务教育教师资源配置优化的影响因素					
27. 教师个人意愿						
28. 当前教师供给数量						
29. 学校的实际需求量						
30. 退休教师人数						
31. 政府对城乡义务教育均衡发展的重视程度						
32. 学校领导者在优化师资配置方面的能力						
33. 教师进一步晋升与发展的机会						
34. 社会组织的成熟度与参与度						
35. 学校所在区域经济发展程度						
36. 学校的教育经费						

附录4　政府部门人员访谈提纲

1. 贵县（区）的义务教育学校的教育投入情况怎么样？在教师专业发展方面投入如何？

2. 贵县（区）义务教育教师资源配置的依据是什么？

3. 您认为目前贵县（区）义务教育教师资源配置存在哪些问题？原因何在？

4. 您认为哪些因素影响着贵县（区）义务教育教师资源配置优化？

5. 您认为中小学编制或岗位资源配置优化的有效途径有哪些？

6. 贵县（区）在推进义务教育教师资源配置优化方面采取了哪些举措？

7. 贵县（区）义务教育校长、教师交流轮岗执行情况如何？

8. 您认为县（区）域内城乡、跨学区校长、教师交流轮岗应该采取哪些政策措施予以保障？

9. 您认为当前义务教育教师资源管理人权、事权、财权相分离的现状是否有利于教师资源的配置优化？

附录5 义务教育学校领导干部访谈提纲

1. 贵校教师总量、结构情况如何？是否缺编？
2. 目前贵校的在编教师能否满足正常教学工作？有多少代课教师？
3. 就全县（区）同类学校来看，贵校优质师资、青年教师配置情况如何？
4. 贵校有多少经费是专门用于教师专业发展的？
5. 就您所知，全县（区）义务教育教师流动情况如何？
6. 在义务教育教师资源配置方面，您认为政府应该依据什么标准配置？
7. 在教师资源配置方面，您认为学校应该拥有哪些自主权？
8. 您认为当前有关教师资源配置的政策对教师资源配置起了怎样的作用？（教师交流轮岗制度、教师编制方面的政策等）
9. 您认为目前贵县（区）义务教育教师资源配置存在哪些问题？原因何在？
10. 您能否谈谈贵校或贵县区在中小学编制或岗位资源配置优化方面好的做法与特色？

附录6 义务教育学校教师访谈提纲

1. 您目前的工作量如何？（周课时量、备课时间、批改作业时间等）
2. 贵校教师交流情况如何？您认为教师交流对贵校教师产生哪些影响？
3. 您认为贵校在教师管理工作方面（如职称评聘、绩效考核、编制数量）存在哪些问题？原因是什么？

4. 您认为您所在县（区）城乡教师资源分配均衡吗？有哪些原因会导致分配不均？

5. 您是如何看待目前实施的农村教师资助行动计划、农村义务教育阶段学校教师特岗计划或教师交流轮岗制度？

6. 您认为学校、教育主管部门或政府采取哪些措施才能进一步优化校内或校际现有教师资源配置？

附录 7　国家义务教育教师资源配置法律和政策文本

序号	发文单位	文件标题	发文时间
1	教育部	小学暂行规程（草案）	1952.03.18
2	教育部	中学暂行规程（草案）	1952.03.18
3	教育部	关于培养小学教师和幼儿园教养员的指示	1956.06.30
4	教育部	关于有重点地办好一批全日制中小学的通知	1962.12
5	国务院	国务院批转教育部关于加强中小学教师队伍管理工作的意见的通知	1978.01.07
6	中国共产党中央委员会，国务院	关于普及小学教育若干问题的决定	1980.12.03
7	国共产党中央委员会，国务院	关于加强和改革农村学校教育若干问题的通知	1983.05.06
8	教育部，中共中央宣传部，中共中央组织部	关于制止不适当地抽调中、小学干部和教师问题的通知	1984.11.10
9	中国共产党中央委员会	关于教育体制改革的决定	1985.05.27
10	全国人民代表大会	中华人民共和国义务教育法	1986.04.12
11	国家教育委员会（已更名）	关于加快教育改革和发展的若干意见	1992.09.01
12	中国共产党中央委员会，国务院	关于印发《中国教育改革和发展纲要》的通知	1993.02.13
13	全国人大常委会	中华人民共和国教师法	1993.10.31
14	国家教育委员会（已更名）	关于"九五"期间加强中小学教师队伍建设的意见的通知	1996.12.31

续表

序号	发文单位	文件标题	发文时间
15	国务院	关于基础教育改革与发展的决定	2001.05.29
16	国务院办公厅	关于制定中小学教职工编制标准意见的通知	2001.10.11
17	国务院办公厅	关于完善农村义务教育管理体制的通知	2002.04.14
18	教育部	关于贯彻《国务院办公厅转发中央编办、教育部、财政部关于制定中小学教职工编制标准意见的通知》的实施意见	2002.06.26
19	国务院	关于进一步加强农村教育工作的决定	2003.09.17
20	教育部	关于进一步推进义务教育均衡发展的若干意见	2005.05.25
21	教育部,财政部,中央机构编制委员会办公室	关于实施农村义务教育阶段学校教师特设岗位计划的通知	2006.05.15
22	中央机构编制委员会办公室,教育部,财政部	关于进一步落实《国务院办公厅转发中央编办、教育部、财政部关于制定中小学教职工编制标准意见的通知》有关问题的通知	2009.03.12
23	教育部	关于进一步做好中小学教师补充工作的通知	2009.03.25
24	教育部,人力资源和社会保障部,财政部	关于印发《教育部直属师范大学免费师范毕业生就业实施办法》的通知	2010.05.18
25	中国共产党中央委员会,国务院	关于印发《国家中长期教育改革和发展规划纲要（2010—2020年）》的通知	2010.07.08
26	教育部	关于印发《国家教育事业发展第十二个五年规划》的通知	2012.06.14
27	国务院	关于加强教师队伍建设的意见	2012.08.20
28	国务院	关于深入推进义务教育均衡发展的意见	2012.09.05
29	教育部,中央机构编制委员会办公室,国家发展和改革委员会	关于大力推进农村义务教育教师队伍建设的意见	2012.09.20
30	教育部,财政部,人力资源和社会保障部	关于推进县（区）域内义务教育学校校长教师交流轮岗的意见	2014.08.13

续表

序号	发文单位	文件标题	发文时间
31	中央机构编制委员会办公室，教育部，财政部	关于统一城乡中小学教职工编制标准的通知	2014.11.13
32	国务院办公厅	关于印发乡村教师支持计划（2015—2020年）的通知	2015.06.01
33	教育部	关于全面推进教师管理信息化的意见	2017.03.31
34	中国共产党中央委员会，国务院	关于全面深化新时代教师队伍建设改革的意见	2018.01.20
35	教育部，国家发展和改革委员会，财政部，人力资源和社会保障部，中央机构编制委员会办公室	关于印发《教师教育振兴行动计划（2018—2022年）》的通知	2018.02.11
36	中国共产党中央委员会，国务院	中国教育现代化2035	2019.02
37	中国共产党中央委员会，国务院	抓好"三农"领域重点工作确保如期实现全面小康的意见	2020.01.02
38	教育部，财政部	关于做好2020年农村义务教育阶段学校教师特设岗位计划实施工作的通知	2020.05.06

附录8 各省、自治区、直辖市、义务教育教师资源配置政策文本

序号	发文单位	文件标题	发文时间
1	天津市人民政府	批转市教育局、市人事局关于加强中小学教师队伍建设深化学校内部人事制度改革意见的通知	2000.05.22
2	四川省教育厅，四川省人事厅，四川省财政厅，四川省机构编制委员会	关于进一步加强农村义务教育教师队伍建设和管理的实施意见	2006.03.13

续表

序号	发文单位	文件标题	发文时间
3	广西壮族自治区人民政府	转发教育厅、编办、人事厅、财政厅关于进一步加强农村中小学教师队伍建设意见的通知	2006.05.29
4	福建省人民政府	关于进一步加强中小学教师队伍建设的意见	2008.11.11
5	陕西省人力资源和社会保障厅，陕西省教育厅	关于进一步规范中小学教师管理的通知	2009.12.30
6	海南省人民政府	关于加强农村中小学教师队伍建设的意见	2010.04.20
7	安徽省教育厅	关于进一步加强中小学教师队伍管理工作的通知	2010.08.12
8	山西省教育厅，山西省财政厅，山西省人力资源和社会保障厅，山西省机构编制委员会	关于印发《山西省农村义务教育学校特设岗位教师管理办法（试行）》的通知	2011.08.16
9	安徽省人民政府	关于加强中小学教师队伍建设的意见	2012.04.24
10	安徽省教育厅，中共安徽省委员会，安徽省财政厅，安徽省人力资源和社会保障厅，安徽省扶贫开发领导小组办公室	关于印发安徽省边远贫困地区和革命老区人才支持计划教师专项计划实施意见的通知	2013.06.05
11	安徽省人民政府	关于加强教师队伍建设的意见	2013.10.26
12	湖北省机构编制委员会办公室，湖北省教育厅，湖北省财政厅，湖北省人力资源和社会保障厅	关于进一步加强县域内义务教育学校校长教师交流轮岗的实施意见	2015.01.27
13	湖北省人民政府	关于印发加强全省乡村教师队伍建设实施办法的通知	2015.09.02
14	安徽省人民政府	关于实施乡村教师支持计划（2015—2020年）的通知	2015.11.18
15	山西省人民政府	关于印发山西省乡村教师支持计划实施办法的通知	2015.12.25

续表

序号	发文单位	文件标题	发文时间
16	安徽省人民政府	关于统筹推进县域内城乡义务教育一体化改革发展的实施意见	2017.03.27
17	湖北省人力资源和社会保障厅，湖北省教育厅	关于调整全省中小学幼儿园教师岗位结构比例规范岗位聘用工作的通知	2017.09.21
18	福建省教育厅，中共福建省委机构编制委员会办公室，福建省财政厅，福建省人力资源和社会保障厅	关于深入推进中小学教师"县管校聘"管理体制改革的实施意见	2017.11.14
19	上海市人民政府	关于全面深化新时代教师队伍建设改革的实施意见	2018
20	中共安徽省委员会，安徽省人民政府	关于全面深化新时代教师队伍建设改革的实施意见	2018.06.28
21	中共江西省委员会，江西省人民政府	关于全面深化新时代教师队伍建设改革的实施意见	2018.08.07
22	中共吉林省委员会，吉林省人民政府	关于全面深化新时代教师队伍建设改革的实施意见	2018.09.03
23	中共海南省委员会，海南省人民政府	关于全面深化新时代教师队伍建设改革的实施意见	2018.09.07
24	中共山西省委员会，山西省人民政府	关于全面深化新时代教师队伍建设改革的实施意见	2018.09.08
25	福建省人民政府	关于全面深化新时代教师队伍建设改革的实施意见	2018.09.25
26	中共新疆维吾尔自治区委员会，新疆维吾尔自治区人民政府	关于全面深化新时代教师队伍建设改革的实施意见	2018.10.08
27	中共江苏省委员会	关于全面深化新时代教师队伍建设改革的实施意见	2018.12.27
28	广东省教育厅	关于推进落实省委省政府全面深化新时代教师队伍建设改革实施意见的通知	2019.01.11
29	中共陕西省委，陕西省人民政府	关于全面深化新时代教师队伍建设改革的实施意见	2019.01.26

续表

序号	发文单位	文件标题	发文时间
30	北京市教育委员会	关于卓越教师培养计划2.0的实施意见	2019.03.29
31	中共河南省委，河南省人民政府	关于全面深化新时代教师队伍建设改革的实施意见	2019.05.05
32	湖南省人民政府	关于加强乡村教师队伍建设的意见	2019.10.01
33	北京市教育委员会，北京市机构编制委员会，北京市人力资源和社会保障局，北京市财政局	关于推进中小学教师"区管校聘"管理改革的指导意见	2019.12.23

附录9 各市、县（区）义务教育教师资源配置政策文本

序号	发文单位	文件标题	发文时间
1	西安市教育局，西安市人事局，西安市财政局	关于推行中小学教师转任交流制度的实施意见	2007.03.14
2	鸡西市人民政府	鸡西市中小学教师队伍建设管理办法的通知	2007.08.09
3	滨州市人民政府	关于进一步加强中小学教师队伍建设和管理的意见	2007.09.22
4	威海市教育局	关于城镇中小学教师赴农村学校支教工作的意见	2007.09.26
5	长沙市教育局	关于进一步加强中小学教师队伍建设和管理的若干意见	2008.01.17
6	硚口区教育局	关于加快推进中小学教师专业化发展行动计划的工作方案	2008.03
7	晋中市人民政府	关于印发晋中市中小学教师队伍管理暂行办法的通知	2008.07.08
8	厦门市人民政府	关于进一步加强中小学教师队伍建设的意见	2009.06.13

续表

序号	发文单位	文件标题	发文时间
9	合肥市教育局	关于合肥市义务教育阶段学校教师交流工作的指导意见	2009.06.24
10	太原市政府	转发市教育局关于实施中小学教师交流指导意见的通知	2010.10.29
11	西安市人民政府	关于加强中小学教师队伍建设的实施意见	2011.03.25
12	太原市政府	转发市教育局关于进一步加强教师队伍建设的意见的通知	2011.10.24
13	阳泉市政府	关于印发深化义务教育学校校级领导和教师交流工作的实施意见的通知	2014.08.22
14	成都市人民政府	关于进一步优化配置全市中小学校教师资源的指导意见	2014.12.19
15	武汉市政府	关于深化中小学校（幼儿园）教师职称制度改革搞活用人机制的意见	2015.05.21
16	威海市教育局，威海市财政局，威海市人力资源和社会保障局，威海市机构编制委员会办公室	关于进一步优化配置全市中小学教师资源的指导意见	2015.10.15
17	东营市教育局，东营市机构编制委员会办公室，东营市人力资源和社会保障局，东营市财政局	关于推进全市中小学教师县管校聘管理改革的实施意见	2015.10.29
18	阳泉市政府	关于印发阳泉市乡村教师支持计划实施方案的通知	2016.04
19	太原市政府	关于太原市乡村教师支持计划的实施意见	2016.04.08
20	鞍山市人民政府	关于鞍山市乡村教师支持计划的实施意见	2016.08.29
21	池州市政府	关于乡村教师支持计划（2016—2020年）的实施意见	2016.07.29
22	鄂州市政府	乡村教师支持计划实施方案	2016.09.19
23	郑州市人民政府	关于印发郑州市乡村教师支持计划实施细则的通知	2016.09.18

续表

序号	发文单位	文件标题	发文时间
24	淮安市人民政府	关于进一步加强教师队伍建设的意见	2016.09.20
25	武汉市人民政府	关于加强全市乡村教师队伍建设实施方案的通知	2016.09.21
26	黄山市人民政府	关于中小学教师无校籍管理改革的实施意见	2016.11.21
27	合肥市政府	合肥市《乡村教师支持计划》实施办法（2015—2020年）	2016.11
28	怒江傈僳族自治州人民政府	关于印发怒江州乡村教师支持计划（2015—2020年）实施办法的通知	2016.12.12
29	玉溪市人民政府	关于印发玉溪市乡村教师支持计划实施办法（2015—2020年）的通知	2016.12.13
30	宜昌市人民政府	关于在市教育局直属学校（单位）实行"局管校聘"教师管理体制的实施意见	2017.06.05
31	潍坊市教育局，潍坊市机构编制委员会办公室，潍坊市财政局，潍坊市人力资源和社会保障局	关于深化中小学教师县管校聘管理体制的指导意见	2017.06.20
32	海口市人民政府	海口市公办中小学校临聘教师管理办法	2017.10.01
33	邯郸市人民政府	关于推进义务教育教师队伍"县管校聘"管理体制改革的实施意见	2018.01.30
34	黄石市人民政府	关于在市直属学校实行"局管校聘"教师管理体制改革的实施意见	2018.08.08
35	盘锦市人民政府	关于在兴隆台区实行中小学教师"区管校聘"管理体制改革试点工作的意见	2018.09.20
36	新疆生产建设兵团党委办公厅，新疆生产建设兵团	关于全面深化新时代教师队伍建设改革的实施意见	2018.11.01
37	驻马店市人民政府	关于稳定乡村教师队伍的实施意见	2019.01.25
38	合肥市教育局	关于印发《合肥市骨干教师和学科带头人管理办法》的通知	2019.05.28

续表

序号	发文单位	文件标题	发文时间
39	沈阳市教育局，中共沈阳市委机构编制委员会办公室，沈阳市人力资源和社会保障局	关于推进中小学教师"县管校聘"管理制度改革的指导意见	2019.05.31
40	青岛市教育局	关于印发青岛市公办中小学校临聘教师管理办法的通知	2019.06.21
41	平定县教育科技局	关于全面推进我县中小学教师县管校聘管理改革的实施意见	2019.09.06
42	中共南京市委，南京市人民政府	关于全面深化新时代教师队伍建设改革的实施意见	2019.11.11
43	巢湖市政府	转发《国务院关于印发"十三五"脱贫攻坚规划的通知》	2019.12